Demokratie wagen!

Demokratie wagen!

Was wir tun müssen, damit unser Land
zu einer echten Demokratie wird

Baron Árpád von Nahodyl Neményi

Schriften zur Zeitgeschichte

Buchbeschreibende Angaben der Deutschen Nationalbibliothek:
Die Deutsche Nationalbibliothek verzeichnet diese Veröffentlichung in der
Deutschen Nationalbibliographie; genauere buchbeschreibende Angaben
sind im Weltnetz über www.dnb.de abrufbar.

Herstellung und Verlag: BoD – Books on Demand, Norderstedt
ISBN 978-3-7543-0297-2

Inhalt

Vorwort

»Jeder hat das Recht, seine Meinung in Wort, Schrift und Bild frei zu äußern und zu verbreiten.« (Grundgesetz Artikel 5)

Gilt dieser Satz aus dem Grundgesetz heute noch? Man kann daran durchaus seine Zweifel haben. In unserer Gesellschaft hat sich einiges geändert; insbesondere stelle ich einen gefühlt fast minütlich eintretenden Werteverfall und Werteverlust fest. Was vor einigen Jahren noch „normal", üblich und allgemeingültig war, ist plötzlich nicht nur „out", sondern regelrecht verpönt, und wer es tatsächlich wagt, derartige Ansichten noch heute zu äußern, wird in den Medien diffamiert und kommt – selbst wenn er zu den Prominenten gehört – so gut wie gar nicht mehr vor. Umgekehrt scheinen einige karriereversessene Journalisten und Prominente ihren „Deal" mit dem „Zeitgeist" gemacht zu haben und vertreten nun genau diese vorgegebene Meinung, mit der durchschaubaren Absicht, in den Medien häufiger zu erscheinen oder schneller in höhere Ämter aufzusteigen.

Immer mehr Menschen beklagen, daß sie sich nicht mehr trauen, ihre Meinung frei zu äußern, weil sie Repressalien und Bestrafung befürchten. Zugleich wird der Abstand zwischen den Bürgern und der Elite, also den Politikern und ihren Medien, immer größer. Die Politiker sprechen schon lange nicht mehr die gleiche Sprache wie die Bürger, was man z. B. an ihrer „Genderei" sieht oder der Verwendung sinnentleerter Floskeln und der Fremdwörter. Politiker wähnen sich als Experten, die dem „dummen Volk" alles erklären müssen, obwohl ein lediglich gewählter Mensch deswegen noch lange kein Experte ist. Die Wähler dürfen nur alle vier Jahre einmal abstimmen; und das Ergebnis wird von den Politikern als Freifahrtschein für jedes noch so unsinnige Projekt verstanden, das sie in Angriff nehmen wollen. Um Wählerstimmen zu generieren, wird geschickt mit Ängsten gearbeitet; ja Ängste werden eigens erzeugt, die es zuvor gar nicht gab. Mit rhetorischer Finesse und von Werbeagenturen ausgearbeiteter Sprache werden Wähler überredet, ihre Stimme einer Partei zu geben, die eigentlich die Interessen dieser Wähler gar nicht vertritt.

In den Parlamenten sitzen Abgeordnete, die als Stellvertreter ihrer Wähler den Willen des Volkes umsetzen sollen. Das tun sie aber nur selten; tatsächlich setzen sie nur ihre eigenen Zielsetzungen um. Nicht umsonst gehen viele Bürger davon aus, daß die meisten Parlamentarier ihre Amtseide brechen oder doch zumindest gar nicht ernst nehmen. Und diese „Volksvertreter" verhindern, daß ihre Maßnahmen durch das Volk im Wege der Volksentscheide überprüft und abgelehnt werden können. Politiker, die das Volk vertreten sollen und zugleich verhindern, daß der Wille des Volkes sich in Volksentscheiden durchsetzen kann – ein Widerspruch.

Ich stelle fest, daß die Politiker immer noch von einem „dummen Volk" ausgehen und sich anmaßen, es zu belehren, anstatt seinen Willen umzusetzen.

Ich plädiere in diesem Buch für die Demokratie, für eine wirkliche Demokratie, denn meiner Meinung nach sind wir von einer wirklichen Demokratie, die diesen Namen auch verdient, noch weit entfernt. Der Titel ist angelehnt an einen Ausspruch von Willi Brandt von 1969, „Mehr Demokratie wagen!", doch ich habe absichtlich das erste Wort weggelassen, denn hätte ich es stehen lassen, hieße das, das wir bereits eine Demokratie hätten. Das haben wir aber nach meiner Meinung noch lange nicht. Zu einer wirklichen Demokratie gehört viel mehr, als es bei uns z. Zt. ist. Wir sind von einer echten Demokratie noch weit entfernt; man läßt uns nur die „Illusion einer Demokratie". Das liegt an den vorhandenen, undemokratischen Strukturen, aber vor allem auch an den beteiligten Personen selbst, die gar nicht wissen, was Demokratie eigentlich heißt. Das sind nicht nur die Politiker, sondern auch viele Bürger: Sie sind demokratieunfähig. Es hieß nach 1945 oft, daß wir Deutsche eigentlich nicht für die Demokratie geeignet seien, daß wir eigentlich obrigkeitsfixiert sind und nur unter einer Diktatur leben könnten. Mag sein, doch wir können lernen. Dieses Buch will einige Dinge aufzeigen, die verbesserungsfähig sind, will Widersprüche zur Demokratie anprangern und für eine wahrhafte Demokratie werben. In einer wirklichen Demokratie darf es keine Denkverbote, Sprachverbote oder Meinungsverbote geben. Es darf keine Medien geben, die „Hofberichterstattung" betreiben; es darf keine moralische Einteilung von Meinungen in „Gut" und „Böse" geben; es darf für eine geäußerte Meinung keine Repressalien geben, und Politiker haben nicht das Volk zu belehren, sondern genau umgekehrt: sie haben sich nach dem Willen des Volkes zu richten und ihn umzusetzen. Dann wird es auch keine Spaltung der Gesellschaft und Haßkommentare der beiden Seiten gegeneinander geben. Dafür setze ich mich mit diesem Buche ein.

Ich bin mir dabei bewußt, daß ich hier auch Meinungen vertrete, die dem derzeitig vorgegebenen Zeitgeist nicht entsprechen. Ich bin mir bewußt, daß meine Zielgruppe, also diejenigen Menschen, die behaupten, Demokraten zu sein aber tatsächlich gar nicht demokratisch denken, mich deswegen verurteilen werden. In der Anpassung an den herrschenden Zeitgeist und der Bekämpfung aller derjenigen, die Gedanken äußern, die diesem Zeitgeist widersprechen, zeigt sich auf drastische Weise der „deutsche Untertanengeist" oder anders gesagt: Die mangelnde Demokratiefähigkeit der

Deutschen. Ich bin immer wieder erstaunt, wenn ich Diskussionen in anderen Ländern verfolge, in denen jede noch so merkwürdige Meinung frei geäußert werden kann, darf und wird, und wo man sich höflich inhaltlich damit auseinandersetzt und sie toleriert. Ganz anders sieht es leider bei uns aus, wo Menschen wegen ihrer Meinungen unterdrückt werden oder ausgegrenzt und wo ihnen schlimmste Verbrechen unterstellt werden, nur weil sie eine Meinung vertreten, die dem Anderen nicht gefällt. Deswegen verzichten viele Menschen darauf, ihre Meinung überhaupt noch zu äußern. Und genau das ist der Tod für eine Demokratie, denn sobald das Volk sich nicht mehr traut, sich frei zu äußern, ist Demokratie nicht mehr möglich und nicht mehr vorhanden.

Ich stelle hier am Anfang fest: Jede Meinung muß frei geäußert werden dürfen; es gibt keine „guten" und „bösen" oder „richtigen" und „falschen" Meinungen. Es geht bei der Äußerung einer Meinung auch nicht um den Weltuntergang, einen Atomkrieg oder das Ende jeden Lebens. Man wundert sich, mit welchem Engagement manche Menschen andere Meinungen bekämpfen: Als hinge ihr eigenes Überleben davon ab. Da werden Politiker mit dem Tode bedroht, da werden Bureaus, ja ganze Häuser in Brand gesteckt und Staatsvertreter (z. B. die Polizei) wie Aussätzige behandelt. Als Beispiel sei der G7-Gipfel in Hamburg genannt, den Linksextremisten zum Anlaß nahmen, um ihren Aufstand zu rechtfertigen. Dabei wollten da nur Staatschefs zusammensitzen und Beschlüsse fassen. Das wurde bekämpft, als ginge es um eine Absprache zur Auslöschung der ganzen Menschheit.

Derartige Vorkommnisse resultieren auch aus der „Selbstermächtigung": Jeder, der beim Anderen eine Denkweise oder Handlungsweise erkennt, die der eigenen widerspricht, ermächtigt sich selbst dazu, dagegen mit allen Mitteln (auch ungesetzlichen) vorzugehen.

Eine Art „Notwehr" gegen abweichende Gedanken. Denn die abweichenden Gedanken könnten Mehrheiten finden und zu politischen Entscheidungen führen, unter denen man dann selbst leiden würde. Hier kommt ein grundlegendes Mißtrauen an der Demokratie zum Ausdruck: Man vertraut nicht darauf, daß das Volk sich vernünftige Gesetze geben wird, die es allen recht machen werden, sondern man mißtraut den demokratischen Entscheidungen. Warum? Weil man im Innersten undemokratisch ist und von einem „dummen, unwissenden" Volk ausgeht, das nur falsche Entscheidungen treffen kann. „Richtige" Entscheidungen können dagegen nur von Menschen der eigenen Meinung getroffen werden.

Aber an der Ablehnung der Demokratie durch Extremisten ist die Demokratie auch selbst schuld. Denn unsere Stellvertreter-Demokratie gewährt den Menschen viel zu wenig Möglichkeiten einer Mitsprache. Der Mensch hat das Gefühl, daß seine Meinung gar nicht zählt und daß er Beschlüssen und Gesetzen gegenüber hilflos ist. Politiker kungeln Gesetze aus, oft unter Einfluß der Lobbyisten der Industrie, und der Bürger muß das hinnehmen. Volksentscheide auf Bundesebene gibt es nicht, und für Volksentscheide auf Länderebene sind die Hürden meist viel zu hoch; und am Ende verpflichtet ein durchgebrachter Volksentscheid die Politiker nicht, dies dann auch umzusetzen. Das Parlament ist bei uns ein machtloses Gremium, welches nur die Beschlüsse der Regierung durchwinkt; Debatten sind Scheindebatten, da sie nichts an Beschlüssen ändern können, wenn die Regierungskoalition von über 50 % der Abgeordneten getragen wird.

Deswegen wenden sich viele Menschen von der Demokratie ab und greifen zu undemokratischen, ja kriminellen Mitteln, um sich Gehör zu verschaffen. Solange es keine Mitsprachemöglichkeiten gibt, wird es auch so bleiben. Erst wenn eine Demokratie verwirklicht ist, die den Namen „Demokratie“ auch tatsächlich verdient, wird sich das wahrscheinlich ändern.

»Ich teile Ihre Meinung nicht, aber ich würde mein Leben dafür einsetzen, daß Sie sie äußern dürfen.« (Voltaire)

Dieses berühmte Voltaire-Zitat hat leider heute in Deutschland keine Gültigkeit mehr. Eine Abwandlung dieses Zitates trifft eher zu:

»Ich teile Ihre Meinung nicht, und ich werde alles tun, damit sie sie nicht mehr äußern dürfen und dafür bestraft werden.«

So sieht es leider derzeit aus, und das ist sehr bedenklich. Ich hoffe, daß mein Buch mithelfen kann, dies ein wenig zu ändern. Dabei müssen Meinungen geäußert werden, die nicht dem Zeitgeist entsprechen, denn die Mainstream-Meinung zu äußern ist ja in keiner Weise eingeschränkt; die Defizite der Demokratie zeigen sich vor allem dann, wenn abweichende, verfehmte Meinungen geäußert werden. Menschen, die mit dem herrschenden System zufrieden sind und die vorgegebene Meinung der Medien vertreten, können meist die Kritik betreffs fehlender Meinungsfreiheit gar nicht nachvollziehen. Wenn sie ihre politisch korrekte Meinung äußern, gibt es keine Repressalien, sondern Belohnungen. Menschen aber, die anderer Meinung sind, kennen es sehr wohl, wenn sie für ihre Äußerungen geächtet und bestraft werden.

Abweichende Meinungen sind aber keine Haßkommentare. Der Haß gehört zum menschlichen Empfinden dazu, wie die Liebe. Aber Haß zu äußern ersetzt keine wirkliche und ernstzunehmende politische Meinung und auch kein Argument. Ein Grundrecht darauf, seinen Haß öffentlich zu äußern und andere zu beleidigen gibt es nicht. Man darf allerdings seinen Haß nüchtern beschreiben, z.

B. in dem Sinne: »Ich hasse alle Mitglieder der Partei XY« (besser
wäre es allerdings, wenn man den Haß gar nicht erst aufkommen
ließe). Man darf dann aber diese Mitglieder nicht direkt beleidigen.
Man darf ein Gefühl, welches man hat, durchaus erwähnen, aber
das ist es dann auch schon, mehr darf nicht sein. Und natürlich
sind Gefühle in einer politischen Diskussion fehl am Platze, da sollten doch eher Fakten und Tatsachen zählen. Aber die Parteien, Medien und Politiker bringen selbst Gefühle unauffällig ins Spiel, um
sich gute Argumente zu ersparen und wundern sich dann, wenn sie
dafür gleichfalls Gefühle beim Bürger auslösen, die ablehnend oder
sogar voller Haß sind.

Noch etwas: Ich habe mich immer gefragt, wie dumm es ist, einen
Menschen zu ermorden, weil er eine andere Meinung hat. Glaubt
so ein Mörder etwa, er könne eine bestimmte politische Meinung
dadurch bekämpfen, daß er deren Vertreter tötet? Oder wenn Menschen durch Anschläge und Drohbriefe eingeschüchtert werden
sollen – glaubt so ein Drohbriefschreiber ernsthaft, er würde damit
den Bedrohten von seiner Meinung abbringen? Das ist doch rich-
tiggehend dumm. Kein Mensch ändert eine Meinung, die er sich
gebildet hat und die er für richtig (zutreffend) hält, nur weil er bedroht wird. Er wird seine Meinung vielleicht nicht mehr äußern, sie
aber dennoch weiterhin behalten. Der politische Mord bewirkt nur
dort etwas, wo ein Entscheider betroffen ist, etwa der US-amerika-
nische Präsident John Kennedy. Denn es kommt ein anderer an die
Macht, der andere Entscheidungen treffen kann. Bei Politikern, die
keine Entscheidungsträger sind (oder nur einen kleinen Teil mitent-
scheiden z. B. im Parlament) wäre ein politischer Mord völlig sinn-
los. Und Politiker, die sich aus der politischen Arbeit zurückziehen,
weil sie um Leib und Leben fürchten, werden durch gleichhandeln-
de ersetzt. Der politische Mörder müßte also alle Mitglieder der
Partei ermorden, um irgendeine Veränderung zu bewirken.

Auch der politische Mord ist eine Folge der fehlenden Mitsprachemöglichkeiten und auch eine Folge der Stellvertreter-Demokratie. Denn hätte die Stimme des Menschen irgendeine Bedeutung, dann könnte er sich einbringen und mitreden. Da die Einzelstimme aber (außer bei den Wahlen) keine Bedeutung hat, glauben primitive Elemente, sich durch Mord oder Drohungen Gehör verschaffen zu müssen.

Ich richte mich in diesem Buch auch nicht nach den Sprachverboten, die es inzwischen gibt, sondern spreche und schreibe so, wie ich es für richtig halte. Ich werde also nicht „politisch korrekt" schreiben.

Für diejenigen Menschen, die meine hier geäußerten Meinungen nicht teilen und die sie auch nicht tolerieren, weil diese Menschen in Wahrheit undemokratisch sind, die also irgendwie gegen mich vorgehen wollen, sei gesagt, daß ich gut rechtsschutzversichert bin. Für diejenigen, die mich bedrohen wollen, sei gesagt, daß ich keine Angst habe, daß Drohungen bei mir nicht wirken. Auch ist mein Haus gut versichert.

Für diejenigen, die glauben, durch Intrigen meinem Ruf schaden zu müssen sage ich: Mein Ruf interessiert mich gar nicht. Wenn ich etwas für richtig halte, werde ich das äußern, ohne Rücksicht auf meinen Ruf.

Bad Belzig, 2021.

Kapitel 1

Volksverhetzung

Im Strafgesetzbuch gibt es seit 1960 einen Paragraphen 130, der eine sog. „Volksverhetzung" unter Strafe stellt:

»(1) Wer in einer Weise, die geeignet ist, den öffentlichen Frieden zu stören,

1. gegen eine nationale, rassische, religiöse oder durch ihre ethnische Herkunft bestimmte Gruppe, gegen Teile der Bevölkerung oder gegen einen Einzelnen wegen seiner Zugehörigkeit zu einer vorbezeichneten Gruppe oder zu einem Teil der Bevölkerung zum Haß aufstachelt, zu Gewalt- oder Willkürmaßnahmen auffordert oder

2. die Menschenwürde anderer dadurch angreift, daß er eine vorbezeichnete Gruppe, Teile der Bevölkerung oder einen Einzelnen wegen seiner Zugehörigkeit zu einer vorbezeichneten Gruppe oder zu einem Teil der Bevölkerung beschimpft, böswillig verächtlich macht oder verleumdet,

wird mit Freiheitsstrafe von drei Monaten bis zu fünf Jahren bestraft.«

Später (1994) kamen weitere Absätze hinzu, so bezieht Absatz 2 auch „Wort, Schrift und Bild" hinzu, Absatz 3 stellt das Verharmlosen von „Verbrechen gegen die Menschlichkeit" und „Völkermord" unter Strafe, und Absatz 4 (von 2005) bezieht sich auf das

„Billigen, Rechtfertigen" oder „Verharmlosen" der nationalsozialistischen Gewalt- und Willkürherrschaft.

Schon der Name dieses Paragraphen ist höchst fraglich und offenbart ein völlig irrsinniges Demokratieverständnis der Politiker, die dieses Gesetz 1969 mit der Überschrift „Volksverhetzung" versahen. Da steckt zum einen der Begriff „Volk" drin, mit dem ich mich noch im nächsten Kapitel befassen werde. Vor allem aber die Vorstellung einer „Verhetzung". Diese Vorstellung geht also doch offenbar von einem „dummen Volk" aus, welches Demagogen usw. leicht „verhetzen", also „aufhetzen" können. Man denkt hier an den „Wilden Westen" der USA zu Ende des 18. Jh., wo aufgebrachte (verhetzte) Menschen einen vermeintlichen Mörder auch ohne Gerichtsverhandlung per Lynchjustiz aufhängen wollten, oder an von der Inquisition aufgehetzte Bürger, die eine als „Hexe" bezeichnete Frau auf den Scheiterhaufen trieben.

Die Politiker, die es für nötig halten, einen Paragraphen mit dem Namen „Volksverhetzung" zu haben, sollten dringend einmal über die Demokratie nachdenken. Die Demokratie ist eine Regierungsform, wo das Volk der Souverän ist, wo das Volk aus seinen Reihen Vertreter in geheimer und freier Wahl bestimmt, die es regieren. Mit einem „dummen Volk", was sich leicht von irgendwem aufhetzen läßt, ist also eine Demokratie gar nicht möglich; die Demokratie setzt ein intelligentes Volk voraus, welches zwischen verschiedenen politischen Vorstellungen unterscheiden kann und sich so gut mit der Politik auskennt, daß es in der Lage ist, sich entsprechende Vertreter zu wählen. So ein Volk ist nicht „verhetzbar" oder „aufhetzbar". Wenn wir also von einem gebildeten, wissenden Volk ausgehen, dann kann es gar keine Verhetzung geben, und so ein Paragraph ist schlichtweg Unsinn. Gehen wir aber von einem „dummen Volk" aus, dem man sagen muß, was richtig und was falsch ist, dann sind wir keine Demokraten. Dann wäre es gleich ehrlicher, die Demokratie ganz abzuschaffen, denn ein „dummes Volk" ist wohl kaum in der Lage, sich selbst zu regieren. Leider gehen noch heutzutage viele Menschen tatsächlich von einem „dummen Volk" aus und zeigen damit unbeabsichtigt, daß sie nicht wirklich Demokraten sind. Das ist sehr bedenklich.

Sicher, in jedem Volk gibt es intelligentere Individuen und weniger intelligente, gibt es also Gebildete und Bildungsferne. Aber die Bildung ist nicht immer entscheidend; auch weniger Gebildete sind durchaus in der Lage, zu erkennen, was in ihren Augen gut ist und was nicht, teils sogar intuitiv. Manchmal hat der einfache Mann auf der Straße viel mehr Durchblick als der hochbezahlte Fachmann. Außerdem ist die Dummheit (wenn man von dem Vorhandensein derselben im Volke unbedingt ausgehen will) gleichmäßig verteilt: Dumme wählen entweder gar nicht, oder links, oder rechts oder die Mitte – eine Wahlverfälschung durch ungebildete Menschen ist also nicht möglich, da sich die Stimmen ja in etwa aufheben. Man kann nicht sagen, daß „Dumme" immer nur eine ganz bestimmte Partei wählen, vielmehr wählen sie alle Parteien gleichmäßig und fallen somit nicht weiter ins Gewicht. Die Dummheit ist also gleichmäßig auf alle politischen Lager und Richtungen verteilt. Nur die Anhänger einer Partei am politischen Rande bezeichnen die Wähler, die eine Partei des jeweiligen anderen Randes gewählt haben, als „dumm". Aber niemand hat die Wahrheit oder die Weisheit gepachtet, und die Wähler einer Partei, die einem selbst nicht in den Kram paßt als „dumm" zu bezeichnen, offenbart ein bedenkliches Demokratieverständnis. Auch Dumme gehören zum Volk und dürfen wählen, was sie wollen. Wenn nur Intelligente wählen dürften, wäre das System keine Demokratie.

Natürlich darf nicht gegen Angehörige von bestimmten Gruppen, wie sie im Volksverhetzungs-Paragraphen definiert sind, gehetzt oder zu Gewalt- oder Willkürmaßnahmen gegen sie aufgerufen werden. Aber hier reichen die vorhandenen Gesetze völlig aus: Wer zu einer Straftat aufruft, der wäre auch ohne den § 130 straffällig, nämlich nach § 111, wer beleidigt, der macht sich nach § 185 strafbar. Deswegen sollte der demokratiefeindliche und überflüssige Volksverhetzungs-Paragraph schleunigst abgeschafft werden, zumal er heute immer häufiger genutzt wird, um den politischen Gegner zu diskreditieren oder um Menschen daran zu hindern, ihre Meinung offen zu äußern. So liest man inzwischen häufiger groß in den Medien, daß irgendeine Partei oder ein Politiker dieser Partei Anzeige gegen einen Politiker einer anderen Partei stellte, wegen „Volksverhetzung". Das klingt erst einmal schlimm, und viele Menschen wähnen, der Politiker oder die Partei, gegen die Anzeige erstattet wurde, seien schlimme Demagogen. Wenn dann Wochen später das Verfahren eingestellt wurde, findet man die Meldung darüber sehr klein irgendwo in der Text-Bleiwüste der Zeitung. Der Paragraph wird also in der politischen Auseinandersetzung tatsächlich mißbraucht, und auch das ist nicht demokratisch. Eine Anzeige gegen eine unliebsame Meinung ersetzt nicht ein einziges Argument.

Dazu kommt, daß sich dieser Paragraph derzeit hauptsächlich gegen Politiker oder Bürger richtet, die sich z. B. gegen weitere Migration aussprechen. Aber wie sollen Bürger ihre Ängste und Befürchtungen äußern, wenn sie damit Gefahr laufen, sich strafbar zu machen? So ein Paragraph trägt also dazu bei, daß Menschen sich nicht mehr trauen, ihre Meinung frei zu äußern, was tödlich für eine Demokratie ist und was wir bereits aus dem 3. Reich und der Zeit der „DDR" kennen.

Genaugenommen verbietet dieser Paragraph sogar die bekannten „Blondinen-" oder „Ostfriesenwitze". Auch diese fallen unter den

Absatz 2 des Paragraphen:

»Wer … die Menschenwürde anderer dadurch angreift, daß er eine vorbezeichnete Gruppe, Teile der Bevölkerung oder einen Einzelnen wegen seiner Zugehörigkeit zu einer vorbezeichneten Gruppe oder zu einem Teil der Bevölkerung beschimpft, böswillig verächtlich macht oder verleumdet …«

Blondinen oder Ostfriesen sind Teile der Bevölkerung, und sie in Witzen als „dumm“ darzustellen macht sie sicher verächtlich. Aber haben Sie, lieber Leser, je gehört, daß jemand wegen des Erzählens von Blondinenwitzen oder Ostfriesenwitzen usw. wegen Volksverhetzung angezeigt oder gar verurteilt wurde? Blondinen sind ja (so sie naturblond sind) wie Ostfriesen eher im Norden zu finden und eher Germanen. Man stelle sich vor, es gäbe entsprechende Witze über Neger (ich benutze dieses Wort wertneutral aus Tradition und verbinde damit keinerlei Diskriminierung oder Beleidigung) aus Afrika, dann wäre längst ein Exempel statuiert. Übrigens schützt der Paragraph unser eigenes Volk nicht, denn als ein Vorstandsmitglied des „Türkischen Elternbundes Hamburg“ die Deutschen pauschal als „Köterrasse“ beleidigte, stellte die Hamburger Staatsanwaltschaft 2017 das Verfahren ein mit der Begründung,

»Beim Straftatbestand der Volksverhetzung müsse es sich „um eine Gruppe handeln, die als äußerlich erkennbare Einheit sich aus der Masse der inländischen Bevölkerung abhebt“, und das sei bei „allen Deutschen“ nicht der Fall.«

Als wenn die „Deutschen“ nicht eine klar definierte Gruppe innerhalb der Bevölkerung der Bundesrepublik bilden würden. Was ist das für ein Gesetz, welches Beleidigungen von Deutschen erlaubt? Und wie kommt so eine willkürliche Behandlung beim Bürger an?

Gesetze müssen klar sein, was hier nicht der Fall ist: Wie maximal groß oder minimal klein muß eine Gruppe sein, um dem Gesetz zu entsprechen? Ist eine Gruppe von 7 Millionen Moslems schon zu groß? Oder sind erst 60 Millionen „Bio-Deutsche" zu groß, um unter diesen Paragraphen zu fallen? Und wann liegt der bezeichnete Tatbestand der Störung des öffentlichen Friedens vor? Sind dazu regelrechte Aufstände der Betroffenen nötig? Lag dieser Tatbestand nicht im Falle der dänischen Anti-Mohammed-Karikaturen vor? Oder im Falle Jan Böhmermanns, als er Erdogan mit dümmsten anti-türkischen Klischees beleidigte? Oder gilt der Paragraph nur gegen die Äußerungen von „Rechten"? Wenn Menschen, die politisch rechts stehen, unterstellt wird, sie befürworteten den Mord an Juden oder Ausländern oder träten für Diktatur und gegen Demokratie ein? Ist es „Volksverhetzung", wenn Menschen pauschal über alle Migranten behaupten, sie seien kriminell, weil sie illegal eingereist sind? Aber ist dann nicht das Gegenteil, alle Migranten seien eine „Bereicherung", nicht auch volksverhetzend? Wenn Politiker hinter Transparenten herlaufen mit der Aufschrift „Nie wieder Deutschland" und wo „Deutschland, du mieses Stück Scheiße" skandiert wird, wie es Claudia Roth (Grüne) in Hannover getan hatte?

Dieser unklare, die Redefreiheit einschränkende Paragraph muß also unbedingt fortfallen, wenn wir in Deutschland wirklich endlich eine richtige Demokratie werden wollen.

Es hätte vollauf gereicht, wenn man den Paragraphen 130 in seiner Urfassung von 1871 belassen hätte. Diese lautete:

»Wer in einer den öffentlichen Frieden gefährdenden Weise verschiedene Klassen der Bevölkerung zu Gewalttätigkeiten gegen einander öffentlich anreizt, wird mit Geldstrafe bis zu zweihundert Thalern oder mit Gefängniß bis zu zwei Jahren bestraft.«

Hier geht es klar um Anstachelung zur Gewalt, nicht um Ablehnung dieser Gruppen aus irgendwelchen politischen Gründen, z. B. auch nur wegen eigener Vorurteile.

Bezeichnend ist auch, daß der Paragraph, seit er besteht, stetig erweitert wurde. Immer mehr Tatbestände kamen hinzu; inzwischen ist es schon eine recht umfangreiche Liste. Anders gesagt: Immer mehr Meinungen werden mit diesem Paragraphen unter Strafe gestellt. Man hat den Eindruck, daß bald alles, was den „Herrschenden" nicht gefällt, hier aufgezählt werden wird. Wenn es so weitergeht, sind bald alle Meinungen, die nicht dem entsprechen, was die Regierung will, „Volksverhetzung".

Kapitel 2

Das Volk

Obwohl der Begriff „das Deutsche Volk" im Grundgesetz und vielen anderen Gesetzen vorkommt, scheinen einige Menschen damit ein Problem zu haben. Der Anfang des Grundgesetzes, Präambel und Artikel 1 (2), in der heute gültigen Fassung lautet:

»Im Bewußtsein seiner Verantwortung vor Gott und den Menschen, von dem Willen beseelt, als gleichberechtigtes Glied in einem vereinten Europa dem Frieden der Welt zu dienen, hat sich das Deutsche Volk kraft seiner verfassungsgebenden Gewalt dieses Grundgesetz gegeben. Die Deutschen in den Ländern Baden-Württemberg, Bayern, Berlin, Brandenburg, Bremen, Hamburg, Hessen, Mecklenburg-Vorpommern, Niedersachsen, Nordrhein-Westfalen, Rheinland-Pfalz, Saarland, Sachsen, Sachsen-Anhalt, Schleswig-Holstein und Thüringen haben in freier Selbstbestimmung die Einheit und Freiheit Deutschlands vollendet. Damit gilt dieses Grundgesetz für das gesamte Deutsche Volk (...) Das Deutsche Volk bekennt sich darum zu unverletzlichen und unveräußerlichen Menschenrechten als Grundlage jeder menschlichen Gemeinschaft, des Friedens und der Gerechtigkeit in der Welt.«

Auch über dem Reichstag finden wir die Façadeninschrift „Dem Deutschen Volke". Bleibt also die Frage, wer zum Deutschen Volke gehört und wer nicht. Es werden in Politik und Medien in unzulässiger Weise die Begriffe Volkszugehörigkeit und Staatszugehörigkeit vermischt. Dabei müßte doch völlig klar sein, daß eine Staatsangehörigkeit noch lange nichts mit einer Volkszugehörigkeit zu tun haben muß. Die Staatsangehörigkeit kann ein Fremder z. B. durch Heirat erwerben, ohne daß er ein einziges Wort deutsch sprechen kann. Er ist dann Kraft Gesetz zwar deutscher Staatsangehöriger, gehört deswegen aber nicht zum Deutschen Volk. Das Deutsche Volk lebte immer in vielen Staaten; früher gab es hunderte von Kleinstaaten. Heute lebt unser Volk auch noch in mehreren Staaten (Deutschland, Österreich, Schweiz, Polen, Frankreich usw.). Ein Bio-Österreicher ist natürlich ein Teil des Deutschen Volkes; er spricht ja auch deutsch, trotzdem ist er unbestritten österreichischer Staatsangehöriger. Die Koppelung der Volkszugehörigkeit an die Staatsangehörigkeit ist ein Fehler, den Politiker absichtlich machen. In Wahrheit sind sie sich durchaus bewußt, daß die Menschen in Deutschland nur teilweise zum „Deutschen Volk" gehören, denn ansonsten hätten sie nicht im Jahre 2000 im Hofe des Reichstages die Schrift „Der Bevölkerung" des Künstlers Hans Haacke installiert, die das „Dem Deutschen Volke" außen am Reichstag relativieren soll. Und Frau Merkel sprach kürzlich im Zusammenhang mit der Trump-Wahl davon, daß sie für die „Menschen in Deutschland" zuständig sei, statt zu sagen, sie sei für die „Deutschen" zuständig. Da wird also durchaus zwischen Einwohnern bzw. bloßen Staatsangehörigen und dem Deutschen Volk differenziert.

Bis zum Jahre 2000 galt im deutschen Recht das Abstammungsprinzip, d. h. Deutscher ist, wer von deutschen Eltern stammt. In den USA gilt dagegen das Geburtsprinzip, d. h. man wird Amerikaner, wenn man in Amerika geboren ist, ganz gleich, aus welcher Kultur die Familie stammt.

„Amerika" wurde nach dem Entdecker Amerigo Vespucci (1451-1512) benannt. Der Name ist also der Name eines Kontinentes, nicht eines Landes und auch nicht der eines Volkes oder Stammes. Deswegen kann sich jeder Bewohner dieses Kontinentes mit gutem Gewissen „Amerikaner" nennen, und jeder Einwanderer kann sich damit identifizieren, zumal selbst die indianischen Ureinwohner einst über die Behringstraße selbst eingewandert sind.

„Deutschland" hingegen ist eine ursprüngliche Stammesbezeichnung, vielleicht vom Stamm der Teutonen abgeleitet; oder es war eine Bezeichnung für die christianisierten Germanen (da „deut" = „deus" = Gott). Noch deutlicher ist die englische Bezeichnung unseres Landes, „Germany" – „Land der Germanen". Das bedeutet, unsere Bezeichnungen beziehen sich auf Stämme, auf Abstammung; es sind keine neutralen Ortsbezeichnungen wie etwa „Mitteleuropa" es wäre. Man kann als Einwanderer zwar eine „deutsche Staatsangehörigkeit" erhalten, aber deswegen gehört man eben nicht auch zum „Deutschen Volk", weil dies die Abstammung voraussetzt. Volk und Staat sind nicht identisch. Wenn man eine Eselin in einen Perdestall stellt, dann wird sie deswegen nicht zum Pferd, selbst ihr Junges – im Pferdestall geboren – bleibt Esel und wird nicht durch Geburt zum Pferd, selbst wenn man ihm ein Schild mit der Aufschrift „Pferd" umhängt. Das Beispiel ist wertfrei als Vergleichsbild gemeint, ich will damit niemanden als Pferd oder Esel bezeichnen. Deswegen haben Migranten also zwar oft die deutsche Staatsangehörigkeit, gehören aber eben trotzdem nicht zum „Deutschen Volk" sondern weiterhin zum jeweiligen Volk ihres Herkunftslandes. Unsere Begriffe „Vaterland" und „Muttersprache" sind da sehr deutlich: Ein Kind gehört zum Land des Vaters und zur Kultur (Sprache) der Mutter.

Die im Reichstags-Lichthof installierte Schrift „Der Bevölkerung" verdient aber noch eine weitere Würdigung im Vergleich mit der

Original-Inschrift „Dem Deutschen Volke". Im Begriff „Bevölkerung" ist das Wort „Volk" enthalten; eigentlich sind beide Begriffe (Volk, Bevölkerung) sehr ähnlich und austauschbar. Tauschen wir sie aber einmal gegeneinander aus, ergeben sich die Bezeichnungen: „Dem Volke" (im Lichthof) und „Der deutschen Bevölkerung" (außen an der Façade). Wir stellen zuerst fest, daß das Wort „deutsch" verschwunden ist. Offenbar legten die Politiker (die schon 1998 die Installation beschlossen hatten) im Zusammenspiel mit dem Künstler Haacke auf diese Bezeichnung unseres Landes und Volkes keinen Wert. Und dann erkennen wir bei Betrachtung des Begriffs „Bevölkerung" auch noch, daß hier das Wort „Volk" in der Mehrzahl steht: „Völker" (Be-Völker-ung). Da wurde also der Boden dafür bereitet, daß Deutschland offenbar ein Land vieler Völker werden soll. Die Vorsilbe „Be-" ist dann auch noch eine Silbe der Tat: „Siedeln" bedeutet, irgendwo wohnen. „Be-siedeln" bedeutet, irgendwo hinzuziehen; es ist der Zeitpunkt, wo eine Siedlung neu errichtet werden soll; es ist die Tat, die man ausführt. So bedeuten „Völker", daß da verschiedene Ethnien vorhanden sind, „Be-Völkern" aber bedeutet, daß Ethnien hinzukommen, einwandern. Wenn ein bisher unbewohnter Ort besiedelt werden soll, dann spricht man von „bevölkern", wenn der Ort bereits bewohnt wird, spricht man nicht mehr von „bevölkern" weil der Ort ja schon bevölkert ist. In der Lichthofinstallation des Reichstages, „Der Bevölkerung", die zeitgleich mit der Abschaffung des Abstammungsprinzips im Staatsangehörigkeitsrecht im Jahre 2000 eröffnet wurde, ist also schon der Gedanke der Einwanderung anderer Völker enthalten. Da sollten sich Politiker nicht wundern, wenn Bürger dahinter die Absicht, das Deutsche Volk gegen andere Völker austauschen zu wollen, vermuten.

Im Jahre 2015 betrug die Anzahl der Migranten in Deutschland 23,3 Millionen, also ca. 25 % der Gesamtbevölkerung, 1,8 Millionen Flüchtlinge kamen seitdem noch ab 2015 hinzu. Dabei hat ein Mensch dann Migrationshintergrund, wenn er selbst oder mindestens ein Elternteil nicht mit deutscher Staatsangehörigkeit geboren wurde. Ich zähle offenbar auch dazu, da mein Vater zwar eine deutschstämmige Mutter hatte, aber dennoch mit ungarischer Staatsangehörigkeit geboren wurde. Allerdings wurde ich nie in irgendeiner Statistik über Migrationshintergrund erfaßt. Umgekehrt gilt das Kind eines in Deutschland geborenen Sohnes türkischer Eltern als „deutsch", obwohl es keine deutsche Abstammung hat. Die Definition, wer Migrant oder Einwohner mit Migrationshintergrund ist, ist also fraglich, und wenn man hier korrekt nach dem Abstammungsprinzip vorgehen würde, läge der Anteil der Migranten viel höher. Das aber liegt nicht im Interesse der Politiker, denn sie wollen die Zahlen der Migranten kleiner halten, da sie wissen oder ahnen, daß ihre Pläne zur „demographischen Umwandlung" des Deutschen Volkes beim Bürger nicht so gut ankommen. Der Wähler, der diese Pläne durchschaut hat, könnte geneigt sein, verantwortliche Politiker abzuwählen und ihnen damit einen Strich durch die Rechnung machen. Die Kritik an den Einwanderern und der Einwanderungspolitik wird ja durch den „Volksverhetzungsparagraphen" eingeschränkt oder ganz verboten, wie ich schon aufgezeigt hatte.

Wir sehen, hier geschieht nichts „zufällig"; es scheinen regelrechte Planungen vorzuliegen, das Deutsche Volk, das für bestimmte Kreise als unbelehrbares „Tätervolk" gilt, durch Zuzug Fremder so lange zu „verdünnen", bis von ihm nicht mehr viel übriggeblieben ist. Im Mai 2020 sendete die Berliner Abendschau eine Meldung, daß der Name „Mohammed" (einschließlich seiner Schreibvarianten) der häufigste Vorname für männliche Neugeborene in Berlin ist. Das sagt sehr viel aus über die Zukunft der „Bevölkerung" in Deutschland.

Vergessen wird meist, daß nicht nur die Bio-Deutschen (Angela Merkel nannte sie „die hier schon länger sind"), sondern auch die Zuwanderer betroffen sind. Auch die Migranten wollen ihre Kultur und ihre Volkszugehörigkeit nicht aufgeben, was sie aber müßten, wenn sie zu „Deutschen" werden sollen. Und wenn wir einmal unseren Blick über Deutschland hinaus richten, erkennen wir, daß fast alle andern Länder die Volkszugehörigkeit von der Staatsangehörigkeit trennen. Die Katalanen wollen keine Spanier sein, obwohl sie spanische Staatsangehörigkeiten haben, und linke Aktivisten in Deutschland unterstützen sie in ihrem Kampf um Unabhängigkeit, anstatt sie als Teil eines multikulturellen Spaniens zu integrieren. Die Kurden in der Türkei sehen sich als Kurden und nicht als Türken, obwohl auch sie türkische Staatsangehörigkeiten besitzen und sich in einem multi-ethnischen Staat „Türkei" doch wohlfühlen könnten, und die Palästinenser in Israel wollen keine Israelis sein. Da spricht niemand davon, daß sie sich in einen multikulturellen israelischen Staat integrieren müßten. Die Schotten denken über Unabhängigkeit von Großbritannien nach, und auch die Bewohner Nord-Irlands scheinen sich im „multikulturellen UK" nicht wohlzufühlen. Überall kämpfen Völker um ihre Selbstbestimmung, und kein deutscher Politiker spricht ihnen dieses Recht ab; selbst den Sorben in Brandenburg billigt man zu, einem anderen (nicht-deutschen) Volke anzugehören, trotz deutscher Staatsangehörigkeit. Da geht man tatsächlich allein nach der Volkszugehörigkeit und interessiert sich nicht für die Staatsangehörigkeiten; ganz anders, als bei uns Deutschen, wo die Volkszugehörigkeit offenbar kein Thema sein darf. Da, wo es politisch gewollt ist, interessiert es wiederum nicht, wie sich die Bewohner einer Region fühlen und wozu sie sich zuordnen; in der Ost-Ukraine sprachen sich die Bewohner für eine Zugehörigkeit zu Rußland aus, was der Westen (d. h. die EU) nicht anerkennt. Was man Sorben oder Catalanen zubilligt, hat für Ost-Ukrainer keine Gültigkeit.

Im Sport achtet man genauestens darauf, daß sich unter den Spielern möglichst einige mit Migrationshintergrund finden. Insbesondere fällt auf, daß die Spieler mit Migrationshintergrund im Fußball gerne im Sturm plaziert werden, so daß sie die Tore schießen und den Ruhm dafür erhalten. So will man bei den Fans die Migranten beliebt machen und versteckt für mehr Einwanderung werben; auch Fans mit Migrationshintergrund sollen so animiert werden, sich mit der „deutschen" Mannschaft zu identifizieren. Als die ersten Schwarzen in deutsche Fußballmanschaften aufgenommen wurden, gab es im „Stern" die Schlagzeile: »Meine Neger gegen deine Neger«. Inzwischen scheint sich niemand mehr daran zu stören, daß sich in der Nationalmannschaft eines Landes oft mehr Angehörige fremder Nationen befinden als von der Nation, für die sie spielen. Fußball-Länderspiele sind inzwischen nicht mehr Wettkämpfe zwischen Spielern des einen Volkes gegen die des anderen, sondern lassen im Namen des jeweiligen Landes auf der ganzen Welt eingekaufte Spieler gegeneinander antreten. Wer mehr Geld hat, kann die besseren Spieler kaufen und hat höhere Chancen, zu gewinnen. Aber dann hat nicht das Land gewonnen, sondern das Geld. Warum erinnert mich das an die römischen Gladiatorenkämpfe, wo man die Kämpfer aus dem ganzen Reich zusammensuchte, ohne Rücksicht auf deren Volkszugehörigkeiten?

In Deutschland war es so, daß man unbedingt auch türkischstämmige Spieler in der Nationalmannschaft sehen wollte, denn man wollte auf diese Weise erreichen, daß sich auch die türkischstämmigen Migranten in Deutschland mit der deutschen Nationalmannschaft und damit mit Deutschland identifizieren. Ob es da regelrechte Anweisungen des DFB oder der Politik gab, wissen wir nicht; vermutlich werden solche Dinge nur mündlich besprochen, denn in der Öffentlichkeit gäbe es wohl kein Verständnis dafür, daß aus politischen Gründen auch schlechtere Spieler genommen werden müssen, nur weil sie Migrationshintergrund haben.

Hier waren Mesut Özil und Ilkan Gündogan gute Beispiele. Ich erinnere mich an viele Fußballspiele mit Mesut Özil, in denen er von den Kommentatoren hochgelobt wurde, während ich nur einen Fehlpaß nach dem anderen sah. Özil ist ein Musterbeispiel dafür, wie ein nur durchschnittlicher Spieler von den Medien gehyped wurde, nur weil man einen türkischstämmigen Migranten in der Mannschaft wollte. Aber Özil und Gündogan wurden den Integrationsverfechtern zum Eigentor: Sie betrachten den türkischen Staatschef als „ihren Präsidenten", trotz ihrer Geburt in Deutschland, und zeigten dies mit entsprechenden Photos. Der Aufschrei war groß, denn Mesut Özil hatte damit gesagt bzw. gezeigt, daß er sich weiterhin als Angehöriger des Türkischen Volkes sieht, also nicht als Angehöriger des Deutschen Volkes. So konnten viele „Deutsch-Türken" ihn als Vorbild sehen und sich auch weiterhin als Angehörige des Türkischen Volkes fühlen. Ich mache Özil, Gündogan oder andern türkischstämmigen Deutschen keinen Vorwurf, sondern gebe ihnen sogar Recht: Die Zugehörigkeit zu einem Volk oder Volksstamm wird (wie der Name schon sagt) durch die Ab-Stamm-ung bestimmt, nicht durch ein Papier, welches ein Staat ausstellt. Der Fehler liegt bei denen, die glauben, derartige Dinge ignorieren zu können.

»Man wird nicht reicher, wenn man vom Nachbarn borgt« lautet ein Sprichwort. Das deutsche Volk wird nicht zahlenmäßig größer, wenn man Angehörige fremder Völker ins Land holt, denn diese werden in absehbarer Zeit nicht zu deutschen Volksangehörigen mutieren. Es kann nur helfen, dafür zu sorgen, daß die Geburtenzahlen der Bio-Deutschen steigen, aber das geht nur mit anderen Mitteln.

Übrigens spricht der nach dem Willen der Politik als „Deutscher" gesehene Özil nur sehr gebrochen Deutsch, obwohl er in Deutschland geboren ist. Warum sollte er auch die Sprache eines fremden Volkes übernehmen, wo er doch mit seiner türkischen Volkszugehörigkeit glücklich ist? War es nicht von Anfang an so vorgesehen, daß als „Gastarbeiter" eingewanderte Menschen ihre Kultur behalten und das Land irgendwann wieder verlassen? Von „Integration" hatte man zuerst gar nicht gesprochen und als das zum Thema wurde, wetterten die Grünen dagegen: „Integration ist Germanisierung".

»Dreitägiger Gast – Jedermanns Last«

lautet ein bekanntes deutsches Sprichwort. Und im finnischen Kalevala-Epos findet sich dieser Ausspruch:

»Von einem Gast wird zweierlei erwartet:
Erstens, daß er kommt und zweitens, daß er wieder geht.«

Kapitel 3

Sprache

Zu einer Demokratie gehört zwingend eines dazu: Daß jedermann sagen darf, was er will, was seine Meinung ist und was er für richtig hält, ohne daß seine Meinung in irgendeiner Form negativ bewertet oder eingeordnet wird. Ohne die Möglichkeit der freien Meinungsäußerung des Bürgers ist eine Demokratie nicht möglich, denn wenn der Souverän, also jedermann im Volke, sich nicht mehr äußern darf, dann kann man nicht von einer „Herrschaft des Volkes" sprechen. Umso bedenklicher, ja geradezu ein Alarmsignal ist es, daß 63 % der Deutschen in einer Allensbach Umfrage (Allensbacher Archiv, lfD Umfrage 12003) dem Satz zustimmten, man müsse heute aufpassen, zu welchem Thema man sich wie äußert. Grund ist, daß man wegen seiner Meinungsäußerungen etwa zur Flüchtlings- oder Coronapolitik befürchten muß, in eine bestimmte extremistische Ecke gestellt zu werden und auch, daß man berufliche oder andere Nachteile zu gewärtigen hat. Deswegen äußern sich viele Bürger nicht mehr und ziehen es vor, ihre Meinung für sich zu behalten. Wenn selbst der ehemalige SPD-Bundestagspräsident Wolfgang Thierse das beklagt, dann ist höchste Zeit, daß etwas geändert wird. Thierse sagte (ZDF Frontal21 vom 27. 4. 2021):

»Wir können nicht mehr frei und ungehemmt sprechen, ohne daß wir verdächtigt werden, Reaktionäre zu sein, nicht nur konservativ, sondern Reaktionäre, Rassisten, homophob zu sein.«

Und der Moderator Thomas Gottschalk beklagte (in ARD Maischberger die Woche vom 28. 4. 2021):

»Du darfst nicht mehr sagen, was du denkst.«

Diese Sprachverbote sind in keinem Gesetz wirklich geregelt, sondern es findet ein subtiles Verbot statt. Wer so ein ungeschriebenes
Verbot mißachtet, der verfällt dem Status eines Geächteten; er wird
als Prominenter in den Medien nicht mehr berücksichtigt, er wird
bei Beförderungen übergangen oder öffentlich angeprangert und
erhält im schlimmsten Falle Berufsverbot. In den USA spricht man
in so einem Falle von „Cancel Culture".
Prof. Helmut Bley wollte in Hannover einen Vortrag über den Kolonialismus aus afrikanischer Sicht halten. Migrantenvertreter sprachen ihm als „Weißen" ab, über die schwarze Perspektive sprechen
zu können bzw. zu dürfen, nur Betroffene könnten das. Die Stadt
Hannover lud daraufhin Prof. Bley aus und sagte die Veranstaltung
ab. Aber natürlich leben gar keine vom deutschen Kolonialismus
Betroffene mehr, vielmehr sehen sich Nachkommen in 2. oder 3.
Generation offenbar als „Betroffene" an, die zur Zeit des Kolonialismus in Afrika noch gar nicht geboren waren.

Die Sprachverbote beziehen sich auf ganze Meinungen, aber auch
auf bestimmte Worte. Einzigstes Mittel, solche Sprachverbote
durchzusetzen ist der erwähnte „Volksverhetzungs-Paragraph", der
so dehnbar angelegt ist, daß mit ihm eigentlich jede unliebsame
Meinung bestraft werden kann.
Der Sinn von Sprachverboten ist der, das Aufkommen von politischen Oppositionen zu verhindern. Wenn Gegenmeinungen zur
herrschenden Politik nicht geäußert werden können, dann kann
auch keine Opposition entstehen, und die Herrschenden brauchen
Absetzung nicht zu fürchten. Sprachverbote sind in Wahrheit

Denkverbote und dienen zur Disziplinierung des „dummen Volkes". Deswegen sind Sprachverbote jeglicher Art absolut undemokratisch.

Der Aussage, man dürfe seine Meinung nicht mehr frei äußern, widersprechen Medienvertreter oft, indem sie darauf hinweisen, daß es keinerlei Anweisungen höherer Stellen gibt, die ihnen vorschreiben, welche Meinungen sie nicht zu Worte kommen lassen dürfen. Ich glaube auch nicht, daß es entsprechende schriftliche Anweisungen gibt, denn das ist auch gar nicht nötig. Es werden vielmehr unsichtbare Grenzen dessen, was gesagt werden darf und was nicht, festgelegt, und die Medienvertreter halten sich aus Eigeninteresse daran. Hier kommen wir erneut zu dem Punkt der „Demokratiefähigkeit". Wir Deutschen sind nach meiner Einschätzung z. Zt. noch nicht demokratiefähig, und derartige Leute in den Medien ahnen, was die Obrigkeit von ihnen erwartet und richten sich danach, ohne daß es irgendwelcher Anweisungen bedarf. Schließlich wollen Journalisten und Redakteure ja auf der Karriereleiter aufsteigen, und so richten sie sich freiwillig nach dem, was sie meinen, daß die Regierenden von ihnen erwarten. Vorgaben werden nicht in Frage gestellt oder diskutiert, sondern in bravem Untertanengeist erfüllt. Wir sehen das z. B. daran, daß in den Medien das Wort „Flüchtlinge" praktisch nicht mehr vorkommt, sondern überall nur noch von „Geflüchteten" die Rede ist. Verschwörungstheoretiker vermuten eine interne Absprache, doch leider ist es nur Folge von vorauseilendem Gehorsam und mangelnder Civilcourage von den Medienvertretern. Auch wird völlig kritiklos überall die idiotische „Gender-Sprache" verwendet, anstatt die Sprache des Volkes zu sprechen. Ich habe dies schon in meinem Buch „Das Gender-Virus – Wie man uns mithilfe der Sprache manipulieren will" (2021) ausführlich behandelt.

Unsere Sprache beeinflußt unser Denken; das ist eine altbekannte

Tatsache. Wer also die Sprache selbst beeinflußt, der beeinflußt auch unser Denken, was bis hin zur Manipulation führt. Und genau das darf in einer echten Demokratie nicht geschehen; da muß auf Manipulationen jeder Art verzichtet werden.

Die Politik benutzte zu allen Zeiten eine „Sprachkosmetik", nannte das Waldsterben „neuerliche Waldschäden"; die Atomkraft wurde zur „Kernkraft", was wie „Kernobst" nach gesunder Vollkornernährung klingt. Die Regierung eines Landes, mit dem die Politik Deutschlands irgendwelche Probleme hatte oder wähnte, sie zu haben, wurde grundsätzlich zum „Regime". Präsidenten von Staaten mit weniger Demokratie werden in den Medien schnell zu „Machthabern", statt sie mit dem Amt zu bezeichnen, welches sie innehaben, und Rechtsradikale demonstrieren nicht, sondern veranstalten „Aufmärsche", das klingt martialischer. Aus den steinewerfenden Chaoten und Störern der 90er Jahre sind inzwischen harmlose „Aktivisten" geworden. In einem demokratischen Staat kann es nicht richtig sein, daß staatstragende und bürgerfinanzierte Medien eine unterschiedliche Wortwahl für ein- und dieselbe Sache benutzen, denn das ist eine unterschwellige und unzulässige rhetorische Beeinflussung des Zuschauers und damit nicht zulässig.

Neben solchen Versuchen, Dinge mithilfe der Sprache zu verharmlosen oder zu dramatisieren, gibt es regelrechte Wortverbote. Wer ein derartiges Wort trotzdem benutzt, der zieht allen Schimpf und Spott auf sich, der ist nicht länger mehr ein Teil der menschlichen Gemeinschaft. Ich meine Worte wie „Neger" oder „Zigeuner". Diese Begriffe sind an sich völlig harmlos und zutreffend, denn „Neger" bedeutet nur „Schwarzer" (lat. niger = schwarz). Bis in die 80er Jahre war dieses Wort bei uns eine sachliche, nicht abwertende Bezeichnung für die schwarzhäutigen Menschen. Doch inzwischen steht das Wort auf der Verbotsliste der politischen Sprachpolizisten, und selbst wenn darüber in Diskussionsrunden diskutiert wird, sprechen die Teilnehmer aus Angst nur noch vom „N-Wort". Angeblich würde dieser Begriff die Schwarzen irgendwie diskriminieren, sei aus der Kolonialzeit gekommen und beleidige die Schwarzen. Eine Bezeichnung nach dem tatsächlichen Aussehen kann aber nie eine Beleidigung sein, zumal die deutsche Übersetzung „Schwarzer" es ja auch nicht ist. Es ist völlig unlogisch, wenn ich zwar „Schwarzer" sagen darf, dies auch ins Englische übersetzen darf zu „Black", aber die lateinische Übersetzung, die bei uns lange in Gebrauch war, „Neger" (französisch nègre) soll plötzlich beleidigend sein. Ja, man möchte hier gerne den Volksverhetzungs-Paragraphen in Stellung bringen, um rechtlich gegen die Weiterverwendung des so schlimmen „N-Wortes" vorgehen zu können.

Übrigens nennen sich schwarze US-Rapper selbst „Nigga" und gibt es zwei Staaten in Afrika, die sich genauso nennen, nämlich „Niger" und „Nigeria". Sie sind nach dem Fluß „Niger" (lat. „der Schwarze") benannt. Wäre das Wort irgendwie diskriminierend, hätte man andere Staatsnamen gewählt.

In vorauseilendem Gehorsam jedenfalls haben die deutschen Hersteller von „Negerküssen" diese bereits vor Jahren in „Schaumküsse" umbenannt; die „Mohrenköpfe" findet man inzwischen selten in den Auslagen der Bäckereien, und die Mohren-Apotheken werden gedrängt, sich umzubenennen. So tat es die Wiener Mohren-Apotheke, die übrigens eine jüdische Inhaberin hat; auch in Frankfurt sollen sich nach Aufforderung der Ausländervertretung zwei Mohren-Apotheken umbenennen. Der niedersächsische Flüchtlingsrat fordert die Umbenennung der Wolfsburger Mohren-Apotheke; in Magdeburg fordert die schwarze Studentin Nannah Mugaragu die Umbenennung der dortigen Mohren-Apotheke. Der Begriff „Mohr" stammt von lat. Maurus (Bewohner Mauretaniens); da aus diesem Bereich viel Heilwissen nach Europa gelangte, benannten sich viele Apotheken im 17. Jh. nach den Mohren. Auch spielt mit hinein, daß einer der drei heiligen Könige ein Mohr war und Heilkräuter brachte. Vielleicht ist auch noch ein Anklang an den heiligen Mauritius (der Maure, der Mohr) zu erkennen. Die Bezeichnung hat auch etwas mit maron („braun") zu tun, vgl. Maronen (braunhütige Speisepilze) und Marone (braunfruchtige Eßkastanien). Der „Sarottimohr" wurde wegen der braunen Farbe der Schokolade als Werbefigur gewählt. Nirgends ist damit eine Abwertung dunkelhäutiger Menschen verbunden, aber solche Fakten interessieren die Sprachpolizisten nicht; es geht nur um Emotionen.

Genauso böse ist das „Z-Wort", also die Bezeichnung „Zigeuner" und davon abgeleitete Begriffe wie „Zigeunerschnitzel" oder „Zigeunerbaron". Zuerst wurde damit argumentiert, daß „Zigeuner" ja „ziehende Geuner" (Gauner) bedeute und die Bezeichnung daher sehr abwertend sei. Dann kam aber heraus, daß der Begriff auch in anderen Sprachen vorhanden ist, so daß diese volksetymologische Deutung falsch sein muß. Die Ungarn nennen sie die Cigány. Aus dem Jahre 1422 stammt die Indentifizierung mit einem indischen Volksstamm. Im Tagebuch des Andreas von Regensburg heißt es:

»Ein gewisser Stamm der Cingari, gewöhnlich Cigäwnär genannt.«

Dies bezieht sich wohl auf einen im indischen Punjab lebenden Stamm der Cangar (Tschangar), die man auch Cingari oder Tzengari nannte. Aber es gab auch eine griechische Sekte der Athinganoi (Adsinganer) in Phrygien, im westlichen Anatolien, von der der Begriff Zigeuner stammen könnte. Es gibt auch heute noch Roma und Sinti, die allein nur den Begriff „Seganer" für sich verwenden (und die Begriffe „Roma" und „Sinti" ablehnen), daher kann er nicht beleidigend sein; beleidigend ist für sie nur „Tartar" (Tartaren).

Zu einem ungeschriebenen „Sprachverbot" gehören immer zwei: Derjenige, der das Verbot aufstellt und derjenige, der es befolgt. Wenn wir als mündige Bürger solche Sprachverbote, die ja in Wahrheit heimliche Denkverbote und Gedankenbeeinflussung sind, eigentlich sogar Teil einer Gehirnwäsche, einfach ignorieren, dann laufen die Bemühungen dieser „Sprachpolizisten" ins Leere, und wir retten unserem Land einen Teil der freien Meinungsäußerung. Aber dazu braucht es etwas Mut.

Als sich die Spitzenkandidatin der Berliner Grünen, Bettina Jarasch, vorstelle, erzählte sie, daß sie als Kind gern „Indianerhäuptling" werden wollte. Daraufhin erntete sie einen regelrechten Shitstorm bei den Grünen und ihren Sympathisanten im Weltnetz. Das Video ihrer Rede bei You Tube wurde um diese Passage gekürzt und man fand die folgende Bemerkung dazu:

»An dieser Stelle wurde im Gespräch ein Begriff benutzt, der herabwürdigend gegenüber Angehörigen indigener Bevölkerungsgruppen ist. Wir haben diesen Teil daher entfernt.«

Die Bezeichnung „Indianer" beruht zwar auf einer Fehldeutung von Christoph Columbus, der wähnte, daß er Indien erreicht hatte, als er Amerika wiederentdeckte (denn die Wikinger hatten es lange vor ihm entdeckt) und daher nannte er die Menschen „Indianer"; doch ist das Wort deswegen nicht „herabwürdigend", zumal sich Indianerverbände selbst so nennen (z. B. das „Red-Indian-Movement"). Aber wir sehen, wie weit die Sprachpolizisten inzwischen gehen, sie machen nicht einmal vor den eigenen Leuten halt, und Fakten interessieren sie auch nicht.

Neben der manipulierenden Wortwahl, den Wortverboten und der Gendersprache gibt es noch einen dritten Sprachaspekt, die sog.

„Keulen". „Keulen" in der Sprache sind das, was sie auch im Realen sind: Waffen, die den Gegner k. o. schlagen sollen. Zuerst gab es die noch sehr harmlos wirkende Keule „fremdenfeindlich". Der Diskussionsgegner ersparte sich irgendein Argument zum Thema Migration, indem er seinem Mitdiskutanten den Vorwurf machte, seine Rede sei „fremdenfeindlich". Nun hatte dieser schlicht zu schweigen, denn mit einem fremdenfeindlichen Menschen muß man nicht diskutieren, er hatte sich selbst ja außerhalb jeder Werteordnung gestellt, was der Vorwurf der Fremdenfeindlichkeit laut und unmißverständlich feststellte. Er stand nun als „Angeklagter" mit dem Rücken an der Wand und alles, was er nun sagte, war nur seine unglaubwürdige Rechtfertigung, wie ja auch ein einer Straftat Angeklagter diese meist bestreitet und versucht, sich herauszureden.

Dann kam die „Nazikeule" auf, bei der also die abweichende Meinung, die man argumentativ nicht widerlegen konnte, als „nazihaft" abgetan wurde, bis hin zum persönlichen Angriff „du bist ein Nazi", und nicht etwa: „Deine Aussage erinnert an Aussagen der Nationalsozialisten" – die geäußerte Meinung wird völlig mit einer Person identifiziert; eine als „böse" erkannte oder eingeordnete Meinung bedeutet dann automatisch, daß die Person selbst auch „böse" ist. Eine völlig unzutreffende Gedankenkette von „Rechtsextrem – Nazi – Nationalsozialist – Völkermörder" wird dabei in Gang gesetzt. Die Einordnung als „Rechtsextremer" ist gleichbedeutend mit der Anklage als Massenmörder. Wie bei den Anklagen der Inquisition in der Zeit der Aufklärung, gibt es gegen so eine Keule keine Verteidigungsmöglichkeit; allein die Anklage bedeutet bereits den Schuldspruch. Denn wer abstreitet, ein „Nazi" zu sein, der will sich ja nur verteidigen; alle seine Beteuerungen sind unglaubwürdig. Dabei fällt einem unbedarften Kenner unserer Sprache schon auf, daß die Abkürzung „Nazi" eigentlich falsch ist. Es heißt ja nicht „Nazionalsozialismus", sondern „Nationalsozialismus", also wäre „Natsoz" oder ähnlich richtig. Aber „Nazi" klingt irgendwie schärfer, ähnlich wie „KZ" statt „KL" (Konzentrationslager) und verschweigt auch noch den Wortteil „-sozialismus", denn daran stören sich alle Politiker und Anhänger linker Parteien, daß die gehaßten National-**Sozialisten** eben auch Sozialisten waren, was man ja an der Indentifikation mit den Arbeitern (z. B. in der Organisation „Kraft durch Freude" oder bei Übernahme der Maifeiern) erkennt. Die NSDAP war schließlich die „National-Sozialistische Deutsche Arbeiter-Partei", bezog sich also im Namen auf die Arbeiter. Solche Tatsachen sollen möglichst verschwiegen werden, also verwendet man die erwähnte Abkürzung „Nazi" oder das Ersatzwort „Faschist", welches sich historisch nur auf das System in Italien bezieht.

Inzwischen ist die „Nazikeule" durch zu häufige Verwendung so abgegriffen, daß sie in ihrer Wirkung kaum noch bemerkbar ist. Ich erinnere mich an eine Diskussion im Landesverband der Grünen, wo ein homosexuelles Mitglied etwas zu einem Thema sagte und ein anderes Mitglied ihm vorwarf, das sei ein Nazi-Argument. Seine ironisch formulierte Antwort war: »Gut, ich bin Nazi, ich bin Faschist, ich bin was weiß ich.« Und er fuhr fort mit seiner Argumentation. Er ließ also die „Nazi-Keule" völlig wirkungslos an sich abprallen. Inzwischen gibt es auch von linker Seite Vorbehalte gegen die Nazikeule, weil diese – inflationär angewendet – den tatsächlichen Nationalsozialismus auf gefährliche Weise verharmlost. Wenn ein Bürger seine Bedenken gegen die Einwanderung von Fremden äußert und als Antwort nur hört, er sei „Nazi", dann wird er nicht – wie es bezweckt war – erschreckt seine Haltung ändern (schließlich will man ja kein „Nazi" sein), sondern er wird sich mit dem Begriff „Nazi" identifizieren, denn nach seiner Einstellung ist seine angebliche Nazi-Meinung ja richtig. Wenn man nur als Nazi eine als richtig erkannte Tatsache oder Meinung haben kann, dann muß man das eben als „Nazi" tun und sich mit dem „Nazi"-Begriff anfreunden.

Weil also die Nazikeule abgegriffen und wirkungslos ist und zudem den wahren NS auch noch gefährlich verharmlost, wurde die „Rassismus-Keule" erfunden. Nun lautet jeder Vorwurf gegen eine unerwünschte Meinung, gegen die man kein inhaltliches Argument hat, das sei „rassistisch", und natürlich will niemand ein Rassist sein. Es gibt da die merkwürdigsten Anwendungen, z. B. habe ich schon gesehen, daß einfache Kritik an der Ausbreitung des Islams als „rassistisch" bezeichnet wurde. Der Islam ist allerdings eine Weltreligion, die von Menschen ganz unterschiedlichster „Rassen" praktiziert wird, von Orientalen genauso, wie von Schwarzen aus Afrika oder von deutschen Konvertiten. Wie kann also überhaupt ein Rassismus vorliegen, wenn man eine derartige Weltreligion kritisiert? Leider können die meisten Menschen, die den Rassismus-Vorwurf machen, diesen Begriff gar nicht definieren. Die UNESCO fand 1995 in Österreich die folgende Definition:

»Rassismus ist der Glaube, daß menschliche Populationen sich in genetisch bedingten Merkmalen von sozialem Wert unterscheiden, so daß bestimmte Gruppen gegenüber anderen höherwertig oder minderwertig sind.«

Das setzt voraus, daß man „Rasse" nicht mit einer Religion, einem Land oder Staat identifiziert, auch nicht nach dem Aussehen, sondern nur genetisch. Die Deutschen waren nie eine einheitliche „Rasse" (wie es die Nationalsozialisten gerne gehabt hätten) sondern immer schon ein ganz bestimmtes Rassengemisch. Genauso sind z. B. Türken keine einheitliche Rasse, da sich z. B. die Kurden in der Türkei von den andern Türken unterscheiden. Es gibt eher europäische Türken (durch den byzantinisch-griechischen Einfluß) und eher asiatische Türken. Eine Kritik an „den Türken" kann also nie „rassistisch" sein. Auch in Afrika gibt es die unterschiedlichsten schwarzen Rassen, so daß eine Kritik an „Negern" niemals wirklich haltbar rassistisch sein kann.

Einige Menschen weisen übrigens darauf hin, daß die UNESCO auf ihrer Konferenz in Stadtschlaining in Österreich 1995 beschlossen habe, man könne beim Menschen gar nicht von „Rassen" sprechen, da die genetischen Unterschiede viel zu gering seien. Wenn es aber keine „Rassen" gibt, dann kann es auch eine unterschiedliche Bewertung der angeblichen Rassen nicht geben. Auch unser Grundgesetz wäre dann hinfällig, da es dort heißt, daß niemand wegen seines Geschlechts, Rasse usw. diskriminiert werden dürfe. Inzwischen ist „Rasse" im Grundgesetz zwar ersetzt durch „aus rassistischen Gründen", der Sinn bleibt aber gleich.

An der Konferenz der UNESCO wurde übrigens scharfe Kritik von Seiten einiger Wissenschaftler geübt; man hatte diejenigen Wissenschaftler, die erkennbar andere Auffassungen vertraten, schlicht nicht eingeladen, um so das gewünschte Ergebnis zu erhalten. Auch ist fraglich, ob man tatsächlich die geringen genetischen Unterschiede als Kriterium für nichtvorhandene Rassenunterschiede nehmen kann. Der Begriff „Rasse" wurde historisch gesehen ja nie an den Genen (die man noch gar nicht kannte) festgemacht, sondern am Aussehen und an der Mentalität, und da gibt es ja für jeden deutlich sichtbare Unterschiede.

Übrigens „Rassismus" ist in keinem deutschen Gesetz unter Strafe gestellt. Das Grundgesetz regelt Grundrechte ohne Strafbestimmungen, und von andern Gesetzen kommen nur das Verbot von Beleidigungen oder der schon erwähnte Volksverhetzungs-Paragraph in Frage, der aber Rassismus ohne böswillige Verächtlichmachung und ohne den Aspekt, daß der öffentliche Frieden gestört werden muß, nicht unter Strafe stellt.

Noch zwei weitere Keulen gibt es, die „Sexismus-Keule" und die etwas leichtere „Frauenfeindlich-Keule". Jeder, der für ein traditionelle Rollenbild zwischen Mann und Frau eintritt, setzt sich der Gefahr aus, mit einer dieser „Keulen" bedacht zu werden. Wenn man also die US-Demokratin Nancy Pelosi fragen würde, ob es nichts in ihrer Küche zu tun gibt, dann würde diese Frage, die auf die traditionelle Rollenverteilung hinzielt, als „frauenfeindlich" bezeichnet werden. So mußte man also ertragen, daß diese Frau aussichtslose Impeachment-Verfahren gegen Präsident Trump anstrengte, anstatt sich um Küche und Haushalt zu kümmern und die Politik den Männern zu überlassen. Die Aufgabenteilung bedeutet ja nicht, daß eine der Aufgaben weniger wert und weniger wichtig ist als die andere.

Der neueste Fall von „Cancel Culture" betrifft das Aufsichtsratsmitglied von Hertha BSC, den Ex-Torwart Jens Lehmann. In einer SMS hatte er den Sender Sky gefragt, ob der schwarze Spieler Dennis Aogo, der dort moderierte, der „Quotenschwarze" von „Sky" sei, also derjenige, der nun bessere TV-Quoten bringen soll. Trotz angenommener Entschuldigung wurde Lehmann aus dem Aufsichtsrat entlassen und verschiedene Medien erklärten, ihn künftig nicht mehr einzuladen. Man spricht von „Frauenquoten" oder „Migrantenquoten", aber „Quotenschwarzer" soll rassistisch sein. So weit ist es inzwischen gekommen, Berufsverbot als Strafe für das Ignorieren des Sprachverbots. Unter einem Aogo-Fake-Account auf Facebook stand, daß Aogo einer Frau seinen „Negerschwanz" angeboten habe. Daraufhin fragte Boris Palmer (Grüne) in einem Post, ob das nicht rassistisch sei und wiederholte das benutzte Wort „Negerschwanz"; daß es ein Fake-Account war, wußte er nicht. Das war für die Grünen rassistisch, und der Landesverband Baden-Württemberg stimmte mit 2/3 Mehrheit dafür, ein Ausschlußverfahren gegen Palmer anzustrengen, der bei seiner Bemerkung blieb, zumal diese angeblich ironisch und harmlos war. Einige Staatsmedien (z. B. ZDF Heute) nannten die Äußerung Palmers nicht. Ansonsten hätten die Zuschauer selbst entscheiden können, ob es Ironie oder Beleidigung war.

Und auch Dennis Aogo wurde ein Vorwurf gemacht, da er einmal vom Trainieren oder Spielen „bis zur Vergasung" gesprochen hatte. Das hat allerdings nichts mit dem Holocaust zu tun, sondern stammt von Soldaten des 1. Weltkrieges, in dem Gas eingesetzt wurde. Standhaft bis zur Vergasung zu sein bedeutete also, die Stellung zu halten, bis das Kampfgas gegn einen eingesetzt wurde. Dennoch sollte man solche Vergleiche heute besser vermeiden, da viele ja nicht wissen, daß der Vergleich aus dem 1. Weltkrieg stammt.

Von regelrechter Gehirnwäsche kann man sprechen, wenn durch die Sprachregelung geschichtliche Tatsachen verleugnet und heutige politische Zustände zementiert werden. Die „Deutschen Ostgebiete" (Pommern, Schlesien, Neumark, West- und Ostpreußen) bilden kulturell gesehen einen Teil Deutschlands. Dieser Teil wurde nach dem Kriege polnisch bzw. sowjetisch besetzt und verwaltet. Wenn man also heute von den „polnisch verwalteten Teilen Deutschlands" spricht, was ja eindeutig den Tatsachen entspricht, dann wird einem über Revanchismus unterstellt. Man hat gefälligst von „(West-) Polen" zu sprechen, wenn man Ost-Deutschland meint. Auch wenn man mit der derzeitigen Situation völlig einverstanden ist, wird einem dieser Revanchismus unterstellt, nur weil man es wagte, eine korrekte geschichtliche Tatsache auszusprechen. Die Gebiete sind tatsächlich ein Teil Deutschlands (nicht des deutschen Staates, sondern des deutschen Kulturgebietes) und polnisch oder russisch verwaltet. Ob man diese Verwaltung nun gutheißt oder nicht, oder ob diese Verwaltung nur zeitweise bestehen soll oder für immer und ewig, darüber ist damit gar nichts gesagt. Nehmen wir das früher durch die Aliierten besetzte und verwaltete Berlin. Hat man etwa die südlichen Stadtbezirke (amerikanischer Sektor) nun als Teil der USA bezeichnet oder Ost-Berlin (sowjetischer Sektor) als Teil der UdSSR? Nein, es war immer das besetzte Berlin. Warum aber sollte man bei den deutschen Ostgebieten dann nicht auch vom besetzten Ost-Deutschland reden? Hat die Politik etwa Angst, daß das Wissen davon Begehrlichkeiten erzeugen könnte? Stattdessen hat man den Begriff „Ost-Deutschland" kurzerhand auf die Länder der ehemaligen „DDR" bezogen, damit ihn ja niemand weiterhin für die Ostgebiete nutzen kann. Aber ist etwa durch den Wegfall des „Deutschen Reiches" aus dem „Ostreich" (Österreich) ein „Südreich" oder etwas anderes geworden? Der Name bleibt bestehen, weil das die Geschichte ist; und ein Leugnen, daß Österreich einmal der östliche Teil des Kaiserreiches war, erfolgt nicht.

Bei anderen Ländern ist man da genauer: Die „Krim" hat ein von Rußland besetzter Teil der Ukraine zu sein und nicht ein Teil Rußlands. West-Jordanien (Westbank) ist ein von Israel besetzter Teil Palästinas. Hier ist es ganz selbstverständlich, vom ursprünglichen Land zu sprechen, welches eben nun (für wie lange auch immer) besetzt ist. Nur bei uns ist das nicht erwünscht und erlaubt, obwohl die FDP nach dem Kriege noch mit dem Slogan »Dreigeteilt – Niemals« (die drei Teile West-Deutschland, die Ostzone und die Ostgebiete) geworben hatte – auch die andern Parteien wollten damals die Ostgebiete nicht aufgeben.

Zugegeben, Polen betrachtet die deutschen Ostgebiete als Teile seines Staates, was auch eine Realität ist. Aber „Staat" und „Land" sind eben nicht immer identisch. „Land" bezeichnet die Kultur und das Volk; „Staat" ist eine gedachte Einheit. Deutschland bestand einst aus hunderten von Kleinstaaten, die meist den Begriff

„deutsch" gar nicht im Namen führten; dennoch war man „Deutscher", wenn man in so einem Kleinstaat lebte. „Deutschland" war immer ein kultureller Begriff, eine „Kulturnation", nicht – wie Frankreich – eine „Staatsnation". Ein polnisch verwaltetes und benanntes Ost-Deutschland bleibt also für immer ein Teil der deutschen Kulturnation, deswegen ist die Oder-Neiße-Grenze (wie die Grenze zwischen Nord- und Südkorea) eine „Demarkationslinie", eine Verwaltungsgrenze, keine Grenze im kulturellen Sinne. Dies anzusprechen wollen Politiker mit ihren Sprachregelungen verhindern.

Ich gehe sogar noch einen Schritt weiter: Warum sollte es uns Deutschen verboten sein, mit friedlichen Mitteln (auf dem Wege von Verhandlungen usw.) dafür einzutreten, daß der polnische Staat eines Tages die Verwaltung dieses deutschen Teils der deutschen Kulturnation wieder in die Hände des deutschen Staates gibt? Schließlich gibt es bis heute durchaus Zustände, die nicht unbedingt erhaltenswert sind, nämlich die vielen geteilten Städte an Oder und Neiße, z. B. Frankfurt, dessen östliche Seite (die Frankfurter Dammvorstadt) heute in „Słubice" umgenannt wurde und wie eine eigene Stadt betrachtet wird. Oder Guben (Gubin), Görlitz (Zgorzelec), Küstrin-Kiez (Kostrzyn) usw. Ich erinnere mich noch gut an den Zustand der geteilten Stadt Berlin: Alle Politiker traten lautstark dafür ein, daß beide Hälften der Stadt wiedervereinigt werden sollten. Ein bekannter Satz damals lautete: »Die deutsche Frage ist offen, solange Berlin geteilt ist«. Immer noch sind Städte – wenn auch kleinere – geteilt, also ist da durchaus noch einiges offen. Es müßte doch im Interesse jedes deutschen Bürgers liegen, daß unsere Regierung sich darum bemüht, die Ostgebiete auf dem Verhandlungswege irgendwann zurückzubekommen – zumindest aber den Anspruch darauf aufrecht zu erhalten, wie das die Japaner mit ihren von Rußland besetzten winzigen Kurileninseln bis heute hartnäckig tun.

Die Sprachnörgler machen übrigens sogar vor unserer Nationalhymne nicht halt: Sie stören im Text der 3. Strophe die Begriffe
„brüderlich" und „Vaterland", die „patriarchal" seien. Stattdessen
solle es heißen „couragiert" und „Heimatland", schlug Kristin Ro-
se-Möhring (Gleichstellungsbeauftragte im Familienministerium)
vor.
Als das Deutschlandlied in der Zeit Konrad Adenauers wieder zur
Nationalhymne wurde, hieß es: „Bei staatlichen Veranstaltungen
soll die dritte Strophe gesungen werden" (Brief Konrad Adenauers
an Theodor Heuß vom 29. 4. 1952). Wenn man das genau liest, bedeutet das, daß alle 3 Strophen Nationalhymne sind und daß bei
nicht-staatlichen Veranstaltungen auch alle drei Strophen gesungen
werden können. Aber wehe, einer würde das tun, dann wäre er in
den Medien ein Nazi und Völkermörder. Auch die „DDR" hatte
mit ihrer Hymne ihre Probleme. Beide Hymnen könnten übrigens
nach beiden Melodien gesungen werden, da sie gleiches Versmaß
haben.

Inzwischen fällt immer mehr Bürgern auf, daß das „Establishment"
(Politiker, Intellektuelle im Staatsdienst, Universitätenvertreter, Medien) eine andere Sprache spricht, als die Menschen, die vertreten
werden sollen oder von denen das viele Geld erarbeitet wird, welches diese Leute erhalten. In einer Demokratie müssen aber die Politiker Volksvertreter sein, müssen also die Sprache des Volkes
sprechen und sich nicht durch eine eigene Elitensprache vom Volke abheben. Da gilt noch immer, was Martin Luther sinngemäß gesagt hatte:

»Man muß dem gemeinen Mann auf der Straße „aufs Maul sehen" und so sprechen«.

Kapitel 4

𝔖perrklauseln

Vor einiger Zeit wurde darüber diskutiert, auf europäischer Ebene eine 3% Sperrklausel einzuführen. Diese ist allerdings durch ein Urteil des Bundesverfassungsgerichtes vom 26. 2. 2014 verfassungswidrig. In Deutschland aber gilt bis heute eine 5 % Sperrklausel, d. h. gewählte Parteien, die weniger als 5 % der Stimmen erhalten, dürfen nicht in den Bundestag einziehen. Begründet wird das mit der Arbeit des Parlaments, die ohne eine Sperrklausel behindert werden würde. Sperrklauseln jeder Art, seien es 5 % oder 3 %, sind aber trotzdem undemokratisch, aus vier Gründen:

1. In einer Demokratie dürfen von Wählern abgegebene Stimmen nicht ersatzlos wegfallen. Denn dies bedeutet, daß bestimmte Menschen, die eine Partei gewählt hatten, die unter 5 % geblieben ist, in keiner Weise an der Zusammensetzung des Parlamentes beteiligt waren – ihr demokratisches Mitspracherecht lief ins Leere. An allen politischen Entscheidungen haben sie nun keinen Anteil; die Abgeordneten im Bundestag repräsentieren sie nicht. Es ist ein Teil des Volkes, dessen Meinung nicht zählt und nicht vertreten ist. Sie können ihre Meinung nicht einmal im Parlament (durch Vertreter) vortragen und werden nicht gehört.

2. Die 5 % Klausel ist undemokratisch, zumindest theoretisch. Nehmen wir mal den konstruierten Fall, daß es 19 Parteien gibt, die

je nur 4,9 % der Stimmen erhielten und eine einzige Partei, die 5,1 % der Stimmen bekam. Dann sitzt nur diese 5,1 % Partei im Bundestag und regiert ganz allein gegen 93 % der Stimmen; 93 % der abgegebenen Stimmen fallen also weg. Wenn aber 93 % der Wähler nicht berücksichtigt werden, kann man wohl kaum von Demokratie sprechen; auch wenn nur 5,1 % der Wähler im Parlament vertreten sind (also 32 Sitze) und das ganze Volk (von 100 %, theoretisch 630 Sitze) regieren, kann man nicht von Demokratie sprechen. Sicher, ein konstruiertes Beispiel, aber theoretisch möglich. Ein gutes und stabiles demokratisches System muß auch solche theoretischen Möglichkeiten wirksam ausschließen.

3. Bei der Bundestagswahl im Jahre 2013 sah das Ergebnis in Prozenten so aus:

CDU/CSU: 41,5
SPD: 25,7
Die Linke: 8,6
Grüne: 8,4
FDP: 4,8

Die FDP war wegen der 5 % Klausel nicht in den Bundestag gekommen. Nun war theoretisch eine Koalition von SPD, Linken und Grünen möglich, die zusammen auf 42,7 % gekommen waren, also 1,2 % mehr als CDU/CSU erhielten. Wenn sich diese Parteien also zusammengerauft hätten, hätten wir eine eher linke Koalition und Regierung erhalten. Das rechte/bürgerliche Lager aber war nur deswegen schwächer, weil die FDP, die man ja auch dazuzählen könnte, wegen der 5 % Klausel nicht vertreten war. Die 4,8 % der Stimmen fehlten. Die Mehrheit der Wähler hatte also rechten bzw. bürgerlichen Parteien ihre Stimme gegeben (CDU/CSU und FDP zusammen 46,3 %), dennnoch wäre sie von linken Parteien regiert worden. Das vom Wähler mehrheitlich gewünschte Ergebnis wäre also wegen dieser Klausel so verfälscht, daß Parteien ohne eigentliche Stimmenmehrheit das Land regiert hätten (wenn sie sich denn zusammengerauft hätten). Wenn aber der Wählerwille nicht zählt, kann man nicht mehr von Demokratie sprechen.

4. Derartige Sperrklauseln zwingen die Wähler, taktisch zu wählen, anstatt die Partei zu wählen, deren Programm sie befürworten. Wir kennen das Spiel zur Genüge, wenn etwa CDU-Wähler dazu angehalten werden, aus taktischen Gründen die FDP zu wählen und damit zu stützen, damit CDU und FDP zusammen eine Koalition bilden können und die FDP die 5% Hürde schafft. Oder wenn Bündnis90-Grüne raten, nicht die ÖDP (bürgerliche Grüne) zu wählen, da diese Partei die 5% Hürde nicht schafft und die Stimme dann insgesamt für das grüne Lager verloren ist. Oder wenn die SPD rät, nicht die Linkspartei zu wählen, da diese unter 5 % bleiben wird und damit diese Stimmen nur der CDU-FDP helfen würden. Als die Grünen noch eine Partei knapp an der 5 % Hürde waren, hieß es, daß wer die Grünen wählt, bekommt eine rechte CDU-Mehrheit, weil die Stimme wegen der Klausel wegfällt und der SPD dann fehlt.

Wenn Menschen dazu gebracht werden, eine andere Partei zu wählen, als sie eigentlich wollen, dann ist das ein Armutszeugnis für die Demokratie. In einer Demokratie muß der Bürger völlig unbeeinflußt das wählen können, was er wirklich will und nicht wegen einer 5 % Klausel dem „kleineren Übel" seine Stimme geben müssen, um das „größere Übel" zu verhindern. Eine 5-%-Hürde nutzt also immer nur den größeren Parteien; neue Parteien, Bürgerbewegungen usw. können nur schwer aufkommen, da Wähler ihre Stimme einer Partei, die vielleicht nicht ins Parlament gelangt, erst gar nicht geben wollen.

Wer sich fragt, warum es solche Hürden überhaupt gibt, der wird die Antwort ahnen: Als „Bonus" für die großen Parteien. Diese haben ein Interesse daran, möglichst viele Stimmen zu erhalten, um an der Macht zu bleiben; auch Stimmen, die eigentlich nicht ihnen gelten, sondern nur taktisch dem „kleineren Übel" gegeben wurden. Aber das geben die Parteien natürlich nicht zu; stattdessen wird bei derartigen Hürden immer mit dem Nationalsozialismus argumentiert – aber dieser kam nicht an die Macht, weil es keine 5 % Hürde gab, sondern weil sich andere Parteien untereinander uneinig waren und lieber ihrem Dogmatismus frönten, als gemeinsam das Aufkommen der NSDAP zu verhindern. Im Gegenteil waren die Nationalsozialisten ja gerade gegen die kleinen Parteien, die Hitler bekanntlich „aus dem Reichstag fegen" wollte.

Wenn es unter 630 Abgeordneten vielleicht ca. 20 einzelne Vertreter von kleinen Parteien gäbe, würde das die Demokratie in keiner Weise beschädigen, im Gegenteil. Diese Vertreter könnten ihre Reden halten, könnten neue Vorschläge einbringen und damit das Parlament bereichern und könnten so beim Wähler mit ihren Zielen und Vertretern bekannt werden, um dann vielleicht bei der nächsten Wahl mehr Prozentpunkte zu erhalten.

Vor allem aber ist auch eine innerparteiliche Differenzierung möglich: Wenn Bürgern die SPD z. B. zu wenig am Arbeiter orientiert ist, wird eine Partei gegründet, die dieses Manko ausgleicht. Ohne die 5 % Klausel wird diese Abspaltung dann auch gewählt werden können, und so sieht die alte SPD am Wahlergebnis, ob sie ihre Ausrichtung nicht wieder ändern muß, sofern die Abspaltung eine hohe Prozentzahl erhält. Beide könnten dann in den Fragen, wo sie übereinstimmen, zusammen abstimmen oder gar koalieren. Sollte die Abspaltung aber sehr wenig Stimmen (trotz fehlender 5 % Hürde) erhalten, dann sieht die SPD, daß das Arbeiterthema eben doch nicht so wichtig ist. Es können sich also Abspaltungen bilden, die einer Partei helfen, genauer zu erkennen, was die Wähler wirklich wünschen und ihr Programm danach zu formulieren. Derzeit ist es ja eher so, daß die einstigen Volksparteien gar nicht mehr wissen, was die Wähler wollen.

Demokraten dürfen keine Angst vor dem Wähler haben. Wer Angst vor der Wählermeinung hat, und diese deswegen einschränken, ja mit Sperrklauseln manipulieren will, der verhält sich undemokratisch. Die Aufgabe der Politiker in einer Demokratie kann nur sein, die Meinung der Wähler zu akzeptieren und die Wähler im Parlament zu vertreten; nicht die Wähler durch taktische Tricks dazu zu bringen, etwas zu wählen, was sie gar nicht wollen und sich dann noch hinzustellen und frech zu behaupten, der Wähler hätte sie wegen ihres Programms gewählt.

Kapitel 5

Parlamentarismus

Eine Demokratie kann nur dann wirklich funktionieren, wenn das gesamte Volk durch Parlamentarier repräsentiert wird und alle Parlamentarier zu den anstehenden Themen sprechen können und auch an den Entscheidungen beteiligt sind. Leider ist das in Deutschland nicht so. Wir können feststellen, daß in Deutschland (im Gegensatz zu andern Ländern der EU) immer Regierungen gebildet werden, die absolute Mehrheiten aufweisen. So gehen Parteien Koalitionen ein, um über 50 % der Stimmen im Bundestag zu erhalten und bilden eine Regierung, die über eine sichere Mehrheit verfügt. Damit ist das Parlament schlichtweg entmachtet: Die Abgeordneten dürfen zwar noch ihre Meinung äußern, können aber Beschlüsse der Regierung letztlich nicht verhindern. Die Politiker entmachten sich selbst, indem sie absolute Mehrheiten aushandeln. Es ist kein Wunder, daß Bürger so ein machtloses Parlament als „Quasselbude" verspotten. Als im Jahre 2018 eine Regierung gebildet werden sollte, wurde zuerst eine „Jamaika-Koalition" (von CDU/ CSU, Grünen und FDP) angestrebt; nach der erfolgten Absage der FDP wurde leider nicht eine CDU/CSU-Minderheitsregierung eingegangen, sondern der Bundespräsident Frank-Walter Steinmeier forderte die SPD auf, ihrer Verantwortung für das Land nachzukommen und in eine Koalition mit der CDU/CSU einzutreten. Die große Chance, eine Minderheitsregierung zu bilden, wurde also erneut vertan.

Dabei wird übersehen, welche Vorteile eine Minderheitsregierung hat: So eine Regierung muß sich um Mehrheiten im Parlament bemühen, kann auch von der Mehrheit des Parlamentes in Einzelfragen überstimmt werden; das Parlament regiert mit, bekommt endlich die Bedeutung, die es als Vertretung des Volkes haben müßte. Denn eigentlich sollte eine Regierung eine Regierung des Parlamentes sein, soll ihm Rechenschaft ablegen und unter seiner Kontrolle stehen. Durch Koalitionen mit absoluter Mehrheit aber ist das Parlament entmachtet. Es ist nicht mehr das Kontrollorgan, sondern ein der Regierung angehängtes, machtloses Gremium, welches die Beschlüsse der Regierung „durchwinken" muß.

Eine Minderheitsregierung kann nur funktionieren, wenn die Parlamentarier sich frei von irgendwelchen Dogmen machen. Dogmen (Lehrsätze, die unbedingt geglaubt werden müssen) gehören in die Kirche, und auch dort sind sie eigentlich fehl am Platze. Tatsächlich ist es im Parlament schon oft vorgekommen, daß ein inhaltlich guter und akzeptabler Vorschlag nur deswegen von der Mehrheit der Abgeordneten abgelehnt wurde, weil der Vorschlag von Vertretern der „falschen Partei" kam, also z. B. von der Linkspartei oder der AfD. Manchmal kommt dann derselbe Vorschlag mit geringen Abweichungen einige Zeit später von einer der „richtigen" Parteien und wird angenommen. Hier geht es auch um den Ruhm, diesen Vorschlag eingebracht und durchgesetzt zu haben, um beim Wähler in entsprechend positivem Ansehen zu erscheinen, was voraussetzt, daß der Wähler nicht mitbekommen hat, daß derselbe Vorschlag und die Idee für diese Sache eigentlich ursprünglich von einer anderen Partei kam.

Die Abgeordneten werden von Parteien aufgestellt und sind als solche natürlich Parteisoldaten, bringen die Ziele ihrer jeweiligen Partei im Parlament ein. Aber spätestens wenn sie ihr Mandat im Bundestag haben, sollten die Parteivorgaben zurücktreten. Die Abgeordneten zusammen sollten sich in ihrer Ganzheit als Personen verstehen, die im Interesse des Landes und Volkes gute Vorschläge machen müssen, um zu guten Lösungen zu gelangen. Die Parteidogmen darf es da nicht mehr geben, sondern Sacharbeit ist gefragt. Der Abgeordnete ist laut Gesetz nur seinem Gewissen verantwortlich, nicht irgendeiner Partei. Wenn also von einem Abgeordneten einer „falschen" Partei ein guter Vorschlag kommt, dann sollte dieser von allen Parlamentariern, die den Vorschlag richtig finden, auch unterstützt werden, unabhängig davon, welche Partei hinter dem Vorschlag steckte. Wenn es in den Medien heißen würde: „Ein Antrag der Linkspartei wurde mit den Stimmen der Mehrheit des Parlamentes angenommen", dann wird der Wähler deswegen nicht zu einem Anhänger der Linkspartei werden, da er ja erfährt, daß auch die andern Parteien den Antrag unterstützt hatten. Im Gegenteil werden gerade diese unterstützenden anderen Parteien in seiner Gunst steigen, weil sie deutlich gezeigt haben, daß es ihnen nicht um Macht oder Machterhalt, sondern um die Sache ging, daß sie die Größe und Fairnis hatten, auch den Antrag einer konkurrierenden Partei zu unterstützen. Der Antrag kommt also nicht von einer „falschen" Partei, sondern von einem im Bundestag sitzenden Abgeordneten, und andere im Bundestag sitzende Abgeordnete können ihn unterstützen.

Das derzeitige System hat einen kardinalen Fehler: Abgeordnete bekommen hohe Versorgungszahlungen nach ihrem Ausscheiden aus dem Parlament nur dann, wenn sie zwei Legislaturperioden (8 Jahre) darin gesessen hatten. Somit sind Abgeordnete darauf angewiesen, daß sie für eine zweite Legislaturperiode von ihrer Partei aufgestellt werden. Wenn sie nicht aufgestellt werden und nach einer Legislaturperiode gehen müssen, entfallen ihre Versorgungsbezüge. Deswegen müssen Abgeordnete genau das tun, was ihre Partei von ihnen verlangt, um zur Wiederwahl aufgestellt zu werden. So wagen sie es nicht, ihrem Gewissen zu folgen und auch einmal gegen die Vorstellungen ihrer Partei zu handeln. Deswegen müßte es so geändert werden, daß Abgeordnete bereits nach einer Legislaturperiode Anspruch auf Versorgungsbezüge erwerben, und nach mehreren Legislaturperioden dürften die Bezüge nicht höher sein.

Und natürlich muß der Lobbyismus, die legale „Bestechung" der Politiker unterbunden werden. Politiker müssen völlig unabhängig sein, d. h. sie dürften auch keinerlei Nebentätigkeiten mehr ausüben, einschließlich ihres normalen Berufes. Schließlich reichen die lebenslangen Diäten und Versorgungsbezüge völlig aus; weitere Berufe sind gar nicht nötig. Schon allein deswegen, weil Politiker sonst zu wenig Zeit für die Politik haben. Auch darf es keine Honorare für Vorträge während der Zeit, wo ein Mandat ausgeübt wird, geben, und Mandatsträger dürften auch in Aufsichtsräten und Vorständen nicht sitzen bzw. dort zusätzliche Zahlungen erhalten.

In der Politik kann es kein „Richtig" oder „Falsch" geben, es gibt nur unterschiedliche Lösungsmöglichkeiten für anstehende Probleme. Erst Monate oder Jahre hinterher kann man eventuell ermessen, ob eine Entscheidung „richtig" (im Sinne von: Wirksam, das Problem lösend) oder „falsch" (untauglich) gewesen ist. In der Politik darf es übrigens auch kein „Gut" oder „Böse" geben. Natürlich leiden Betroffene unter politischen Entscheidungen, und für sie können sich die Folgen einer bestimmten Entscheidung als „schlecht" herausstellen; aber die Entscheidung selbst ist zu der Zeit, wo sie gefällt wurde, neutral.

Hier muß einmal grundsätzlich festgestellt werden: Politiker sind keine Fachleute, sind keine Professoren, sondern schlichtweg Laien. Sie haben als Politiker also nicht mehr Wissen zu einem Thema

58

als ihre Wähler. Erst wenn ein Politiker ein Ministeramt erhält, steht ihm ein Beraterstab von Experten zur Verfügung, der ihn dann entsprechend unterrichten kann. Was tut denn ein Politiker, um Erfolg zuerst in seiner Partei, dann als Mandatsträger zu erhalten? Er muß sich Mehrheiten organisieren, Reden halten und mögliche Konkurrenten ausschalten. Eigentlich also muß er nur hinter den Kulissen intrigieren, muß Versprechungen machen, damit er in seiner Partei gewählt und als Kandidat aufgestellt wird. Dazu gehören auch Machenschaften, wie z. B., daß er zu seinem Gegenkandidaten noch einen weiteren mit gleicher Ausrichtung nominiert, damit sich die Stimmen seines Gegners aufspalten und er selbst am Ende die Mehrheit erhält. Sieht er einen zukünftigen möglichen Gegner aufsteigen, muß er ihn rechtzeitig „wegbeißen“. Die Bundeskanzlerin Merkel konnte das in Perfektion: alle in der CDU/CSU hochkommenden möglichen Sympathieträger hatte sie durch ihre Machenschaften hinter den Kulissen rechtzeitig verdrängt, z. B. Friedrich Merz oder Karl-Theodor zu Guttenberg.

Wir Wähler wähnen meist, Politiker seien Fachleute, die wüßten schon, was sie tun; wir als nicht so mit der Materie Vertraute wissen es dagegen nicht. Das ist falsch: Politiker haben nicht mehr Wissen als wir Bürger; das dürfen wir nie vergessen, und das sollten vor allem die Politiker auch nicht vergessen. Und wenn wir die Sache vom traditionellen Standpunkt aus betrachten, dann sehen wir auch noch, daß die meisten Politiker aus Bauern- und Handwerkerfamilien stammen; bei derartigen Vorfahren ist der Nachkomme sicher nicht besonders befähigt, Probleme eines großen Staates lösen zu können. Bekanntlich vererben sich auch erworbene Eigenschaften (Epigenetik). Die Herkunft aus armen Familien sorgt zuerst dafür, daß der Politiker die Sicherung seiner eigenen Position mit ihren Pfründen im Auge hat und nicht das Wohl des Volkes. Und an den Namen erkennt man auch die Berufe der Vorfahren. So deutet etwa der Name „Altmaier" auf einen Großknecht oder landwirtschaftlichen Vorarbeiter hin, „Scholz" oder „Schulze" auf einen Dorfschulzen, „Kasner" (Geburtsname der Kanzlerin) lautete ursprünglich Kaźmierczak, „Friedensstifter"; der Großvater war uneheliches Kind eines Dienstmädchens, „Seehofer" auf einen Bauern mit Hof am See, „Scheuer" war einer, der bei der Scheune wohnte, „Klöckner" war Bergmann, der die entsprechenden klopfartigen Geräusche verursachte, „Kramp" bezeichnet einen Haken oder eine Spitzhaue, „Karrenbauer" einen Wagenbauer, „Spahn" war ein Verfertiger von Kienspänen als Licht, „Karliczek" ein „Karl" oder Kerl und „Müller" natürlich der Betreiber einer Mühle. „Laschet" bezeichnet einen vom Grundherrn abhängigen Bauern (Laten) und die Scheide zwischen zwei Lat-Höfen. Herkunftsortsnamen und zum Nachnamen gewordene Vornamen geben keine Auskunft über Stand und Beruf des Vorfahren, es wird da aber nicht viel anders aussehen. „Baerbock" weist auf den Ort Bärenbrück (wendisch Barbuk) hin mit der Bedeutung „Beeren-Bruch". Frau Baerbock selbst stammt aus einem kleinen Dorf.

Jedenfalls ist in dieser Zusammenstellung niemand, dessen Vorfahre irgendwie eine Herrschaft ausübte und dafür befähigt war, was er dann an seine Nachkommen vererbt haben könnte. Wir Wähler lassen uns durch Anzüge, Krawatten und Kostüme täuschen, wähnen, es seien besonders befähigte Personen und sind doch nur Nachkommen einfachster Bauernfamilien. Wir müssen wieder lernen, die Fähigkeiten von Personen auch nach ihren Herkunftsfamilien zu beurteilen, denn bekanntlich fällt der Apfel nicht weit vom Stamm; es werden ja auch erworbene Eigenschaften vererbt. Auch hier zeigt sich, daß das Dogma „alle Menschen sind gleich" (oder gleich befähigt, wenn man sie nur gut ausbildet) nicht stimmt. Wie sollten Nachkommen einfachster Leute regieren können, wo es das in ihren Familiengeschichten nie gab? Und deswegen laufen Politiker auch immer nur den Problemen hinterher; die Fähigkeit, in die Zukunft zu blicken und entsprechende Vorsorge zu treffen, haben sie nicht. Aber genau solche Politiker bräuchten wir, Politiker, die weiter denken, als nur bis zum eigenen Gartenzaun oder Feldrand.

Zurück zum Dogmatismus: Im Bundestag sitzen derzeit 7 Parteien (CDU/CSU, SPD, Grüne, AfD, Linkspartei, FDP, fraktionslose); 6 Parteien davon sind für Volksentscheide auf allen Ebenen, und diese 6 Parteien hätten zusammen eine klare Mehrheit. Warum also gibt es diese Volksentscheide immer noch nicht? Weil die SPD ihre Koalition mit der CDU nicht gefährden will! Warum wird nicht im Sinne der Bürger entschieden? Weil ein Koalitions-Dogma mehr gilt als der Wille des Volkes? Würde die SPD mit für Volksentscheide stimmen (gegen den Koalitionspartner, aber mit Zustimmung der Mehrheit der Abgeordneten), würde die Koalition brechen. Dann müßte die CDU eine Minderheitsregierung bilden. Da das aber im undemokratischen Deutschland nicht erwünscht ist, wird dann laut nach Neuwahlen gerufen, statt sich irgendwie zu arrangieren.

Kürzlich sprach sich Thomas de Maizière erneut für die „repräsentative Demokratie" aus, also die Staatsform, in welcher Repräsentanten des Volkes gewählt werden und allein entscheiden. Er begründete es mit der oft schwierigen Materie der anstehenden Fragen und meinte, das Volk hätte davon keine Ahnung oder nicht genug Zeit und Wissen, um sich dazu sachkundig zu machen.
Christian Lindner (FDP) hatte zu der Bewegung „Fridays for Future" (Freitage für die Zukunft) folgende, sehr stark kritisierte Äußerung gemacht:

»Von Kindern und Jugendlichen kann man aber nicht erwarten, daß sie bereits alle globalen Zusammenhänge, das technisch

Sinnvolle und das ökonomisch Machbare sehen. Das ist eine Sache für Profis.«

Damit sagte er etwas, was eben nicht stimmt: Berufspolitiker sind keine Profis im Sinne von Experten in Klimafragen. Jeder Wähler kann genausoviel oder sogar mehr Ahnung von den Klimafragen haben. Nur Klimaforscher sind in diesen Fragen Profis. Aber wenn sich Politiker selbst schon als „Profis" bezeichnen (zumindest klingt es so bei Lindner, wenn auch nicht direkt gesagt), dann sieht man, was für ein falsches Bild über Politiker nicht nur bei den Wählern, sondern bei den Politikern selbst vorhanden ist. Das wird auch durch zahllose Ehrendoktorwürden von Universitäten auf der ganzen Welt befördert. So hat Kanzlerin Merkel inzwischen 16 Ehrendoktortitel. Wenn dann auch noch Personenschützer und Sicherheitsleute die Politiker umgeben, Chauffeure sie in Luxuslimosinen herumkutschieren und Lobbyisten ihnen nachlaufen, um sie zu beeinflussen (im schlimmsten Falle: Zu kaufen, zu bestechen), zusätzlich zu den hohen Diäten und Bezügen, dann verfestigt sich bei den derart umhegten Politikern unterschwellig die Vorstellung, sie seien etwas ganz Besonderes, sie seinen Elite und Wissende. Und das kommt dann zuweilen in Statements solcher Politiker zum Ausdruck. Die Wähler sind in der Pflicht, derartige „Berufspolitiker" regelmäßig abzuwählen, um sie wieder in der Realität zu „erden", doch leider ist es gerade umgekehrt: Durch die Medien bekanntgewordene Politiker werden in der Regel eher wiedergewählt als unbekannte, neue Anwärter. Dabei gilt doch das alte Sprichwort: „Neue Besen kehren besser". Nur durch regelmäßigen Wechsel kann verhindert werden, daß sich vom Volke abgetrennte „Berufspolitiker" etablieren. Der Wähler ist aufgerufen, seine Stimme nicht immer denselben Politikern zu geben, die er kennt und die in den Medien häufig erscheinen; der Wähler muß auch für einen regelmäßigen Wechsel sorgen, das gehört zur Demokratie dazu.

Neue Parteien haben es immer schwer. Als die Grünen noch eine neue Partei waren, verglich man sie mit Terroristen, warf ihnen vor, sich von der Gewalt der militanten Aktivisten nicht richtig zu distanzieren, und der damalige SPD-Ministerpräsident Holger Börner sagte sogar:

»Früher auf dem Bau hat man solche Dinge mit der Dachlatte erledigt.«

Als dann die PDS (Nachfolgepartei der SED) sich mit der SPD-Abspaltung WASG vereinigte und zur Linkspartei wurde, wollte niemand je mit dieser Partei koalieren oder auch nur zusammenarbeiten. Es waren angeblich die alten „DDR"-Kommunisten; jeden Fehler des „DDR"-Systems warf man der Linkspartei vor und verschwieg dabei, daß auch die CDU in der „DDR" vertreten war und mit der SED zusammenarbeitete, genauso wie die FDP, die dort LDPD hieß. Inzwischen gibt es auf Länderebene Koalitionen mit der Linkspartei.

Und seit einigen Jahren ist wieder eine neue Partei auf dem Spielbrett, die AfD. Und auch hier wieder dasselbe dogmatische Spiel: Man will keinerlei Verbindungen, Zusammenarbeit oder gar Koalition, nicht einmal die Duldung einer Minderheitsregierung durch die AfD, denn die AfD ist (nach Grünen und Linken) nun der aktuelle „Böse". In den Medien läßt man die Partei als „rechtsextrem" und „demokratiefeindlich" darstellen, indem man eindeutige Ziele (z. B. Volksentscheide, Eintreten für mehr Demokratie) ignoriert. Redner anderer Parteien grenzen die AfD im Parlament rhetorisch aus, indem sie von den „demokratischen" Parteien sprechen und die AfD dabei nicht mit meinen. In die Gremien werden Vertreter der AfD oft nicht hineingewählt, auch wenn ihnen darin ein Platz zusteht.

Natürlich geht es um Macht und Pfründe, denn 91 Sitze für die AfD im Bundestag bedeuten auch 91 Sitze weniger für die bisherigen Inhaber aus den „Altparteien", also ein konkreter Verlust von Macht und Diätenbezügen.

Die Ministerpräsidentenwahl in Thüringen am 5. 2. 2020 war ein gutes Beispiel, wie es nicht laufen sollte. Bodo Ramelow (Linke) war Ministerpräsident in einer Koalition mit SPD und Grünen. Nach der Landtagswahl verlor seine Koalition die absolute Mehrheit (Linke: 29 Sitze, SPD: 8, Grüne: 5 zusammen 42), und er wollte sich als Führer einer Minderheitskoalition zur Wiederwahl stellen. Die AfD (22 Sitze) hätte mit der CDU (21 Sitze) eine Mehrheit von 43 Sitzen gehabt, um einen CDU- oder AfD-Kandidaten aufzustellen. Das aber verhinderte der Dogmatismus der CDU. Statt die AfD-Abgeordneten als demokratisch gewählte Volksvertreter zu akzeptieren und politisch in Sachfragen zusammenzuarbeiten, wurde jede Zusammenarbeit strikt abgelehnt. Die AfD stellte einen eigenen Kandidaten auf, Christoph Kindervater, der kein AfD-Mitglied war, um so der CDU die Möglichkeit zu geben, diesen Vorschlag zu unterstützen. Die CDU aber stellte keinen Kandidaten auf, um ihn nicht mithilfe der Stimmen der AfD wählen zu lassen und lehnte es auch ab, den Linken Bodo Ramelow zu unterstützen. Dieser Dogmatismus ist das einzige an diesem ganzen Vorgehen, was zu kritisieren war. Denn die konservativen Parteien (CDU, FDP und AfD) hatten rechnerisch die Mehrheit (48 Sitze); die linke Koalition hatte ihre Mehrheit verloren. Der mehrheitliche Wählerwille wollte also eher eine bürgerlich-rechte Regierung, einen Wechsel, und den hätten diese Parteien herbeiführen müssen, wäre ihnen der Wählerwille heilig. Erwartungsgemäß erhielt keiner der beiden Kandidaten (Ramelow und Kindervater) in den ersten Wahlgängen eine Mehrheit. Im 3. Wahlgang der Ministerpräsidentenwahl zählt aber nur die einfache Stimmenmehrheit; Bodo Ramelow wäre also hier zum Ministerpräsidenten gewählt worden. Doch stellte die FDP im dritten Wahlgang spontan einen eigenen Kandidaten, Thomas Kemmerich, auf. Da die AfD wußte, daß ihr Kandidat Christoph Kindervater keine Mehrheit bekommen würde und damit der Linke Bodo Ramelow gewählt werden würde, beschloß die AfD, auch den FDP-Kandidaten zu unterstützen. Die FDP aber hätte ihren eigenen Kandidaten nicht aufgestellt, wenn die AfD ihren Kandidaten nicht auch in den 3. Wahlgang geschickt hätte. Das war wiederum ein Dogmatismus der FDP, denn sie wollte verhindern, von der AfD mitgewählt zu werden. Um diesen in der Politik völlig unsinnigen Dogmatismus zu umgehen, kandidierte der von der AfD aufgestellte Kindervater auch im dritten Wahlgang, aber intern hatte die AfD beschlossen, den FDP-Kandidaten (als „kleineres Übel" gegenüber Bodo Ramelow) zu unterstützen. Damit war auch der AfD-Kandidat einverstanden, denn er wählte sich nicht einmal selbst. So wurde der FDP-Kandidat Thomas Kemmerich mit den Stimmen von FDP, CDU und AfD in das Amt des Ministerpräsidenten Thüringens gewählt. Doch die Parteien in Berlin stänkerten so lange herum, bis er am 8. 2. 2020 von dem Amte zurücktrat.

Man muß sich diesen Vorgang ohne politische Scheuklappen einmal ansehen: Ein von der Mehrheit der demokratisch gewählten Volksvertreter gewählter Ministerpräsident wird aus seinem Amt gemobbt. Es ging einher mit Bedrohungen seiner Familie und Boykottaufrufen seiner Geschäfte. Die Bundeskanzlerin Merkel nannte die Wahl einen „unverzeihlichen Vorgang, der rückgängig gemacht werden müsse". Eine demokratische Wahl rückgängig zu machen, ist in einer Demokratie aber nicht möglich. Geradezu widerlich war die Reaktion von der Kurzhaar-Linken Susanne Henning-Wellsow, die den bereitgehaltenen Blumenstrauß dem gewählten Ministerpräsidenten Kemmerich vor die Füße warf. Der Strauß war offenbar für Bodo Ramelow gedacht; aber es lief nicht so, wie „geplant". Diese Geste zeigte, was solche Leute wirklich von der Demokratie halten, denn zur Demokratie gehört zwingend dazu, daß man demokratisch zustandegekommene Wahlergebnisse akzeptiert. Wenn man nicht gratulieren will, dann läßt man es; aber Blumen vor die Füße zu werfen, weil die ausgeklüngelte Taktik nicht funktionierte und andere es schlauer machten, ist inakzeptables Verhalten. Natürlich war es auch eine Taktik der AfD, den eigenen Kandidaten kandidieren zu lassen und ihn dennoch nicht zu wählen; aber die anderen Parteien hatten selbst herumtaktiert, hinter den Kulissen auf ein Einlenken von 4 CDU-Abgeordneten hingearbeitet. Sich also hinzustellen und der AfD Taktiererei vorzuwerfen, ist nicht möglich.

Schließlich wurde im März dann doch noch Bodo Ramelow (ohne die CDU und FDP-Stimmen) mit einfacher Mehrheit gewählt, so daß nur aus dogmatisch-parteitaktischen Gründen trotz einer bürgerlich-rechten Mehrheit im Landtag ein linker Ministerpräsident zustande kam. Ein Musterbeispiel, wie die Umsetzung des Wählerwillens in der Stellvertreter-Demokratie verhindert werden kann.

Die Abgeordneten in einer repräsentativen Demokratie (also einer „Stellvertreter-Demokratie") sind Repräsentanten des Volkes, die sie gewählt haben. Wer einzelne Abgeordnete ablehnt, der lehnt in Wahrheit das Volk selbst ab. Wer einzelnen Abgeordneten abspricht, demokratisch zu sein, der ist in Wahrheit selbst kein Demokrat, da er einen Teil des von diesen Abgeordneten vertretenen Volkes ablehnt.

Insofern war die Ministerpräsidentenwahl in Thüringen aufschlußreich und entlarvend, weil sie gezeigt hatte, wie undemokratisch die Parlamentarier in Wirklichkeit sind und wie sie die Umsetzung des Volkswillens ablehnen.

Kapitel 6

Europa

Wir Deutsche sind von der EU (Europäischen Union) mehrheitlich überzeugt, sehen vor allem ihre Vorteile für uns. Natürlich gibt es auch Kritik an der EU, aber die Vorteile scheinen in unserem Bewußtsein zu überwiegen. Dabei hat der normale Bürger von der EU nicht viel, denn die Möglichkeiten für den grenzüberschreitenden Handel betreffen in erster Linie die entsprechenden großen Konzerne. Wenn es diesen Firmen wirtschaftlich gut geht, hat der einfache Bürger noch lange nichts davon. Sicher, Arbeitsplätze werden durch erfolgreiches Handeln gesichert, allerdings werden sie auch durch den EU Binnenmarkt gefährdet, weil billigere Arbeitskräfte aus ärmeren EU-Ländern oder billigere ausländische Produkte nun zollfrei und preiswert zur Verfügung stehen.

Die Politiker werden nicht müde, die EU zu loben und darauf hinzuweisen, daß durch sie Kriege seit Jahrzehnten der Vergangenheit angehören. Ist das wirklich so? Im Falle der Ukraine sieht es etwas anders aus.
Die EU versuchte seit 2003 in der „Orangenen Revolution" ihren Einfluß auch auf die Ukraine auszudehnen. Es geht um die Erschließung neuer Märkte, um Ausbreitung der NATO und wieder mal um viel Geld.
Im Jahre 1991 wurde eine russische Provinz, die Ukrainische Sozialistische Sowjetrepublik, als Staat selbstständig. Nun fragt man sich

allerdings als an der Geschichte interessierter Mensch, warum die Ukraine von Rußland getrennt wurde, denn historisch gesehen war das ganze Gebiet germanisch; da siedelten ursprünglich indogermanische Skythen, dann Goten, später varägische Wikinger. Zwischendurch kamen die Hunnen dazu und brachten vieles durcheinander. Es gibt allerdings keinen ernsthaften Unterschied zwischen dem Volk der Ukrainer und dem Volk der Russen im europäischen Teil Rußlands, weder in der Ethnie, noch in der Sprache. Mit dem gleichen Recht könnte man Bayern von Deutschland abtrennen, auf einen höheren keltischen Einfluß dort und eine andere Sprache (den bayerischen Dialekt) hinweisen und Deutsche und Bayern als zwei Völker betrachten.

Es war also bereits eine Willkürhandlung und auch ein Fehler, die Ukraine von Rußland zu trennen. Aber es ist geschehen und als solches zu akzeptieren.

Nun bot sich für EU und NATO ein neues Betätigungsfeld: neue Märkte, neue Orte für Militärbasen mit der Möglichkeit, Rußland den Zugang zum Schwarzen Meer zu nehmen. In der Ukraine verfolgte besonders Julia Timoschenko mit ihrer „Orangenen Revolution" das Ziel, die Ukraine mehr zum Westen hin auszurichten. Bei dieser Frau, die in den Medien wie eine Bäuerin vom Lande in Tracht und mit blonden Haaren und Zopfkranz erschien, war schon das äußere Bild ein Fake: Gefärbte Haare und falsche Zöpfe. Mit einem an die ländliche Volkskultur angepaßte „Darstellerin" wollte man die besonders EU-kritische Landbevölkrung wohl für die EU beeinflussen. Jedenfalls scheiterte dieser erste Versuch, dem Westen mehr Einfluß in der Ukraine zu verschaffen, spätestens 2010. Denn bei den Präsidentschaftswahlen in der Ukraine 2010 erhielt Wiktor Janukowytsch im ersten Wahlgang mehr als 35 % der Stimmen, Timoschenko nur 25 %; bei der Stichwahl lag er mit 48,95 % vor Timoschenko mit 45,47 %. Der pro russisch eingestellte Janukowitsch war nun also ein demokratisch mit Mehrheit gewählter Präsident, wobei er die meisten Stimmen aus den ländlichen Regionen erhielt. Eine Niederlage für die EU- und NATO-Befürworter in der Ukraine.

Als der Präsident eine Erklärung gab, das Assoziierungsabkommen mit der Europäischen Union vorerst nicht unterzeichnen zu wollen, begannen die Aufstände, bei denen schließlich 80 Menschen starben. Die Protestierenden forderten die Amtsenthebung von Präsident Wiktor Janukowytsch, vorzeitige Präsidentschaftswahlen sowie die Unterzeichnung des Assoziierungsabkommens mit der Europäischen Union. Die Aufstände wurden vom Westen durch Personen wie den Boxer Vitali Klitschko unterstützt. Dieser war 2010 Vorsitzender der pro-westlichen Partei „Ukrainische demokratische Allianz für Reformen". Klitschko und seine Partei erhielten Unterstützung von Angela Merkel, der Konrad-Adenauer-Stiftung und der EVP (Europäische Volks-Partei). Zielsetzung war nach Spiegel-Informationen, Klitschko „gezielt zum neuen starken Mann in Kiew auf(zu)bauen – und so den gewachsenen Einfluß des Kreml (zu) kontern". Hierzu äußerten sich Nikolaus Blome, Matthias Gebauer, Ralf Neukirch (in „Ein Profi für Runde zwei", Der Spiegel. Nr. 50, 2013):

»‚Regime Change' wäre als Begriff wohl zu hoch gegriffen, aber ein bißchen geht es doch darum: Merkels CDU und die europäische konservative Parteienfamilie EVP haben Klitschko auserkoren, das ukrainische Nein von innen aufzuweichen. Er soll die Opposition einen und anführen, auf der Straße, im Parlament und schließlich bei der Präsidentenwahl 2015. ‚Klitschko ist unser Mann', heißt es in hohen EVP-Kreisen. ‚Der hat eine klar europäische Agenda' – und Merkel noch eine Rechnung offen mit Putin.«

Hier rebellierte also nicht ein Volk gegen ein Regime, sondern eine Minderheit gegen eine von der Mehrheit gewählte demokratische Regierung, weswegen man nicht von Revolution, sondern von einem Putsch sprechen muß, was in westlichen Medien bezeichnenderweise nicht geschah. Einen Staatsstreich oder Putsch in eine Revolution umzubenennen ist eine Verdrehung der Tatsachen und damit Lüge. Als der gewählte Präsident um seine Sicherheit fürchten mußte und nach Rußland gereist ist, wurde diese Flucht von den Putschisten genutzt, um ihn für abgesetzt erklären zu lassen.

Rußland stand auf der Seite des legal gewählten Präsidenten, während die EU sich auf die Seite der Putschisten stellte. Es kamen die üblichen Vorwürfe der Korruption usw., um die illegale Absetzung nachträglich zu rechtfertigen. Der Vorwurf einer Korruption läßt sich nie genau überprüfen und ist immer hilfreich, wenn ein ungeliebtes Regime diskreditiert werden soll, da er bei allen fremden Ländern glaubwürdig wirkt. Genauso ist es, wenn Medien das Wort „umstritten" verwenden; dies ist geeignet, jemanden zu diskreditieren, ohne dies irgendwie mit Fakten zu belegen.

Rußland konnte es natürlich nicht zulassen, daß ein vom Westen unterstützter (oder sogar angestifteter) Putsch dazu führt, daß Rußland seine Militärbasen auf der Krim aufgeben muß, daher verhinderten russische Truppen zusammen mit der mehrheitlich pro-russischen Bevölkerung der Region das weitere Vordringen der Putschisten und die Krim wurde – nach einer Volksabstimmung – von der Ukraine abgetrennt.

Die EU hatte in diesem von ihr selbst begonnenen Spiel verloren und erwies sich nun auch noch als schlechte Verliererin, erkannte die völkerrechtliche Abtrennung der Krim nicht an, bezeichnete sie als völkerrechtswidrig und verhängte gegen Rußland Sanktionen, die in erster Linie auch unsere eigenen Firmen betreffen.

Das Beispiel der Ukraine zeigt relativ deutlich, daß die EU nicht immer auf der Seite des Guten oder des Rechtes steht, sondern um sich neue Einflußgebiete zu sichern auch unrechtmäßige Wege geht. Die EU wird u. a. damit begründet, daß sie uns 70 Jahre Frieden gebracht habe – in der Ukraine allerdings führte ihre Intrige zu einem noch immer andauernden Krieg.

Die Ermordungen von Politikerinnen kurz vor entscheidenden, die EU (bzw. den Euro) betreffenden Abstimmungen, mit dem vermuteten Ziel, diese in einem EU-Sinne zu beeinflussen, zeigen zudem, daß bestimmte Kreise in Europa auch bereit sind, für ihre Ziele Mörder zu dingen. Wo diese Anstifter sitzen, kann man nur vermuten und werden wir wohl nie sicher erfahren.

Fall 1 war die Ermordung von Anna Lindh (1957 – 2003). Anna Lindh war eine EU-freundliche sozialdemokratische Politikerin in Schweden. Sie war ab 1998 sogar Außenministerin und 2001 kurz Präsidentin des Rates der EU. Sie setzte sich im Vorfeld eines Referendums für die Einführung des Euros in Schweden ein. Die Abstimmung über den Euro fand in Schweden am 14. September 2003 statt. Es war nun nach den Umfragen ersichtlich, daß die Schweden die Einführung des Euro mehrheitlich, aber knapp, ablehnen würden. Da geschah der politische Mord: Nur 4 Tage vor der Abstimmung, am 10. September 2003, wurde Anna Lindh von einem Serben, der auch die schwedische Staatsangehörigkeit besaß, Mijailo Mijailović, in einer Stockholmer Einkaufspassage erstochen. Zunächst hieß es, Anna Lindh sei ein zufälliges Opfer, doch die Bilder der Überwachungskameras zeigten, daß der Täter in der Ladenpassage fast 15 Minuten herumlief und sich die ihm begegnenden Personen genau ansah. Er suchte sich also sein Opfer ganz genau aus. Der Täter wurde als psychisch krank bezeichnet. Anfang Dezember 2004 stellte der oberste schwedische Gerichtshof endgültig fest, daß die Tat vorsätzlich begangen wurde, und verurteilte den Mörder zu lebenslanger Haft.

Was ist nun an der Geschichte verdächtig? Der Zeitpunkt der Tat, 4 Tage vor dem Referendum. Sollte es sich um einen Auftragsmord an einer bekannten EU- und Euro-Befürworterin gehandelt haben, dann mit dem Ziele, im schwedischen Volk eine Art Solidarität auszulösen. Wenn man erfährt, daß vielleicht rechtsextreme Kräfte EU-Befürworter ermorden, dann – so die Hoffung möglicher Auftraggeber – könnten die Schweden in die Stimmung „jetzt erst recht" kommen und entgegen der Vorhersagen doch noch für den Euro stimmen. Anna Lindh wäre dann ein „Bauernopfer" für die Euro-Einführung gewesen. Interessant und auch aufschlußreich ist, was der Täter selbst vor Gericht angegeben hatte, nämlich daß ihm „innere Stimmen" die Tat befohlen hatten. Menschen, die einen politischen Mord beauftragen, wollen im Hintergrund bleiben. Sie suchen sich als Werkzeug einen labilen und geisteskranken Typen aus und reden ihm den Mord ein. Der Fall sieht sehr nach einer Hypnose des Täters aus; es gibt sogar posthypnotische Wirkungen, d. h. ein hypnotisierter Mensch erhält einen Befehl, den er lange nach Ende der Hypnose dann auf irgendein Zeichen (kann auch das Sehen einer bestimmten Person sein) ausführt. Dem Hypnotisierten erscheint die Stimme des ihn Hypnotisierenden wie eine „innere Stimme". Wenn er dann gefaßt wird, erinnert er sich an nichts, kann nichts dazu sagen und ist für die Öffentlichkeit eben nur ein Verrückter. Diese „inneren Stimmen" können also durchaus sehr reale Stimmen eines Auftraggebers gewesen sein, der erreichen wollte, daß Schweden den Euro einführt; er wäre also unter den Euro-Befürwortern und Euro-Profiteuren zu suchen. Er wußte auch, wann sich Frau Lindh dort gewöhnlich aufhält, denn das mußte der Auftraggeber dem Täter ja mitgeteilt haben, so daß dieser am richtigen Ort warten konnte.

Fall 2: Helen Joanne „Jo" Cox (1974 – 2016) war britische Politikerin der Labour-Party, leitete z. B. 1998/99 die Kampagne „Britain in Europe" und setzte sich für ein Verbleiben Britaniens in der EU ein. Am 16. Juni 2016 wurde sie nach einer Bürgersprechstunde im „Library and Information Centre" auf der Market Street in Birstall von einem Mann angeschossen und niedergestochen. Sie starb noch am selben Tage im Krankenhaus. Der Attentäter war der 52-jährige Rechtsextremist Thomas Mair, der u. a. gesagt haben soll: „(put) Britain first". Die Richterin hatte eine psychologische Untersuchung angeordnet; doch ist mir nicht bekannt, was diese ergab. Der Täter wurde 2016 zu lebenslanger Haft ohne die Möglichkeit vorzeitiger Entlassung verurteilt.

Was ist nun an diesem Fall auffällig? Wiederum der Zeitpunkt, denn am 23. Juni 2016, also nur eine Woche später, fand das Britische Brexit-Referendum statt. Angenommen, es war ein geplanter politischer Mord, dann sollte dieses Referendum offenbar durch diese Tat beeinflußt werden. Auch hier war dann eine „jetzt erst recht"-Stimmung bezweckt, in der Hoffnung, daß die Briten sich nun doch mehrheitlich für ein Verbleiben in der EU entscheiden würden. Die Tat als Tat eines rechtsextremen Einzeltäters darzustellen, der für den Austritt des UK aus der EU war, ergibt keinen Sinn, denn er hätte damit seinen eigenen Zielen geschadet und nicht genutzt.

Zugegeben, wir haben keine Beweise, aber wir wissen, daß es einflußreiche und mächtige Kreise in Politik und beim Geld gibt, die den Brexit verhindern wollten. Wir können vermuten, daß auch im Falle vom Mord an Jo Cox derartige Auftraggeber vorhanden waren. Sie suchen sich naive und meist psychisch gestörte Leute als Werkzeuge aus, denen niemand abnimmt, daß sie im Auftrag gehandelt haben. Die Opfer sind auffälligerweise weibliche Politiker;

bekanntlich gibt es in der Politik einflußreiche Zirkel, Logen und Geheimgesellschaften, in die Frauen nicht aufgenommen werden. Durch die Ermordung von Politikerinnen sind also Mitglieder derartiger Geheimgesellschaften nicht betroffen. Vielleicht muß man die Auftraggeber in solchen Kreisen suchen.

Mir fallen hier zwei weitere Taten ein, die aber mit der EU nichts zu tun haben, der Anschlag auf die Berliner La Belle-Discothek (5. April 1986) mit drei Toten, 28 Schwer- und 250 Leichtverletzten, der den Vorwand für die USA lieferte, gegen Gaddafi in Lybien vorzugehen. Einer der fünf Täter hatte vor Gericht angegeben, daß er den Auftrag vom CIA bekommen hatte, konnte es aber natürlich nicht beweisen; das Gericht glaubte ihm nicht. Damals hatten die Aliierten in West-Berlin noch die Macht, in solche Verfahren einzugreifen. Deswegen war West-Berlin der ideale Ort für so einen Anschlag, denn in andern Gebieten (z. B. den USA) hätten vielleicht später unabhängige Gerichte auch Hintermänner ermitteln können.

Der andere Anschlag war der auf die Kandidatin zur Kölner Oberbürgermeisterwahl (die einen Tag später stattfand), Henriette Reker, vom 17. Oktober 2015. Der 44jährige rechtsextreme Täter Frank S. stach auf Frau Reker ein und verletzte weitere Personen. Schwerverletzt wurde Frau Reker am nächsten Tag trotzdem in das Amt der Oberbürgermeisterin gewählt. Die Tat nutzten Politiker, um insbesondere gegen Pegida („Patriotische Europäer gegen die Islamisierung des Abendlandes") und andere Gruppen Stimmung zu machen, Gruppen, die gar nichts mit dem Täter zu tun hatten. Aber auch hier gibt es Unstimmigkeiten, nämlich einen Sperrvermerk in der Akte von Frank S. bei der Agentur für Arbeit, der auf eine mögliche Verbindung zwischen Frank S. und dem Verfassungsschutz sowie einem eventuellen Einsatz als V-Mann schließen läßt. Man muß also die Frage stellen, wem so ein Anschlag nützt, wer davon politisch profitiert, sofern man von einer Auftragstat ausgehen will, was in diesem Fall nicht sicher ist.

Zurück zur EU. Ihr Problem ist, daß sich die Staaten nicht darüber einig sind, wie weit die Vereinigung des „Vereinigten Europas" eigentlich gehen soll. Während viele Menschen in Deutschland für eine Auflösung der europäischen Staaten und Bildung eines Gesamtstaates plädieren – ich selbst habe diese Vorstellung im SPD-Arbeitskreis „Europa" unter Norbert Glante oft gehört – was sicher mit dem Eigenhaß auf unser Volk erklärbar ist, wollen die Menschen der anderen Staaten ihre Souveränität behalten. Den Vishegrad-Staaten Osteuropas ist auch die Erhaltung ihrer volklichen Identitäten wichtig. Diese unterschiedlichen Vorstellungen sind nicht vereinbar. Deutschland und Frankreich sind „Nettozahler" in der EU, auch Italien und die Niederlande in geringerem Maße. Dieser Begriff verschleiert, daß wir mehr Geld in die EU einzahlen, als wir von ihr zurückbekommen. Andere Staaten hingegen zahlen weniger ein, als sie von der EU zurückbekommen. Damit werden diese Staaten also von den Steuerzahlern Deutschlands und der anderen Nettozahler subventioniert, ohne daß uns dafür irgendein besonderes Mitspracherecht eingeräumt wäre. Wir können also nicht selbst allein entscheiden, was mit unserem Gelde geschieht.
Unser Geld ist das Lockmittel für andere Staaten, in der EU zu bleiben oder in sie eintreten zu wollen. Unser Geld hält also die EU zusammen, denn würde jeder Staat nur genausoviel erhalten, wie er auch eingezahlt hatte, dann entfiele für die Nicht-Nettozahler der Grund, in der EU zu verbleiben.

Es ist nun nur eine Frage der Zeit gewesen, daß die „Nettozahler" auch diejenigen sein wollen, die den Kurs der EU bestimmen. Das betrifft vor allem die Migrationspolitik. Da im Hinterkopf der deutschen und auch einiger französischer Politiker immer noch der Gedanke an einen gesamteuropäischen multiethnischen Großstaat herumspukt, will man die Vergabe der EU-Gelder an die Annahme entsprechender Vorstellungen binden. In der Praxis sieht das dann so aus, daß ein Staat, der sich weigert, Migranten aufzunehmen und damit den Weg in eine multikulturelle Gesellschaft anzutreten, mit finanziellen Konsequenzen bedroht wird. Die Politiker umschreiben das in ihren Reden dann so: „Wer nicht bereit ist, die Werte der EU wie die Freizügigkeit der Waren und Menschen anzunehmen, der soll auch von ihren Vorteilen nicht in dem Maße profitieren, wie bisher". Man könnte so eine Erpressung auch deutlicher formulieren: „Entweder ihr nehmt Migranten auf und verliert mit der Zeit eure volkliche Identität, oder es gibt kein Geld mehr".

Zum Glück haben die meisten Staaten dies nunmehr erkannt und lassen sich nicht erpressen. Aber nie war es ein „Wert der EU", außereuropäische Wirtschaftsflüchtlinge aufnehmen zu müssen. Hier schoben einige politische Falschspieler offenbar der EU „Werte" unter, die sie nie hatte. Die EU war einst als Kohle- und Stahl-Union (EKS) gegründet worden, wurde dann über „Euratom" zur „Europäischen Wirtschafts-Gemeinschaft" (EWG) und schließlich zur „Europäischen Gemeinschaft" (EG), heute zur „Europäischen Union" (EU). Schon der Namenswandel zeigt, wie bestimmte Kräfte die reine Wirtschaftsgemeinschaft zu einer allgemeinen politischen Gemeinschaft und schließlich zu einer Union (Vereinigung) wandeln oder es zumindest versuchen. So soll irgendwann der europäische Großstaat entstehen, den aber die meisten Länder gar nicht wollen. Aber die Großstaat-Befürworter geben natürlich nicht auf und versuchen, mithilfe der ihnen zur Verfügung stehenden Medien und verschiedener Aktionen (z. B. inszenierter europafreundlicher Demonstrationen wie „Pulse of Europe") die Stimmung in den Bevölkerungen zu verändern.

Eine große Krise der EU entzündete sich an Frau Merkels Grenz-
öffnung 2015/16 mit der Aufnahme von Millionen von meist Wirt-
schaftsflüchtlingen nach Deutschland. Die Ablehnung, ja der Haß
auf das eigene Volk und Land, den man auch bei Frau Merkel erkennen kann (siehe die Fahnen-Geschichte, Seite 102f), führte
dazu, die Fremden ungehindert ins Land zu lassen. Das wollen aber
unsere europäischen Nachbarstaaten bei sich nicht; sie wollen ihre
Kulturen und ihre volklichen Identitäten erhalten und bestenfalls
einzelne qualifizierte Facharbeiter aufnehmen. Deswegen gingen sie
auf Distanz zu Merkels Migrationspolitik und deswegen spricht
nun Europa nicht mehr mit einer Stimme, wie es wünschenswert
wäre. Und natürlich ist das auch der Grund, warum die Briten die
EU verlassen haben. Sie hatten nichts gegen einen Binnenmarkt
und Zollfreiheit, aber sie wollten selbst entscheiden, ob und wieviel
Fremde sie in ihr Land aufnehmen können. Die Briten stören sich
da wohl in erster Linie an den vielen polnischen Einwanderern.

Aktuell hat die EU in der Corona-Pandemie versagt; es gelang
nicht, rechtzeitig genügend Impfstoff zu beschaffen, und auch mit
der Schließung von Grenzen hatte man es nicht eilig, so daß alle
Corona-Virusmutanten sich in den EU-Ländern verbreiten konnten und können.

Was kann man nun tun, um die EU irgendwie zu retten und zu reformieren? Man sollte sie wieder in erster Linie als eine Wirtschaftsgemeinschaft verstehen, eine Gemeinschaft von souveränen
Staaten und Völkern, die in bestimmten Bereichen zusammenarbeiten und die bei jeder Entscheidung in der EU für ihr eigenes Land
ein Vetorecht besitzen. Die EU sollte sich nicht in innere Angelegenheiten und Befindlichkeiten der Mitgliedsstaaten (etwa Ungarn
mit seinem Hochschulgesetz, Polen und seine Richtereinsetzung
usw.) einmischen und den Staaten nicht unter Berufung auf „euro-

päische Werte" Verpflichtungen aufhalsen, die diese nicht wollen. Aus den „Nettozahlern" sollten normale Zahler werden, denn es ist ungerecht, daß wenige Staaten für die anderen zahlen, daß sich andere Staaten ihre Mitgliedschaft in der EU von den Steuerzahlern der Nettozahler-Staaten quasi bezahlen lassen.

Deutschland bezahlte im Jahr 2018 rund 25,3 Milliarden Euro als Beitrag an die EU und soll nun bald 42 % mehr bezahlen, also 13 Mrd. mehr. Würde man die dann 38,3 Milliarden auf unsere 83 Millionen Einwohner aufteilen, erhielte jeder 461,44 Euro.

Nach dem Ausscheiden der Briten sollten deren bisherige Zahlungen nicht den anderen Nettozahlern aufgehalst werden, sondern der EU-Haushalt sollte entsprechend gekürzt werden; schließlich ist ja auch ohne die Briten weniger zu tun.

Kapitel 7

Bezeichnungen

Die Politik ist beim Bürger nicht sehr beliebt, und allgemein wird beklagt, daß die Politiker im Volke als elitäre, abgehobene und als sich vom Volk abgrenzende Kaste gelten. Woran liegt das?

Ein Grund dafür ist die Sprache: Durch die zu beschließenden Gesetzestexte prägt sich eine bestimmte Wortwahl und Satzformulierung ein, die dann auf Zuhörer befremdlich und verklausoliert wirkt, ähnlich wie z. B. ein Arzt sich oft unverständlicher lateinischer Bezeichnungen bedient. Dazu kommt, daß einem Politiker von den Medien eine unbedachte Äußerung oft noch jahrelang vorgehalten wird. Als der Bundestagspräsident Philipp Jenninger (CDU) zum 50. Jahrestag der Novemberprogrome am 10. 11. 1988 im Bonner Wasserwerk vor dem dort tagenden Bundestag eine Rede hielt, löste diese einen Skandal aus; mehrere Abgeordnete verließen den Plenarsaal. Er mußte einen Tag später zurücktreten. Jenninger hatte rhetorische Fragen in seiner Rede beim Vortrag nur falsch betont, so daß sie wie Anklagen klangen. Später erklärte Jenninger: „Nicht alles darf man beim Namen nennen in Deutschland".

Politiker trauen sich nicht mehr „Fraktur" zu reden, die Sprache des Volkes mit klaren Aussagen, sondern verkünden in verklausolierten Sätzen ein unbestimmtes oder mehrdeutiges „Bla-Bla", welches wir Bürger dann leider nur noch schwer ertragen können.

Schuld haben Medien, die einem (unerwünschten) Politiker seine unbedachten spontanen Äußerungen immer wieder vorhalten. Schuld haben auch wir, da wir diesen Medien folgen und den Politiker dann für seinen Fehler entsprechend ablehnen, anstatt ihm zuzubilligen, daß er ein Mensch ist und eben auch mal spontan etwas sagen kann, was er anders gemeint hatte oder was ihn später reut, zumal sich Umstände ändern können, so daß anders vorgegangen werden muß.

Ich selbst gehörte zeitweilig der SPD an und war daher auf verschiedenen Wahlkampfveranstaltungen dieser Partei. Der Kandidat Günter Baaske hielt in der einen Stadt eine Rede, die vom Inhalt her gut und überzeugend war; alle Fragen zum Thema wurden angesprochen und mit spontan eingestreuten eigenen Erlebnissen illustriert. Erstaunt war ich allerdings, als ich in einer ganz anderen Stadt von dem Kandidaten dieselbe Rede mit denselben, scheinbar spontan eingeworfenen Erlebnissen hören mußte. Auch in einem kleinen Kreis von SPD-Mitgliedern hörte ich diese Rede noch einmal. Baaske hatte sich also einen festen Text zusammengestellt und mehr oder weniger auswendig gelernt; spontan war da nichts, sondern alles war genau berechnet und vorgefertigt, so daß es jeden in der Zielgruppe ansprechen sollte. Die Rede wiederholte er überall, wo er Wahlkampf machte wie ein Theaterschauspieler, der jeden Abend dasselbe Stück im Theater spielt.

Mir ist aber auch aufgefallen, daß der ganze Bereich der Politik mit mehr oder weniger lange „eingedeutschten" Fremdwörtern bezeichnet wird. Solche Fremdwörter tragen dazu bei, die Politik als etwas Fremdes, Aufgesetztes und nicht Volkstümliches zu verstehen. Schon unsere Staatsbezeichnung ist da fraglich: „Bundesrepublik Deutschland" – warum können wir uns nur unter Zuhilfenahme des lateinisch-französischen Wortes „Republik" (res publica, „öffentliche Sache/Angelegenheit") bezeichnen? Liegt das daran, daß die Demokratie bei uns keine alten Wurzeln hat? Das ist übrigens falsch, denn bis zur Christianisierung gab es in jedem Stamm die große jährliche Volksversammlung, wo demokratisch beraten und abgestimmt wurde, nämlich das „Ding aller Männer". In den Gemeinden gab es regionale Versammlungen, und bis in jedes Dorf gab es das Dorfding (auf den Dörfern um Berlin noch im 18. Jh. der „Dingetag"). Als uns dann das römische Kaisertum durch die Christen aufgezwungen wurde, war es mit der Demokratie nach und nach vorbei, wie man weiß.

Da also „Republik" ein Fremdwort ist (welches von der Mehrheit der Bürger wahrscheinlich nicht einmal richtig übersetzt werden kann), sollte es ersetzt werden. Denn ein Staat, dessen Name übersetzt „Bundes-öffentliche Sache-Deutschland" lautet, ist schon kurios. Ich meine sogar, daß im Staatsnamen gar nicht enthalten sein muß, welche Herrschaftsform in diesem Staate gerade gilt. Deswegen kann ich mich Willy Brandt anschließen, der in der Zeit der Wende (1989) auf die Frage, wie das künftige wiedervereinigte Deutschland heißen sollte, gesagt hatte: »Ich kann mir den Namen ‚Deutschland' gut vorstellen«. Gerade in unserem Lande, wo in einem Jahrhundert die Staatsform mehrfach wechselte (bis 1918 Kaiserreich, 1919 bis 1933 Weimarer Republik, 1933-1945 NS Führerdiktatur, ab 1949 Bundesrepublik und sozialistische Diktatur der Arbeiterklasse, ab 1989 gemeinsames Deutschland), sollte man vielleicht einmal den Weg gehen, die Staatsform im Staatsnamen unerwähnt zu lassen, wie das z. B. die „Vereinigten Staaten von (Nord-) Amerika" (USA) ja auch tun.

Schon die Bezeichnung „Politik" klingt fremd und ist es auch, denn das Wort geht ursprünglich auf griechisch pólis „Stadt, Stadtburg, Bürgerschaft, Staat" (vgl. Akropolis) zurück und wird im Sinne von „Staatsverwaltung", „zur Staatsverwaltung gehörig", verwendet.

Aber wir unterscheiden heute die Verwaltung von der sie beaufsichtigenden Politik und den Politikern. Also wie könnte eine deutsche Übersetzung von „Politik" aussehen? „Staatskunst" oder „Staatsverwaltung"? Aber „Staat" selbst ist auch nur ein eingedeutschtes Fremdwort (lat. Status, „Stehen, Stand, Stellung, Zustand, Rang, Verfassung"). Bliebe vielleicht „Landesverwaltung, Landeslenkung, Volksverwaltung, Volkslenkung" oder „Gemeinverwaltung". Der Politiker mit Regierungsmandat ist dann der „Landeslenker" oder „Landesleiter"; der einfache Politiker bleibt der „Volksvertreter". Das „Mandat" (lat. ex manu datum, „aus der Hand gegeben") ist der „Auftrag" oder die „Ermächtigung", die „Vollmacht" oder „Lenkungsmacht", denn – Sie ahnen es schon – „regieren" (lat. regere, „richten, lenken, führen, leiten") ist gleichfalls ein Fremdwort. Die „Regierung" sind die „Herrschenden", die „Waltenden, Lenkenden" oder die „Machthaber, Gewaltner". „Regierungsverantwortung" wäre dann „Waltungsmacht" oder „Waltungsverantwortung".

Die Abgeordneten diskutieren eine Legislaturperiode lang im Parlament – alles Fremdworte: In „Abgeordnete" steckt lat. ordo „Reihe, Ordnung, Rang, Stand" drin. Also besser „Abgesandte" sagen. „Diskutieren" (lat. discutere, „zerschlagen, zerteilen, zerlegen") ersetzen wir durch „verhandeln, besprechen, beraten, erörtern, streiten" und „Legislaturperiode" (lat. lex, legis, „Gesetz" und gr. perídos, „Umgang, Umlauf, Kreislauf") durch „Gesetzgebungszeitraum". „Parlament" (frz. Parlement, „Unterredung", parler, „Reden") ist etwas komplizierter. Es ist natürlich zuerst der Ort, wo die Volksvertreter miteinander verhandeln. Es ist auch das jeweilige Gebäude, z. B. der Reichstag. Die nordischen Länder sind noch bei den germanischen Bezeichnungen geblieben; auf Island heißt das Parlament „Althingi" („Ding aller Männer"), in Dänemark „Folketing" („Ding des Volkes"), in Norwegen „Storting" („das große

Ding"). Schweden hat den „Riksdagen" („Reichstag") und wir haben den „Bundestag", der im „Reichstag" tagt. Also ist das „Parlament" das „Tagungshaus" oder der „Tagungsort". Auch „Volksversammlung, Volkshaus, Volkssaal" wären möglich, doch erkennt dann jeder sofort den Widerspruch, da ja gewählte Abgeordnete nicht wirklich Vertreter des Volkes sind, wie sich gerade in den letzten Jahren deutlich zeigte, wo Politiker Teile des Volkes als „Pack", „Dunkel-Deutschland" usw. beleidigten. Schwer vorstellbar, daß sie dieses „Volk" vertreten würden. Aber im Idealfall einer funktionierenden Demokratie, für die ich konsequent eintrete, müßten sie es tun.

In der Politik gibt es dann auch noch die Ebene der Kommunen (lat. communis, „allgemein, gemeinschaftlich"). Da denkt der Bürger eher an Kommunisten oder Wohngemeinschaften der 68er Studenten, als an „Gemeinden" oder das „Gemeinwesen". Das „Kommunalparlament" ist also das „Gemeindetagungshaus"; der „Kommunalpolitiker" der „Gemeindevertreter". In Berlin trägt die Gemeindeverwaltung die Bezeichnung „Senat" (lat. senatus von senex, „Greis, Greisin, alter Mann, alte Frau"). Mich hat das Wort immer gestört, denn ich habe da drei unpassende Gedanken, wenn ich es höre. Einmal denke ich an das antike Rom, wo Caesar im Senat von Brutus ermordet wurde. Dann denke ich an Senioren und schließlich an senile Menschen, denn alle Deutungen sind von dem Wort abgeleitet. Als ich dann von der Bremer „Bürgerschaft" hörte, fragte ich mich, warum wir in Berlin unsere „Gemeindevertretung" nicht auch einfach „Bürgerschaft" nennen können? Für den Senat als Regierung kommen dieselben Begriffe in Frage, wie für die Bundesregierung, also statt „Volks- oder Landeslenker" eben „Gemeindelenker" oder „Gemeindeleiter".
Kleinere Städte haben die „Stadtverordneten" die sich in der „Stadtverordnetenversammlung" treffen. Das Wort klingt nach

Arzt, der mir etwas verordnet, klingt nach unnötigen, die Bürger bedrängenden Verordnungen und ist nicht volkstümlich. Warum bleibt man nicht ganz einfach beim „Stadtrat" mit den „Ratsherren" und „Ratsfrauen"? Statt „Verordnung" sollte es „Gemeindegesetz" oder „Ratserlaß" heißen, denn wie gesagt, in „Verordnung" oder „Anordnung" steckt das lateinische ordo. Aus der „Straßenverkehrsordnung" könnte also das „Straßenverkehrsgesetz" werden (wobei „Straße" auch wieder nur ein Lehnwort ist, lat. strata, „Weg, Heerstraße"); vielleicht ist „Verkehrsgesetz" besser, da ja sowieso nicht nur der Straßenverkehr dort geregelt wird.

Der „Präsident" (frz. Président, „Vorsitzender, Leiter") ist der Vorsitzende oder Vorsteher; die Isländer benennen ihn „Forseti" (Vorsitzer). Und eine „Koalition" (mittellateinisch „coalitio", „Bund, das Zusammenwachsen") ist ein Zusammengehen, -arbeiten, oder ein Zusammenschluß. Die „Opposition" (lat. „oppositio", „Entgegensetzung") sind die inhaltlichen Gegner, die „Fraktion" (lat. „fractio", „Bruch, Bruchteil") bezeichnet eine Teilgruppe von Volksvertretern.

Zwei weitere Begriffe, die mir immer fremd vorkamen, will ich noch behandeln; einer lautet „sozial" (lat. socius, „gemeinsam, Genosse, Gefährte, Teilnehmer"). Man spricht von „Sozialgesetzen" oder von „Ausschüssen für Soziales". Verständlich, daß eine Partei wie die „Sozialdemokratische Partei Deutschlands" (SPD) diese Begriffe, die ihren Namen tragen, beibehalten will, obwohl ihn auch die National-Sozialisten verwendeten. Aber der Begriff bleibt fremd (auch das zum „z" eingedeutschte „c" ändert das nicht) und auch sehr schwammig. Das „Sozialamt" hieß früher, als ich noch ein Kind war, die „Fürsorge"; der „Sozialarbeiter" war der „Fürsorger". Darunter kann man sich doch viel mehr vorstellen, und es ist ein Begriff, der uns einen Staat aufzeigt, dem an dem Wohlerge-

hen seiner Bürger gelegen ist; er sorgt sich für sie (Für-Sorge). Beim „Sozialarbeiter" denkt man doch eher an einen Mitgliederwerber der SPD, denkt an den Sozialismus mit seinen schlimmen Auswirkungen in der NS-Zeit (es waren ja National-Sozialisten) oder der „DDR", dem „ersten sozialistischen Staat" auf deutschem Boden mit seiner „Sozialistischen Einheitspartei".
Statt „sozial" empfiehlt sich „gesellschaftlich, gemeinschaftlich, genossenschaftlich", statt „Sozialpolitik" „Wohlfahrts(ver)waltung, Wohlfahrtslenkung"; die „Sozialgesetze" könnten zu „Unterstützungsgesetzen", „Wohlfahrtsgesetzen" oder „Bedürftigkeits(ausgleichs-)gesetzen" werden, der „Sozialausschuß" zum „Gesellschaftsausschuß" oder „Gemeinschaftsausschuß".

Gegenwärtig sind mehrere Bereiche im Gespräch: Die „Klimapolitik", die „Pandemiebekämpfung", die „Ökologie", „Energiepolitik" und die „Digitalisierung". Auch dies sind Fremdwörter, die man übersetzen sollte. Für „Klimapolitik" (gr. klíma, „neigen, biegen, krümmen, anlehnen") könnte man „Witterungswaltung", „Wärmebeeinflussung", „Wettergesamtheitsfragen" sagen, statt „Pandemiebekämpfung" kann man „Seuchenbekämpfung" sagen, für „Ökologie" (gr. oikos und logos, „Lehre vom Haus, Haushalt") kann man „Gleichgewichtslehre" sagen. Zugegeben, es ist oft sehr schwer, eine passende Übersetzng zu finden, aber es macht Spaß, danach zu suchen. „Energiepolitik" (gr. energeia, „Wirksamkeit") wird zu „Kraft-" oder „Stromwaltung", „Digitalisierung" (lat. digitus, „Finger" und „abzählen") bedeutet, Daten (Angaben) in abzählbare Impulse (Stöße) zu zerlegen. „Digitalisierung" bedeutet also „Abzählübertragung", „Abzählgliederung", „Abzählgefüge".

Zuletzt einer der wichtigsten Punkte, der Begriff „Demokratie". Alle berufen sich darauf, Demokraten zu sein und demokratisch zu handeln und merken nicht, daß sie es nicht mehr sind, wenn sie den politischen Gegner ausgrenzen, nicht anhören, unterdrücken oder gar bekämpfen. Das Wort soll vom altgriechisch demos („Staatsvolk") und krátos („Gewalt, Macht, Herrschaft") stammen, also etwas wie „Herrschaft des Volkes" bedeuten. In Wirklichkeit aber ist „demos" eben nicht das ganze Volk, sondern nur ein Teil desselben; man würde heute sagen: die oberen Zehntausend, die reicheren Bürger. Im Altgriechischen wäre „laos" das gesamte Volk (vgl. den „Volksherrscher" Menelaos). Schon von der Wortbedeutung her ist also „Demokratie" im heutigen Verständnis gar nicht so „demokratisch", wie man allgemein meint, eine „Laokratie" wäre sicher zeitgemäßer.

Die Griechen gelten als Erfinder der Demokratie, obwohl es zu dieser Zeit längst in Germanien überall Thinge gab, die demokratisch waren. Was Tacitus vor 2 Jahrtausenden beschrieb, hatte natürlich viel ältere Vorgänger. Aber man schrieb nichts auf, und so bleiben griechische Quellen allein übrig, die von der Demokratie vor über 2 Jahrtausenden berichten, und wegen dieser Quellenlage haben die Griechen heute den zweiflhaften Ruhm, als Erfinder der Demokratie dazustehen und wir das Pech, als undemokratisch zu gelten.

Wir germanischstämmige Deutsche waren jedenfalls einstmals durchaus zur Demokratie fähig und haben eine mindestens gleichlange Tradition wie die Griechen. Leider aber wurden wir zuerst teilweise römisch besetzt und dann im Mittelalter vom Christentum brutal missioniert, welches bekanntlich keine demokratischen Wurzeln aufweist, denn eine Religion, in der es nur einen Gott gibt, die kennt Abstimmungen nicht, da auch der Eingott sich nicht beraten muß. Das war im Heidentum unserer Vorfahren anders, da kannte man viele Gottheiten, die sich untereinander demokratisch abstimmten und einmal sogar den höchsten Gott Wodan zeitweilig absetzten und einen anderen wählten.

Demokratie bedeutet also „Volksherrschaft" (übrigens nicht: „Völkerherrschaft"; der Begriff geht nur von einem einzigen Volk im Staatsgebiet aus). Nun geht es aber nicht, wenn man das Wort in dem Satz „Wir wollen darüber demokratisch abstimmen" übersetzen will. Das „Verdeutschungsbuch" (Eduard Engel 1917) hat hier nur „volksfreundlich", „standesdünkelfrei" oder „freiheitlich". Also vielleicht: „Wir wollen darüber frei abstimmen" oder „wir wollen darüber gerecht abstimmen".

Ich bin mir bewußt, daß derartige Vorschläge, die fremden Begriffe durch passende deutsche Wörter zu ersetzen, bei den Entscheidern auf taube Ohren stoßen werden. Da strebt man eher eine Internationalisierung oder Globalisierung („Weltausbreitung") an als eine Rückbesinnung auf die eigene Sprache. Man will also eher noch mehr Fremdbegriffe als weniger. Dann muß man aber damit leben, daß viele Menschen den Bereich der Politik und der dort wirkenden Personen als ihnen wesensfremd empfinden und sich davon abwenden.

Noch etwas zur Frage, ob wir heutigen Deutschen demokratiefähig sind. Ich bestreite das und bin der Meinung, daß hier noch viel gelernt werden müßte. Denn zur Demokratiefähigkeit gehören Mut und Civilcourage. Ich bemerke aber stattdessen immer häufiger eine kritiklose Anpassung an einen Zeitgeist sowie den „vorauseilenden Gehorsam" an einen vermeintlichen Willen der Regierung. Und wenn sich untergeordnete Politiker oder Beamte nicht in vorauseilendem Gehorsam dem Willen der Regierung unterordnen, werden sie mit Repressalien bedacht. Es scheint, daß der Mut, sich für das Richtige, Gesetzmäßige und Gerechte auch dann einzusetzen, wenn es der Regierung nicht behagt, nicht in ausreichendem Maße bei den Menschen vorhanden ist. Oft wird die Verhängung von Repressalien gegen Personen auch noch medienwirksam zelebriert, um mit diesem Vorbild andere Funktionsträger einzuschüchtern nach dem Motto: „Ihr seht, was geschieht, wenn man nicht so funktioniert, wie es von der Regierung gewünscht wird". Einschüchterung ist aber kein legitimes Mittel in einer Demokratie.

Beispiel: Die Merkel-Regierung sah sich durch die steigenden Wählerzahlen der rechtskonservativen AfD bedroht und wollte gegen die AfD vorgehen. Als dann am 26. 8. 2019 in Chemnitz Daniel H. von Asylbewerbern erstochen wurde und die AfD dort demonstrierte, erschien (am 26. 8. um 20:56 Uhr) wie auf Befehl bei Twitter und Facebook ein Video von „Antifa Zeckenbiß", welches angeblich Hetzjagden von Rechtsextremisten zeigt.
Der Präsident des Verfassungsschutzes, Hans-Georg Maaßen, widersprach dieser Sichtweise in der Bild-Zeitung vom 7. 9. 2019. Dort sagte Maaßen:

»Die Skepsis gegenüber den Medienberichten zu rechtsextremistischen Hetzjagden in Chemnitz werden von mir geteilt. Es liegen dem Verfassungsschutz keine belastbaren Informationen darüber vor, daß solche Hetzjagden stattgefunden haben.«.

Maaßen hatte eine Medien-Kampagne der Tagesschau entlarvt, denn der Mord oder Totschlag geschah am Sonntag, den 26. 8. 2019. Daraufhin gab es die AfD-Demonstration, die friedlich verlief; außerdem eine Demonstration von Rechtsextremisten, die weniger friedlich verlief, bei der es Rempeleien gab und Pfefferspray verwendet wurde, aber Hetzjagden fanden auch dort nicht statt, wie auch die Lokalzeitungen bestätigten (z. B. Freie Presse Chemnitz). Aber in der Tagesschau der ARD vom Montag (27. 8. 2019) wurde über Hetzjagden berichtet und diese mit dem zweifelhaften Video der Antifa belegt. Straftaten und Auseinandersetzungen aber kamen erst am Mittwoch (29. 8.) und später in Chemnitz vor.

Die Betreiber von „Antifa Zeckenbiß" behaupteten, sie hätten das Video von einer „patriotischen Plattform" genommen, doch konnte niemand diese Plattform finden (im Internet geht ja nichts verloren). Vier Stunden zuvor will der Journalist Johannes Grunert den Vorfall angeblich gesehen haben.

Maaßen hatte eine Zusammenarbeit der Tagesschau mit Antifaschisten und eine absichtlich gestreute Falschinformation entlarvt und hatte in der Bild-Zeitung gesagt:

»Nach meiner vorsichtigen Bewertung sprechen gute Gründe dafür, daß es sich um eine gezielte Falschinformation handelt, um möglicherweise die Öffentlichkeit von dem Mord in Chemnitz abzulenken«.

Daraufhin wurde er 2018 abgesetzt und am 15. 11. 2018 durch den merkeltreuen Thomas Haldenwang ersetzt. Dieser tat dann auch sehr bald das, was von ihm verlangt oder erwartet wurde; er erklärte Mitte Januar 2019 (zwei Monate später) öffentlich die AfD zum „Prüffall", vier Monate vor der Wahl der Bremer Bürgerschaft und der Europawahl (26. 5. 2019). Das Verwaltungsgericht Köln urteilte, daß der Verfassungsschutz die AfD nicht „Prüffall" nennen darf, daß es einen „Prüffall" rechtlich gar nicht gibt und die AfD vom Verfassungsschutz unzulässigerweise herabgesetzt wurde. Der Schaden des Rufes der AfD in der Öffentlichkeit war da aber schon eingetreten. Dieses widerrechtliche Vorgehen Haldenwangs gegen eine demokratische Partei führte allerdings nicht zu dessen Entlassung, während Maaßens Bezweiflung eines dubiosen Videos und Entlarvung einer Inszenierung seine Entlassung brachte. Die Lehre, die jeder daraus ziehen kann: Wer seine von der Regierungsvorgabe abweichende Meinung frei äußert, der wird abgesetzt (Maaßen), wer aber das tut, was die „Herrschenden" wollen, der wird befördert (Haldenwang). Oder anders gesagt: Wer Charakter hat, der muß gehen; wer den nicht hat, der kommt weiter. Man kann nebenbei auch sehen, daß die herrschende Regierung den Verfassungsschutz mißbraucht, um den politischen Gegner (Konkurrenten) zu diskreditieren. Haldenwang tat weiterhin, was die Merkel-Regierung von ihm erwartete; er ließ am 3. 3. 2021, 11 Tage vor den Landtagswahlen in Baden-Würtemberg und Rheinland Pfalz (14. 3. 2021) die AfD als „Verdachtsfall" einstufen. Diese interne Einstufung wurde dann von irgendeinem Mitarbeiter des Verfassungsschutzes den Medien zugespielt – ob im Auftrage Haldenwangs oder ohne, ist unbekannt. Zwei Tage später untersagte das Kölner Verwaltungsgericht dem Verfassungsschutz diese AfD-Einstufung. Der Verfassungsschutz unter Haldenwang wird also genutzt, um kurz vor Wahlen den politischen Gegner irgendwie als Verfassungsfeind zu diskreditieren, und diese Versuche hielten bisher allesamt einer gerichtlichen Prüfung nicht stand.

Am 28. 4. 2021 erklärte Haldenwang, die „Coronaleugner" (Querdenker) mit nachrichtendienstlichen Mitteln zu beobachten, da sich Rechtsextremisten unter ihnen befänden. Am gleichen Tag wurde im ZDF eine Sendung über die angebliche Unterwanderung der Querdenker durch Rechtsextremisten gezeigt – die Programmplanung war Wochen zuvor erfolgt. „Zufällig" kam beides (der Bericht und Haldenwangs Ankündigung) am selben Tage. Daß nach einer Umfrage 23 % der Querdenker Grüne sind, wurde dagegen verschwiegen, und natürlich ist „Coronaleugner" eine beleidigende Bezeichnung, denn „Leugner" sind „Lügner" – man darf Andersdenkende nicht als „Lügner" bezeichnen. In einer echten Demokratie haben auch Rechtsextremisten das Recht, zu demonstrieren und können das dort tun, wo sie wollen; der Staat hat das nicht zu kommentieren oder zu verhindern. Das wirft die Grundfrage auf, ob in der Demokratie auch für andere Systeme geworben werden darf.

90

Zurück zu unserem Chemnitzer Fall. Für eine Fälschung des Hetzjagden-Videos sprechen einige Gründe. So scheint es sehr ungewöhnlich, daß zwei Migranten mitten auf der Straße stehen, auf der ihnen gerade eine rechtsextremistische Demonstration entgegenkommt. Normalerweise würde man den Ort verlassen oder doch zumindest zur Seite treten. Wenn die Szene gestellt ist, dann waren die Migranten Mitspieler, haben vielleicht sogar mit Worten noch provoziert (auf dem Video nicht hörbar). Auch ist auffällig, daß das Video bereits einsetzt, wo noch gar nichts geschehen ist – der Unbekannte, der dort filmte, wußte offenbar schon im voraus, daß da jetzt gleich etwas passieren wird.

Einige halten den Journalisten, der zuerst von „Hetzjagden" sprach, für einen Mitwisser oder Mit-Initiatoren dieses Schauspieles. Aber über dieses Video, welches einigen wie auf Bestellung gut in den Kram paßte, werden wir die Wahrheit wohl nie erfahren.

Kapitel 8

Eigenhaß

Ist Ihnen schon einmal aufgefallen, daß bei vielen Menschen in unserem Lande ein regelrechter „Deutschenhaß" festzustellen ist? Dieser „Deutschenhaß" bezieht sich auf unsere Geschichte, unser Volk, teils sogar auf unsere Kultur, Sprache und unsere Traditionen.

Ich habe mit Menschen gesprochen, die ihre germanischen Wurzeln völlig verdrängen wollten und in ihrem Stammbaum mit der Lupe unbedingt nach „nicht-deutschen" Vorfahren suchten und entsprechend enttäuscht waren, wenn sie da nichts finden konnten. Mit diesem „Deutschenhaß" oder „Eigenhaß" (Haß auf die eigenen Wurzeln) einher geht eine übertriebene Liebe zu allen fremden Kulturen, Völkern oder Einflüssen.

Zugegeben, unser Volk war das „Tätervolk", das Volk, welches einem katholischen österreichischen Diktator (er ist übrigens zeit seines Lebens nie aus der katholischen Kirche ausgetreten) folgte und in dessen Namen schlimmste Verbrechen begangen wurden. Zwar lag der Beginn der Geschichte der Germanen in der Bronzezeit (vor 4000 Jahren), so daß die zwölf Jahre der NS-Diktatur tatsächlich nur einen kleinen Bruchteil der langen Geschichte bildeten, aber diese Zeit liegt noch nicht so lange zurück und hat ihre Auswirkungen bis in die Gegenwart.

Darf man sich also mit den eigenen Wurzeln identifizieren, wenn sie zu den Verbrechern im Dritten Reich führen? Kann man angesichts von Millionen Toter, die Deutsche zu verantworten haben, noch auf irgendetwas in unserer Vergangenheit stolz sein? Hieße das nicht, auch die dunkle Vergangenheit schönzufärben?

Ich sage: „Nein". Die Vergangenheit zu verdrängen ändert nichts und ist keine Lösung. Die Vergangenheit muß man annehmen (im Sinne von: anerkennen, daß es so war) und sich selbst dazu positionieren. Verbrechen zu verdrängen, wie es die Holocaust-Leugner tun, ist genauso falsch, wie der Versuch, sie irgendwie zu rechtfertigen oder kleinzureden. Allerdings darf man nicht den Fehler machen, die Vergangenheit nach unseren heutigen Gesetzen, Wertmaßstäben und unserem heutigen Wissen über das Geschehene zu bewerten. Menschen früherer Zeiten wußten vieles nicht, weil es nur wenigen bekannt war und die Allgemeinheit es erst nach dem Kriege erfuhr.

Wenn man also fragt, wie es sein konnte, daß die Menschen mehrheitlich die NSDAP wählten, dann muß man drei Dinge beachten: Die Verbrechen des NS waren damals noch gar nicht geschehen, außerdem bestand die Demokratie erst seit 1919, also erst 14 Jahre. Die Menschen waren noch im alten Obrigkeitsdenken aus der Zeit des Kaiserreichs verhaftet, hatten zu einer Regierung ein naiv-blindes Vertrauen („die da oben werdens schon machen") und litten unter der ungerechten Behandlung Deutschlands nach dem 1. Weltkrieg, wo uns ja wahrheitswidrig die Alleinschuld am Krieg gegeben wurde, Gebiete abgetrennt wurden (etwa 10 % des Reichsgebietes) und auch noch horrende Reparationszahlungen geleistet werden mußten. Diese Behandlung oder Demütigung Deutschlands war mit ein Grund, daß die Menschen sich nach einer „starken" Führung sehnten. Dazu kam die Weltwirtschaftskrise und Inflation, so daß Menschen ihr ganzes Vermögen verloren und viele sogar verhungerten. Die Schuld an der Inflation schrieb man den Banken und Konzernen zu, die oft in jüdischen Händen waren. So konnten die Nationalsozialisten Vorurteile aufgreifen und ihren Haß gegen das „internationale Finanzjudentum" predigen. In Krisen flüchten sich Menschen oft zu Extremparteien, wobei die NSDAP es schaffte, sich als eher in der Mitte stehend zu präsentieren. Man machte Angebote sowohl an nationale Wähler, als auch an sozialistische (z. B. der von der linken Arbeiterbewegung lange geforderte Maifeiertag), so daß der zusammengesetzte Name „national-sozialistisch" entstand. Darauf sind viele demokratieunerfahrene Wähler leider hereingefallen.

Aber zurück zum Thema. Die Verbrechen der NS-Zeit sind Fakten und dürfen nicht verleugnet werden, müssen aber umgekehrt auch nicht aufgebauscht werden. Aber unsere Geschichte ist viel länger, als die 12 Jahre der Hitlerdiktatur; sie beginnt mindestens in der Bronzezeit, eher aber sogar noch in der Jungsteinzeit. Ich habe ein altes Buch mit dem Titel „5000 Jahre Deutschland" von Jörg Lechler. Dieses Buch aus der Zeit des Dritten Reiches befaßt sich mit den Funden und der Kultur von der Jungsteinzeit bis in die Gegenwart. Es hatten zwar Völkerwanderungen stattgefunden, aber es besteht tatsächlich eine Bevölkerungskontinuität von den ältesten Zeiten bis heute – auch das wird aus Gründen des Eigenhasses gerne geleugnet. Prof. Dr. Harald Meller aus dem Landesmuseum für Vorgeschichte in Halle sagte über die Menschen der Bronzezeit und uns heutige Menschen:

»Wir sprechen heute noch diese Sprachen, tragen die Gene heute noch in uns, so daß wir mit einer gewissen Berechtigung zwischen der Zeit um 2000 [v. u. Zt.] bis heute von einer Bevölkerungskontinuität ausgehen können«.

Wenn wir nun also von 5000 Jahren germanischer Kultur ausgehen, dann machen 12 Jahre Dunkelheit nur 0,24 % unserer Zeit aus. Und wenn wir berücksichtigen, daß es unsere Stämme auch schon länger als 5000 Jahre gibt, dann wird der Prozentsatz noch kleiner. Der Eigenhaß führt auf allen Gebieten oft zu kuriosen Vorstellungen: Da will man kein Deutscher oder Germane sein, andererseits nimmt man aber die Schuld am NS auf sich und identifiziert sich damit dann ja doch mit dem eigenen Volk. Eine Identifizierung mit den schlimmen Seiten geschieht, mit den guten Seiten aber wird abgelehnt.

Der Haß auf die eigenen Wurzeln, das eigene Volk wirkt sich besonders auch auf dem Gebiet der Kultur aus. Man spricht von „multikultureller Gesellschaft", aber die eigene Kultur wird ignoriert, jedenfalls nicht in dem Maße gefördert, wie es sein sollte. So sucht man z. B. in dem jährlich in Berlin stattfindenden Umzug des „Karnevals der Kulturen" deutsche Volkstanz- oder Folkloregruppen vergeblich unter den Teilnehmern.

Auch an kleinen, unwichtigen Dingen erkennen wir die Ablehnung unserer Kultur: Da finden wir auf den Euro-Banknoten die Bezeichnung „Euro" in drei Schriftarten: Lateinisch, Griechisch und Kyrillisch. Nur unsere deutsche Schrift wurde weggelassen. Nun kann man argumentieren, daß auch unsere *DM*-Scheine ab 1990 diese Schrift nicht hatten und die *DM*-Scheine der Vorgänger auch nur das Wort „Banknote" noch in deutscher Schrift trugen. Aber wenn ein Geldschein nur in einer Schrift beschriftet wird, dann kann man auch die lateinische Schrift wählen; wenn aber verschiedene Schrifttypen von anderen Völkern gleichberechtigt nebeneinandergesetzt sind, wie auf den Euro-Banknoten, dann müßte auch unsere Schrift, die ja immer noch eine zugelassene Verkehrsschrift ist, berücksichtigt werden, ansonsten wird unsere Kultur gegenüber den anderen Kulturen diskriminiert.

Oder nehmen wir die Euro-Münzen: Als der Euro im Jahre 2002 in 15 Ländern eingeführt wurde, gestaltete jedes Land die nationale Rückseite jeweils frei nach eigenen Vorstellungen. Die Länder verwendeten dabei ihren Staatsnamen oder Symbole des Staates. Die Liste aller nationaler Euromünzen-Rückseiten zeigt dies. Die Angaben gelten je für alle Münzwerte, wenn nicht anders angegeben:

Andorra: Staatsname: Andorra

Belgien: Staatsname abgekürzt: BE

Deutschland: Bundesadler nur auf 1- und 2-Euro-Münzen

Estland: Staatsname: Esti

Finnland: Staatswappen (außer den 1 und 2-Euro Münzen)

Frankreich: Staatsname abgekürzt: R F

Griechenland: (nur „Euro" und „Cent" in gr. Buchstaben)

Irland: Staatsname: Eire

Italien: Staatsname abgekürzt: R I

Lettland: Staatsname: Latvijas Republika

Litauen: Staatsname: Lietuva

Luxemburg: Staatsname: Lëtzebuerg

Malta: Staatsname: Malta

Monaco: Staatsname: Monaco

Niederland: Staatsname: König der Niederlande

Österreich: Landesflagge klein

Portugal: Staatsname: Portugal

San Marino: Staatsname: San Marino

Slowakei: Staatsname: Slovensko

Slowenien: Staatsname: Slovenia

Spanien: Staatsname: España

Vatikanstadt: Staatsname: Citta del Vaticano

Zypern: Staatsname: Kipris (doppelt, auch in griech. Buchstaben)

Nationalsozialistische Deutsche Arbeiterpartei

Der Stellvertreter des Führers   München 33, den
                                                  Braunes Haus

  Stabsleiter   z.Zt. Obersalzberg, den 3.1.41

R u n d s c h r e i b e n

(Nicht zur Veröffentlichung).

Zur allgemeiner Beachtung teile ich im Auftrage des Führers
mit:

Die sogenannte gotische Schrift als eine deutsche Schrift
anzusehen oder zu bezeichnen ist falsch. In Wirklichkeit
besteht die sogenannte gotische Schrift aus Schwabacher
Judenlettern. Genau wie sie sich später in den Besitz der
Zeitungen setzten, setzten sich die in Deutschland an-
sässigen Juden bei Einführung des Buchdrucks in den Besitz
der Buchdruckereien und dadurch kam es in Deutschland zu der
starken Einführung der Schwabacher Judenlettern.

Am heutigen Tage hat der Führer in einer Besprechung mit
Herrn Reichsleiter Amann und Herrn Buchdruckereibesitzer
Adolf Müller entschieden, dass die Antiqua-Schrift künftig
als Normal-Schrift zu bezeichnen sei. Nach und nach sollen
sämtliche Druckerzeugnisse auf diese Normal-Schrift umge-
stellt werden. Sobald dies schulbuchmässig möglich ist,

Faksimile des nationalsozialistischen Verbotserlasses der Deutschen

wird in den Dorfschulen und Volksschulen nur mehr
die Normal-Schrift gelehrt werden.

Die Verwendung der Schwabacher Judenlettern durch
Behörden wird künftig unterbleiben; Ernennungsur-
kunden für Beamte, Strassenschilder u.dergl. werden
künftig nur mehr in Normal-Schrift gefertigt werden.

Im Auftrage des Führers wird Herr Reichsleiter Amann
zunächst jene Zeitungen und Zeitschriften, die bereits
eine Auslandsverbreitung haben, oder deren Auslandsverbreitung erwünscht ist, auf Normal-Schrift umstellen.

gez. M. Bormann.

9. JAN. 41

F.d.R.:

Verteiler:
Reichsleiter,
Gauleiter,
Verbändeführer.

Schrift vom 9. 1. 1941 (Bundesarchiv Koblenz).

Das ist eine Diskriminierung unseres Staates gegenüber den anderen Euro-Staaten.

Obwohl unsere Wirtschaft den Euro stützt und stärkt, obwohl Deutschland treibende Kraft bei der Einführung des Euro war, darf offenbar nicht einmal unser Staatsname auf den Münzen und unsere Schrift auf den Banknoten stehen. Dabei war die Einführung des Euro wie man weiß, nur eine Reaktion darauf, daß die stabile Deutsche Mark inzwischen fast überall in Europa zur inoffiziellen Europa-Währung geworden war; diese Vorherrschaft einer deutschen Währung wollte man mit der Euro-Einführung beenden. Die Einführung des Euro geschah also auch aus dem Gefühl eines Deutschenhasses.

Während andere Staaten sich nicht nur darum bemühen, ihre nationalen Sprachen zu erhalten, sondern auch zu fördern, werden solche Bemühungen in Deutschland abgelehnt. Am 2. März 2018 beantragte die AfD im Deutschen Bundestag die Festschreibung der Deutschen Sprache als Amtssprache im Grundgesetz; dieser Antrag wurde mit den Stimmen aller anderen Parteien abgelehnt. Die deutsche Sprache ist nirgends als Amtssprache verfassungsrechtlich verankert, könnte jederzeit per Gesetz abgeschafft werden, und Migranten sind nicht verpflichtet, sich dieser Sprache zu bedienen. Ganz anders sieht es da z. B. in Frankreich aus. Das französische Sprachschutzgesetz vom 4. August 1994 beschränkt z. B. die Verwendung englischsprachiger Texte in der Werbung, soweit sie nicht eingetragene Marken sind. Ähnliche Gesetze wurden auch in Ungarn, Rumänien, Polen und 2009 in Schweden eingeführt. Es ging dabei darum, die immer häufiger auftretenden Anglizismen in der Öffentlichkeit zurückzudrängen. In Island gibt es seit 1964 eine Kommission für die Sprache, die über die isländische Sprache wacht und Fremdwörter durch neugebildete isländische Begriffe ersetzt. „Polizei“ wurde auf diese Weise zu einem Wort mit der Bedeutung „Gesetzesüberwacher“. In Deutschland dagegen geschieht nichts zur Erhaltung unserer Sprache, in Berlin z. B. nennt sich jeder zweite Laden „Shop“.

Während andere Staaten ihre Sprachen gegen Fremdwörter schützen, lehnen deutsche Politiker es ab, unsere Sprache wenigstens als Amtssprache gesetzlich zu verankern. Das zeigt, wie sehr man die eigene Kultur haßt.

Kurios sind pseudoenglische Begriffe wie „After-Show-Party“ – nein, da wird nicht der schönste Po begutachtet, sondern das soll eine Feier nach einer Schau (Show) sein. Mittlerweile kennen viele junge Menschen oft nicht einmal mehr das entsprechende deutsche Wort für einen englischen Begriff.

Und dann gibt es auch die „Denglisch“ genannten Wortneuschöpfungen, die Engländer und Amerikaner gar nicht kennen wie „Talk-Show“ oder „Handy“ (engl. Cellphone oder Mobilphone).

Bundestagswahl 2013: Hermann Gröhe schwingt eine Deutschlandfahne, die

ihm Angela Merkel angewidert aus der Hand nimmt und entsorgt.

Selbst kleinere deutsche Eigenheiten in der Sprache will man möglichst loswerden. So beschloß die Stadt Neuß am Rhein, ihren Namen künftig (grammatikalisch falsch) mit Doppel-S zu schreiben: Neuss. Auch Günther Graß oder Theodor Heuß werden inzwischen ihres „ß" beraubt, was zur Folge hatte, daß der „Grass" nun wie „krass" ausgesprochen wird und nicht wie das Gras (die Pflanze). Die Rechtschreibreform (1966/2006), die eher eine Rechtschreibdeformation war, schaffte das „ß" in vielen weiteren Worten ganz ab. In Großbuchstabenschrift ist es nun plötzlich (obwohl ein Kleindoppelbuchstabe) erlaubt. Statt früher „STRASZE" kann man tatsächlich „STRAßE" schreiben, oder man schreibt „STRASSE", was aber bei Worten wie „MASSE" (Maße oder Masse) zu Verwechselungen führen kann. Das „ß" war ja immer nur ein Verbundkleinbuchstabe aus dem Langen-S und dem Schluß-S, also aus „ſ" und „s", (ſs = ß).

Daß man unsere 𝔇𝔢𝔲𝔱𝔰𝔠𝔥𝔢 𝔖𝔠𝔥𝔯𝔦𝔣𝔱, die Hitler 1941 abschaffte, kaum noch benutzt, ist ein Versagen von Politik und Schule. Eigentlich wäre es doch Aufgabe der Politik, die nationale Kultur zu erhalten und zu fördern. Niemand würde in Griechenland auf den Einfall kommen, die Griechische Schrift zu Gunsten der Lateinschrift abzuschaffen, um sich besser in das vereinigte Europa einzufügen. Obwohl die Deutsche Schrift immer noch gleichberechtigte, zugelassene Verkehrsschrift ist, wie ein Brief des Bundesministers des Innern vom 22.9.1960 (Gesch.-Z. III 6 – 36409 – 6807/60) bestätigt, können viele junge Menschen sie nicht mehr lesen (oder behaupten das, weil sie es nicht wollen). Dazu hängt ihr das Image von Rückständigkeit und sogar NS-Nähe an, obwohl sie vom NS abgeschafft wurde (siehe Faksimile des Verbotserlasses, Seite 98f). Bei der ideologischen Diskriminierung der Deutschen Schrift zeigt sich etwas, was wir auch auf andern Gebieten beobachten: Es zählen nicht Fakten (daß die Nationalsozialisten diese Schrift ablehnten und abschafften); es zählen Emotionen und Vorurteile oder Falscheinschätzungen (daß es eine Nazi-Schrift sei). Das ist bei der Gender-Sprache genauso; es interessiert die Verfechter nicht, daß das grammatikalische Geschlecht nichts mit dem biologischen zu tun hat. Es interessiert nur das Vorurteil, unsere Sprache sei männlich dominiert.

Man kann nun eine Verschwörung wittern, wonach die Verantwortlichen die Erhaltung unserer eigenen Kultur und Nation gar nicht wünschen, obwohl es ihre von ihnen selbst eidlich bestätigte Aufgabe als Vertreter des Volks und seiner Kultur wäre. Das erkennen inzwischen viele Bürger, und einige sprechen daher von „Volksverrätern", wenn sie Politiker sehen.

Am Abend der Bundestagswahl 2013, am 22. September, schwenkte der CDU Generalsekretär Hermann Gröhe bei der Wahlparty im Adenauer-Haus in Berlin eine kleine Deutschlandfahne. Angela Merkel trat hinzu, nahm ihm mit einem angewiderten Gesicht die Fahne aus der Hand, ging zurück, und entsorgte die Flagge irgendwo am Rande. Das Geschehen ist als Video im Weltnetz zu finden (siehe Abb. Seite 102f).
Alle diese Dinge beweisen, daß es keinesfalls Zufälle waren und sind, die da geschehen, sondern daß man mit voller Absicht deutsche nationale Symbole vermeidet und dem Volk abgewöhnen will. Man haßt das Deutschland von heute wegen des Deutschlands von 1930 oder 1940, man will es „entdeutschen" sowohl auf dem Gebiet der nationalen Symbole, als auch vom Volk her. Dies ist eine logische Schlußfolgerung auf Grund der Fakten, läßt sich aber natürlich nicht beweisen. Die Zeit wird es entlarven; denn wenn „deutsch" in 2 bis 3 Generationen ein Fremdwort für eine kleine Minderheit in unserem Lande sein wird, dann spätestens ist es allen klar – dann ist es aber auch zu spät, um etwas daran zu ändern.

Kapitel 9

Religion und Demokratie

In Deutschland ist die Religionsfreiheit durch das Grundgesetz (Artikel 3) garantiert. Diese Freiheit aber gilt nur im Rahmen der allgemeinen Gesetze; die Ausübung einer Religion von Menschenfressern würde man also sicher nicht gestatten.

In unserem Lande war ursprünglich nur eine Religion wirklich heimisch: Das Heidentum, also die Verehrung von Göttern und Göttinnen. Diese Religion war tolerant; überließ es dem Einzelnen, ob und wie er seine Religion leben wollte, welche Gottheiten er verehrte usw. Dann kam über die Römer als Vermittler das ursprünglich vorderorientalische Christentum in unser Land, welches zunächst geduldet wurde. Es nutzte die Ängste der Menschen und vielleicht auch ihre Naivität aus, indem es den Heiden schlimmste Jenseitsstrafen verhieß, aber den zum Christentum Bekehrten ein himmlisches Paradies versprach. Als es mit der Zeit genügend Anhänger auf diese Weise rekrutiert hatte, zeigte es sein wahres Gesicht und unterdrückte und bekämpfte das tolerante Heidentum.

Um das zu verstehen, muß man sich mit dem Inhalt und der Herkunft dieser Religion befassen. Es gibt freie, tolerante Religionen und Religionen, die ihre Anhänger in Unfreiheit halten und ihnen zahllose, teils widernatürliche Vorschriften und Gebote verordnen, deren Nichteinhaltung meist schon auf der Erde bestraft wird. Eine solche Religion nenne ich eine „unfreie" Religion. Unfreie Religionen haben das große Problem, sich von freien Religionen, die es in ihrer Nachbarschaft gibt, distanzieren zu müssen, denn die Gefahr besteht ja immer, daß Anhänger der unfreien Religion zu der freien Religion wechseln. Schon unter Moses war das so; die Kinder Israels wollten seine 10 Verbote nicht und wendeten sich lieber den alten, heidnischen und freiheitlichen Stierkulten, die wohl Fruchtbarkeitskulte waren, zu. In der Bibel wurde das als „Tanz ums goldene Kalb" (Exodus 32, 4ff) verhöhnt.

Die unfreien Religionen kommen aus dem Orient. Wieso entstanden sie gerade dort? Dazu muß man sich einmal die Natur der Region ansehen und ihre Wirkung auf den Menschen. Im Orient wächst wenig; die Sonne brennt heißer als in unseren gemäßigten Regionen. Die Sonne aber wird seit ältesten Zeiten als Symbol der höchsten Gottheit angesehen. Wenn nun also die Sonne – und damit die Gottheit – dem Menschen das Leben schwer macht, seine Saat vertrocknen läßt, ihn selbst mit übermäßiger Arbeit (Bewässerung usw.) quasi bestraft, dann ist in der Vorstellung des Menschen die höchste Gottheit dem Menschen gegenüber eher feindlich eingestellt. Der Mensch fragt sich natürlich, warum das so ist und muß in Ermangelung anderer Erklärungen auf die Idee kommen, daß er selbst die Schuld daran trägt. Irgendetwas muß er getan haben, was den Gott so erzürnt. Er wird sich also noch intensiver darum bemühen, die Gebote des Gottes zu erkennen und strikt einzuhalten. Und da er vielleicht weiß, daß er selbst gar nicht in dem Maße gefehlt hat, wie es die Bestrafung durch den Sonnengott vermuten ließe, wird er die Schuld bei seinen Angehörigen suchen und schließlich auch bei seinen Vorfahren. So konnte in Jahrtausenden die Vorstellung eines sehr strengen, strafenden Gottes und auch die einer Erbsünde entstehen. Entsprechende Religionen dieser Region werden also diesen strengen, zürnenden und strafenden Gott voraussetzen und restriktive Regeln ersinnen, die diesen Gott irgendwie besänftigen.

Ganz anders ist es nun im Heidentum unserer Region: Hier hilft die Sonne und damit die Sonnengottheit dem Menschen gegen die Winterkälte, hilft ihm, nicht zu erfrieren, belohnt ihn mit dem warmen Sommer. Eine Sonnengottheit ist hier immer dem Menschen freundlich gesonnen, ist dessen Helfer und ist nicht streng. Deswegen kennen wir die Sonne als weibliche Gottheit, denn Milde und Hilfsbereitschaft ordnen wir eher einer Göttin als einem Gott zu. Strenge Götter sind bei uns eher der Sturmgott oder der Gewittergott, der mit seinem Blitz strafen kann. Unter den vielen Gottheiten treten aber Sturm und Gewitter nicht so dominant hervor, wie die Sonne es dort tut, wo es wenig Gewitter gibt.

Die ursprünglich orientalischen Religionen haben also strenge Regeln, und um diese durchsetzen zu können, müssen sie sich extremer von freieren Religionen distanzieren, ja diese als regelrechte Bedrohung empfinden. Auch beinhalten die orientalischen Religionen das Konzept der Schuld, die der Mensch (bzw. seine Vorfahren) trägt und die die Strenge des Gottes – bis hin zur Vernichtung der Menschen in einer Sintflut – erklärt und rechtfertigt. Diese Schuld trägt nicht nur der einzelne Mensch, sondern alle Menschen des Landes, weswegen die orientalischen Religionen auch das Konzept von Reinheit und Unreinheit vertreten. Die Missionierung wird daher „Bekehrung" genannt, was eben ein „Kehren" (Auskehren mit dem Besen, Reinigen, Säubern) ist. Die Welt ist unrein; erst wenn alle Menschen dieser Religion angehören und ihre Regeln streng einhalten, besteht für das Land (bzw. den Staat) Hoffnung auf ein Erbarmen des Gottes.
Wenn man diese Grundlagen versteht, dann wird man erkennen, daß der Islam niemals aufhören wird, zu versuchen, die Menschen

zu ihm zu bekehren; und wenn er in eine Mehrheitsposition kommt, wird er die „Ungläubigen“ mit entsprechenden Zwangsmaßnahmen dazu nötigen, seine Regeln anzuerkennen und einzuhalten, wie er das in vielen Ländern der Welt getan hat und noch tut. Und das bedeutet für alle Nicht-Muslime das Ende von Freiheit und Toleranz. Auch das Christentum dachte einst in derartigen Kategorien, doch gelang es uns, es entsprechend umzugestalten. Das dauerte allerdings fast ein Jahrtausend und ist auch eine Folge unserer im Innern noch heidnischen Natur und Mentalität.

Manche naive Zeitgenossen wähnen, der Islam könnte sich schnell reformieren und unseren Vorstellungen anpassen. Das ist ein Trugschluß, solange die Texte als „heilige Texte“ höchste Autorität genießen, die nicht angezweifelt werden darf, solange die Abgrenzung zu den „Ungläubigen“ und „Unreinen“ vorhanden ist und keinerlei Kritik an der Person des Propheten geäußert werden darf, solange wird sich dort auch nichts reformieren, zumal wenn es „ungläubige“, also vom „Satan“ beherrschte und unreine Menschen sind, die diese Reformen verlangen. Und von der religiösen Warte aus betrachtet zählt das „Grundgesetz“ im Gegensatz zu Koran und Scharia gar nichts, denn es ist nicht nur „Menschenwerk“, sondern auch noch „Menschenwerk von Ungläubigen“ – warum sollte ein Moslem derartiges gegen sein heiliges Buch von Allah eintauschen oder ihm auch nur einen gleichen Rang wie dem Koran einräumen? Stehen doch menschliche Regeln immer tief hinter göttlichen Geboten und Offenbarungen.

Selbst Migranten der dritten Generation übernehmen zum Teil den Fanatismus des Islam. Fast 500 in Deutschland sozialisierte moslemische Migrantennachkommen konnten sich freiwillig den Moslem-Kämpfern des IS anschließen; einer davon war einst sogar in einem jüdisch-moslemischen Sportverein aktiv gewesen. In einigen

Fällen waren es sogar deutschstämmige Deutsche, die zum Islam konvertiert sind. Die Verwunderung über die IS-Kämpfer aus Deutschland war den Befürwortern der multikulturellen Gesellschaft geradezu ins Gesicht geschrieben. Es liegt nicht allein an der fremden Mentalität, es liegt auch am Islam mit seinem Fanatismus und seiner Gut-Böse-Ideologie. Die Migranten haben aber auch ihr Denken, ihre Mentalität mitgebracht, und ihre ursprüngliche Prägung ist durch deutsche Erziehung kaum aufzuheben.

Wenn wir uns den Islam ansehen, dann finden wir darin Vorstellungen, die im Orient durchaus sinnvoll gewesen waren oder es noch sind, die aber hier bei uns unsinnig sind. Nehmen wir das Verbot des Essens von Schweinefleisch. Die Schweine im trockenen Orient ernährten sich zu einem großen Teil von Aas, waren also was ihre Fleischqualität betraf, durchaus nicht optimal. Die Schweine unserer Region (Wildschweine) hingegen wühlen im Boden, nähren sich von Pflanzen, Früchten und Pilzen und erwischen höchst selten einmal eine Maus, deren Haus sie aufwühlen. Noch seltener finden sie Aas, denn viele andere Tiere sind wahrscheinlich schneller am Ort, wenn irgendwo ein totes Tier liegt. Auch verhindert unser kälteres Klima ein sehr schnelles Verwesen, anders als im heißen Orient. So enthält das wenige Aas, welches Wildschweine fressen, noch weniger Leichengift. Deswegen kann man Schweine unserer Region durchaus gefahrlos essen, anders als im Orient. Mit dem Import des Schweinefleischverbots aus dem Orient zu uns wurde also eine hier ganz unsinnige Regel übernommen, zumal auch für gezüchtete Schweine, deren Futter streng kontrolliert wird.

Im Islam müssen Verstorbene sehr kurzfristig nach ihrem Tode bestattet werden – auch das ein Zugeständnis an das heiße Klima und die schnelle Verwesung. Bei uns, wo man inzwischen längst Kühlfächer für die Verstorbenen hat, hat so ein Gebot wenig Sinn.

Andere Gebote der orientalischen Bibelreligionen beruhen schlicht
darauf, daß die Menschen in ihrer Naivität Textzitate wörtlich genommen haben, ohne sie wirklich richtig zu verstehen.

Die Bibelreligionen sind nicht in unserem Lande entstanden, sind
teils mit Gewalt eingeführte sog. „Fremdreligionen". Als Fremdreligionen steht ihnen durchaus zu, daß sie hier friedlich um Anhänger
werben und überhaupt ausgeübt werden dürfen. Unser Staat legt
ihnen keine besonderen Verpflichtungen auf, sondern läßt sie mehr
oder weniger unbehelligt gewähren.
Die Menschen, die in unserm Lande seit Jahrtausenden heimisch
sind, die diese Kultur aufgebaut und geprägt haben, dürfen als
„Gastgeber" allerdings durchaus auch Forderungen an die Vertreter
der Fremdreligionen stellen. Das sind Forderungen moralischer
Art, keine Verpflichtungen, denn daß sich alle Religionen an unsere
Gesetze halten müssen, ist selbstverständlich.

Wir können von den Vertretern der Fremdreligionen, die in der Regel Migrationshintergrund haben, verlangen, daß sie unsere Kultur
achten und sich ihr anpassen. Zu unserer Kultur gehört neben unsern Gesetzen in erster Linie unsere Sprache. Wenn in unser Land
eingewanderte Menschen hier bleiben und auch hier Wurzeln schlagen wollen, dann müssen sie unsere Kultur annehmen, so gut es
geht. Das bedeutet zum Beispiel, daß auf jede Fremdsprache der
ursprünglichen Herkunftsländer verzichtet werden muß: Es kann
nicht sein, daß in Deutschland in Gotteshäusern in einer fremden
Sprache gepredigt wird. Auch heilige Bücher sollten in deutscher
Sprache verwendet werden, außer in den theologischen Fakultäten.
Das Latein der katholischen Kirche wurde bereits durch Martin Luther und dann auch durch das 2. Vatikanische Konzil von 1965 abgeschafft. Es ist für Deutsche nicht zumutbar, daß in Deutschland
auf Dauer lebende Menschen fremde Sprachen im religiösen Kult

verwenden und die fremde Sprache der deutschen Sprache vorziehen; die Verwendung von fremden Sprachen drückt eine Ablehnung des Deutschen aus, die uns als Gastgebern gegenüber unhöflich ist. Neben der Sprache muß auch jeder Bezug zu irgendeinem Herkunftsland unterbleiben; wer in Deutschland dauerhaft lebt, sogar vielleicht hier geboren ist, der muß sich für unsere Kultur oder aber seine Herkunftskultur entscheiden und entsprechend handeln. Verbleibt er in seiner Herkunftskultur, dann muß er das Land auch konsequenterweise wieder verlassen, denn wir brauchen keine uns ablehnende Subkultur.

Die Gotteshäuser der Fremdreligionen müssen sich unserer Kultur anpassen: Fremdsprachige Sinnsprüche in den Gebetsräumen, fremde (z. B. orientalische) Ausschmückung muß zu Gunsten von in unserer Kultur entstandenen Ausstattungen unterbleiben; die ganze Architektur muß sich der hier üblichen Architektur anpassen. Immer wieder hört man von geplanten Moscheebauten und von aufgebrachten deutschen Anwohnern, die dagegen protestieren. Dieser Protest wäre viel geringer, würden die Moscheebauten sich in unsere Stadtbilder einpassen. Wir sind hier in Germanien (Germany), nicht im Orient, also ist unser Baustil zu verwenden. Ich behaupte, niemand hätte etwas gegen eine Moschee, wenn sie einer gotischen Kirche oder einem Rathaus mit Türmchen ähneln würde; aber eine Moschee, die aussieht, als wäre sie direkt aus dem Orient unverändert hierher verpflanzt worden, die trägt dazu bei, daß sich deutschstämmige Menschen zunehmend in ihrer eigenen Heimat fremd fühlen. In der Schweiz wurden Minarette qua Volksentscheid inzwischen verboten – gut so. Eine orientalische Moschee in unserem Lande zeigt deutlich, daß die Erbauer so einer Moschee unsere Kultur verachten. Und der Name „Moschee" ist natürlich auch durch einen passenden deutschen Namen (z. B. Gebetshaus) zu ersetzen.

Natürlich ist der Ruf eines „Muezzins" von einem „Minarett" aus nicht tragbar, schließlich ruft er in einer fremden Sprache (arabisch) und fremden Tonalität Sprüche, die jeder Andersgläubige als Provokation empfinden muß:

»Allahu akbar Allahu akbar« (Allah ist groß);
»Ich bezeuge, daß es keine Gottheit gibt außer Allah«;
»Ich bezeuge, daß Mohammed Allahs Gesandter ist«;
»Es gibt keine Gottheit außer Allah«.

Man kann doch nicht in ein Land einwandern und dann über Lautsprecher von den Türmen herunterschreien: „Euren Gott gibt es nicht, unser Gott ist der Richtige" – das ist sehr ungebührlich.

Von den Fremdreligionen werden außerdem weitere Unterlassungen gefordert, nämlich auf das tierquälerische Schächten zu verzichten. Unsere Rinder, Schafe und Ziegen müssen das Recht haben, in Deutschland ohne Qual zu leben und zu sterben. Es gibt für das Schächten auch keinen nachvollziehbaren Grund; ich habe sogar den Verdacht, daß das im Koran verankerte Verbot, nicht ein Tier zu essen, welches „blutet", sich ursprünglich auf eine Art Vegetarismus bezog und allgemein Tiere bezeichnete, die nicht gegessen werden dürfen. Das Verbot wurde dann wörtlich mißdeutet. Tatsache ist aber, daß Tiere beim quälerischen Schächten Angsthormone absondern, die in das Fleisch gelangen und deren Einnahme für Menschen nicht empfehlenswert ist.

Und natürlich muß das Beschneiden von Kleinkindern und Neugeborenen unterbleiben und darf erst freiwillig mit der Volljährigkeit erfolgen. Das Recht des Kindes auf körperliche Unversehrtheit muß Vorrang haben vor irgendwelchen uralten und heute unsinnigen religiösen Vorschriften. In der Kleidung müssen sich die Einwanderer der heimischen Bevölkerung anpassen, was bedeutet, auf das Kopftuch, Burka usw. zu verzichten.

Ein Dauerthema in den Medien ist das, was man neuerdings „islamistisch" nennt, der politische und extrem(istisch)e Islam. Das Wort „islamistisch" zu „islamisch" ist ein Unwort, eine durch Einfügung von „-sti-" entstandene Steigerung von „islamisch". Dies erfolgte in Frankreich (islamisme, islamicist) in den 1970er Jahren, wobei der Begriff schon zu Anfang des 20. Jh. vereinzelt, aber für den ganz normalen Islam verwendet wurde. Wie unsinnig das Wort ist, zeigt eine Anwendung dieser Wortveränderung beim Wort „katholisch", das dann zu „katholistisch" werden würde und wirklich keinen Sinn ergibt. Niemand nennt die katholischen Terroristen der irischen IRA nun „katholistisch" oder „katholizistisch". „Islamistisch" ist also eine ersonnene, grammatikalisch zweifelhafte Wortform, die dazu dient, etwas zu trennen, was zusammengehört, nämlich die islamische Religion vom islamischen Extremismus. Die erstere ist „islamisch", der Extremismus dann „islamistisch". Aber etwa beim Wort „buddhistisch" liegt kein Extremismus vor, und eine Grundform „buddhisch" gibt es nicht.

Der Begriff „islamistisch" ist also der durchschaubare Versuch, den Islam vom Extremismus und Terror irgendwie verbal zu trennen, reinzuwaschen und damit zu verschweigen, daß der Terror eigentlich „islamisch" ist: Wenn man aber von „islamischem Terror" spricht, wie es grammatikalisch richtig wäre, dann hätte man auf die Gefahr dieser Religion hingewiesen, was Politiker und Medien vermeiden wollen, um die Integration von Moslems nicht zu gefährden und keine Angst vor dem Islam zu verbreiten. Statt also diese undemokratische Religion durch Gesetze einzuschränken, betreibt man mit „Sprachkosmetik" eine gefährliche Verharmlosungs- und Verschleierungspolitik. Dabei nennt sich der Terrorstaat selbst „IS" (oder „ISIS"), also „Islamischer Staat" und nicht „Islamistischer Staat".

Wir haben nun also Anhänger eines intoleranten, undemokratischen Kultes in unser Land gelassen. Leider aber ist uns auch verboten, diese Religion zu kritisieren, da jede Kritik von den Anhängern als Beschimpfung ausgelegt wird, ähnlich wie die Mohammed-Karrikaturen in Dänemark. Es gibt im Strafgesetzbuch den Paragraphen 166, der herangezogen wird, wenn jemand eine Religion kritisiert:

»(1) Wer öffentlich oder durch Verbreiten von Schriften (§ 11 Abs. 3) den Inhalt des religiösen oder weltanschaulichen Bekenntnisses anderer in einer Weise beschimpft, die geeignet ist, den öffentlichen Frieden zu stören, wird mit Freiheitsstrafe bis zu drei Jahren oder mit Geldstrafe bestraft.«

Absatz 2 bezieht sich dann in gleicher Weise auf eine Kirche, Religionsgesellschaft oder Weltanschauungsvereinigung.

Zwar besteht ein Unterschied zwischen Kritik und Beschimpfung, aber der ist oft gering – zumindest in der Wahrnehmung der Anhänger der Religion – und die Gefahr besteht, daß diese Grenze immer mehr aufgeweicht wird und bald jede inhaltliche Kritik als Beschimpfung gilt, weil sich Anhänger der Religion entsprechend äußern.

Wenn jemand also beispielsweise behauptet, daß der Prophet Mohammed ein Ehebrecher wäre (er soll Freunden die Ehefrauen ausgespannt haben, wie man im Buch von Rudi Paret, „Mohammed und der Koran" lesen kann), dann könnte das seine heutigen Anhänger so in Rage versetzen, daß sie deswegen den Frieden in der jeweiligen Stadt stören. Somit könnte eine solche Aussage bereits

116

nach dem Gesetz verboten sein. Wenn allerdings die heutigen Anhänger friedlich bleiben, dann fehlt das vom Gesetz geforderte Stören des öffentlichen Friedens, und die Aussage wäre erlaubt.

Jesus ist nach dem Glauben der Christen mehr als nur ein Prophet; er gilt als Sohn Gottes, also Teil der göttlichen Dreieinigkeit. Jesus durch Äußerungen herabzusetzen ist also von der Wertigkeit her ein viel gravierenderer Tatbestand als das Herabsetzen Mohammeds, der ja kein Gott, sondern nur Prophet ist. Aber da die Anhänger des Christentums hierzulande von ihrer Ethnie her mehrheitlich germanisch-celtisch sind und entsprechend weniger emotionalisiert als die Menschen aus dem heißen Orient, wird der öffentliche Frieden bei einer Beleidigung des Jesus fast nie gestört, während die Araber bei jeder kleinsten Kritik sofort Aufstände veranstalten, einfach aufgrund ihrer eher hitzigen Mentalität. Ich denke hier z. B. an die Mohammed-Karikaturen aus Dänemark oder den Mordaufruf gegen Salman Rushdie, der es gewagt hatte, im Koran „satanische Verse" zu finden.

Auch ich mußte diese Art des Umgangs bereits selbst erleben. Ein deutschstämmiger Klassenkamerad, einst Mitglied der Jungen Union, wohnte eine zeitlang in einem Berliner Studentenwohnheim. Hier hat ihn eine iranische Studentin vom Islam überzeugt. Der Mann reiste dann mehrfach in den Iran und sprach sogar mit Ayatolla Khomeini. Ich hingegen hatte mich der heidnischen Naturreligion der Germanen zugewandt und in der von mir gegründeten „Heidnischen Gemeinschaft" hatten wir auch Flugblätter, die für diese Naturreligion warben. In einem dieser Flugblätter ging es um die Stellung der Frau in der Religion, und es wurde die fehlende Gleichberechtigung in den biblischen Religionen mithilfe von Beispielen und Zitaten belegt, darunter auch eines aus dem Koran (2. Sure 223):

»Die Frauen sind euer Acker, geht auf euren Acker wann ihr wollt, weiht aber Allah eure Seele«.

Der Text selbst stammte gar nicht von mir; doch eines Tages erhielt ich einen Anruf von diesem Islam-Konvertiten, mit dem ich damals schon seit über 10 Jahren keinen Kontakt mehr hatte. Ich hätte den heiligen Koran schlechtgemacht, ich hätte aus der Goldmann-Ausgabe zitiert, und Goldmann sei doch ein jüdischer Verlag und somit grundsätzlich gegen Moslems eingestellt, und wenn ich das nicht ändere, müßte ich die Konsequenzen tragen – das klang nicht nur wie eine Drohung, das war eine. Ich fragte natürlich, wie denn seiner Meinung nach das Zitat richtig sei, und er nannte mir eine Textversion, die inhaltlich völlig identisch war, ähnlich dieser:

»Eure Frauen sind euch ein Saatfeld. So kommt zu eurem Saatfeld, wann und wie ihr wollt. Doch schickt (Gutes) für euch selbst voraus«.

Damals mußte ich erkennen, wie leicht es totalitäre und intellektuell anspruchslose religiöse Ideologien bei unreligiösen Deutschen haben. Die fehlende oder nicht mehr geglaubte Religion hinterläßt im Menschen ein Vakuum, in das Ideologien, die dem Menschen Regeln und Halt versprechen, eindringen können wie Tinte in ein Löschpapier.

Ich kann insbesondere nicht nachvollziehen, wie deutschstämmige Deutsche mit unserer einzigartigen Kultur sich solchen Ideologien zuwenden können. Ich besorgte mir eine Koran-Version und fing an, ihn zu lesen. Wenn man eine freiheitliche Religion wie das Heidentum kennt, wenn man die freiwilligen Regeln der Götter dort gelesen hat und dann zum Vergleich den Koran liest, ist es ein Unterschied wie Tag und Nacht. Hier sind die Götter Freunde und

Helfer der Menschen, geben ihnen Ratschläge aber nie Verbote. Dort beginnt jeder Absatz mit „Du sollst nicht ...", „du darfst nicht ...", „du mußt ..." und „wenn du das nicht tust, kommst du in die Hölle und wirst dort schwer bestraft".

Ich bin mir der Tatsache bewußt, daß 95 % der Menschen ihre Religion nicht selbst gewählt haben, sondern daß ihre Eltern diese Religion hatten und die Kinder in diesem Glauben erzogen haben. Umso mehr relativiert sich religiöser Fanatismus, wenn dieser nur die zufällig von den Eltern vermittelte Religion mit Feuer und Schwert verbreiten will gegen Menschen, die von ihren Eltern gleichfalls zufällig eine Religion, aber eine ganz andere, übernommen haben.
Der denkende Mensch sollte nicht etwas ungeprüft von den Eltern übernehmen, nur weil er damit die heile Welt seiner Kinderzeit verbindet. Intelligenter wäre es, sich alle Religionen anzusehen und die auszuwählen, die den eigenen Erfahrungen am meisten entspricht und die einem am glaubwürdigsten erscheint. Aber so weit ist die Menschheit offenbar noch nicht.

Dieser Fanatismus ist zwar im Islam besonders stark, er kommt aber auch in verschiedenen christlichen Freikirchen und Sekten vor. In den USA z. B. bestreiten deren Anhänger die darwinsche Evolutionstheorie (Abstammungslehre) und setzen an diese Stelle die Abstammung von Adam und Eva. Daß das Alte Testament der Bibel hier nur uralte Göttermythen übernommen hat, habe ich schon in meinem Buch „Der Ursprung biblischer Mythen" ausführlich dargelegt.

Eine Religion gibt dem Menschen Halt und Ziel, deswegen ist eine Religion wichtig. Religiöse Menschen sind psychisch stabiler als unreligiöse Materialisten, sind zufriedener und weniger anfällig für

Depressionen und Selbstmord. Aber es ist nicht egal, was für eine Religion man hat. Wenn die Religion unsinnige, ja gefährliche Lehren verbreitet, dann wird der Mensch zu falschem Handeln bis hin zum Morden veranlaßt. Wir kennen das vom Christentum her z. B. von den Kreuzzügen oder der Inquisition mit den Hexenverbrennungen. Hexenverbrennungen sind bei uns schon seit zwei Jahrhunderten Vergangenheit; daß wir das überwunden haben, ist kein Verdienst der christlichen Religion, sondern unserer heidnisch geprägten Gene. Das Christentum war bei uns immer etwas Fremdes, trotz aller Anpassungen, daher konnten wir es irgendwann innerlich überwinden oder zumindest doch unserer Mentalität anpassen. Das werden die Anhänger des Islams mit ihrer Religion nicht schaffen, da sie ihnen nichts Fremdes ist, sondern im Gegenteil etwas vertrautes aus der Heimat (den Herkunftsländern). Fremd ist ihnen aber unsere Gesellschaft und daher lehnen sie diese innerlich ab.

Die Befürworter von Migration und Multikulturalität hoffen nun, daß sich die Moslems mit der Zeit an unser Denken und unser Wertesystem anpassen. Die Gegner bestreiten das und warnen davor, Menschen mit uns ablehnenden Wertmaßstäben aufzunehmen. Die Befürworter schließen dabei von sich selbst auf die Einwanderer: Weil sie selbst nicht mehr an irgendetwas religiöses glauben, wähnen sie, das würden die moslemischen Einwanderer auch mit der Zeit nicht mehr tun, wenn sie nur lange genug in den Schulen und der Gesellschaft entsprechend materialistisch rational beeinflußt werden.

Und genau das wird nicht geschehen. Die Tendenz geht eher in die andere Richtung: Menschen in einer ihnen fremden, „unreinen" Gesellschaft wenden sich eher noch stärker der Religion ihres Herkunftslandes zu, werden fanatischer als ihre eigenen Vorfahren und werden dadurch zu einer Gefahr für die Gesellschaft, die sie aufgenommen hatte.

120

Wenn man in größeren Mengen Menschen aus ganz fremden Kulturen aufnimmt, muß man die Religionen stärker kontrollieren und einschränken, ja, vielleicht sogar verbieten. Religiöse Texte, in denen zur Vernichtung der „Ungläubigen" aufgerufen wird, müßten verboten werden, denn das ist eine Aufhetzung zum Mord und dürfte in einer freien Gesellschaft nicht geduldet werden.

Daß es auch mit einer aus dem Nahen Osten stammenden Religion durchaus möglich ist, eine Demokratie zu werden, sehen wir an dem Staate Israel. Die Mehrheit der Bevölkerung gehört dem Judentum an, das seinen Ursprung im Nahen Osten hat, und trotzdem handelt es sich bei Israel um einen demokratischen Staat. Mit einem deutlich reformierten, toleranten und freiheitlichen Islam könnte also auch eine Demokratie in einem Staate möglich sein, in dem Muslime die Mehrheit haben. Aber soweit ist es eben leider noch lange nicht.

Kapitel 10

Die Medien

Zu einer echten Demokratie gehört zwingend dazu, daß die mündigen Bürger umfassend und ohne Verfälschungen informiert werden, damit sie ihre Meinung und Wahlentscheidung auf Tatsachen gründen. Um also der Forderung meines Buches, „Demokratie wagen" zu entsprechen, müssen die Medien ihre bisherige Einseitigkeit dringend aufgeben. Medienvertreter werden inzwischen immer häufiger von aufgebrachten Bürgern bedroht, da sich die Bürger die Einseitigkeit der Medien nicht länger gefallen lassen wollen.

Den Vertretern des öffentlich-rechtlichen Fernsehens oder der großen Zeitungen, die über die Dresdener Pegida-Proteste berichten wollten, scholl es laut entgegen: „Lügenpresse" oder „Lügenmedien". Wie wurde darauf reagiert? Hat man versucht, die Hintergründe solcher Vorwürfe zu erfahren? Hat man versucht, künftig so zu berichten, daß nicht ein Großteil des Volkes, für das man berichtet und von dem man bezahlt wird, mit der Berichterstattung unzufrieden ist?

Nein, man suchte im Archiv und fand heraus, daß bereits die Nationalsozialisten in den 30er und 40er Jahren des vergangenen Jahrhunderts den Begriff „Lügenpresse" verwendet hatten und nutzte diese Information, um die Pegida-Bewegung in die Nähe des NS zu rücken und sich ein argumentatives Eingehen auf den Vorwurf der einseitigen Berichterstattung zu ersparen. Damit hat man genau das getan, was die Bürger den Medien vorgeworfen haben, denn im Archiv hätte man auch die Verwendung des Begriffs „Lügenpresse" aus der Zeit der Studentenbewegung 1968 finden können. Die Studenten hatten die Springer-Zeitungen als „Lügenpresse" bezeichnet und auch ganz handfest bekämpft, ohne daß sie deswegen als dem NS nahestehend diffamiert wurden. Es ist also möglich, eine Presse, die falsche oder unvollständige Berichte veröffentlicht, als „Lügenpresse" zu bezeichnen, ohne daß man deswegen dem NS nahesteht.

Auch relativ naiven Menschen ist mittlerweile aufgefallen, daß die Medien hierzulande offenbar ihre Hauptaufgabe darin sehen, den Menschen die Politik der herrschenden Regierung einzutrichtern, daß eine regelrechte „Hofberichterstattung" erfolgt. Dazu wird gelogen und schöngefärbt; selbst Begriffe werden dafür verändert. So hatte der ARD-Programmbeirat im Juni 2014 bereits festgestellt, daß seine Berichterstattung einseitig pro Merkel gewesen war (es handelt sich um den Beschluß Nr. 542).

In der Demokratie ist es aber nicht die Aufgabe der Medien, die Politik der jeweiligen Regierung geschönt darzustellen, sondern den Willen des Volkes zum Ausdruck zu bringen, alle in der Gesellschaft vorhandenen Meinungen und Strömungen zu repräsentieren und allen Richtungen Raum zu geben und ihre Meinung objektiv und ohne Verfälschungen oder wertende Kommentare darzustellen, damit der mündige Bürger tatsächlich die freie Wahl hat, welche der Richtungen ihm zusagt. Sobald die Medien anfangen, Meinungen und Geschehnisse mit wertenden bzw. abwertenden Kommentaren zu versehen oder sich einer schönfärbenden oder verschleiernden Wortwahl zu bedienen oder bestimmte Meinungen moralisch zu diskreditieren oder zu diffamieren, ist eine freie Entscheidung des Bürgers nicht mehr möglich und damit die Demokratie partiell außer Kraft gesetzt. Journalisten und Redaktionen, die meinen, man müsse den Bürger mit einseitigen Berichten zu einer bestimmten Meinung bringen, gehen von einem „dummen Volk" aus, welches eben nicht in der Lage ist, die „richtigen" und notwendigen Schlußfolgerungen zu ziehen. Diese Journalisten und Redaktionen sind also in Wahrheit gar keine Demokraten, da die Demokratie vom wissenden, mündigen Bürger ausgeht.

Die Forderung nach neutraler Berichterstattung gilt insbesondere für die öffentlich-rechtlichen Medien. Diese dürfen Meinungen nicht in ihre Berichterstattungen mischen, sondern müssen Fakten bringen. Der abgesetzte Präsident des Bundesamtes für Verfassungsschutz, Hans-Georg Maaßen sagte dazu (bei Markus Lanz, 18. 12. 2019):

»Was ich gesehen habe über all die Jahre ist, daß der öffentlich-rechtliche Rundfunk mehr und mehr versucht, Meinung zu machen statt Tatsachen zu bringen. Und ich muß sagen, wenn das die Bild-Zeitung macht oder wenn es andere private Medien machen, können sie das machen, das sind Tendenzbetriebe. Der öffentlich-rechtliche Rundfunk unterliegt einem anderen Regime ...«

Statt nun darauf einzugehen, hängte sich Markus Lanz nur an dem Begriff „Regime" auf und lenkte damit vom Inhalt der Aussage ab.

Als auf einer Pegida-Demonstration ein Galgen für Angela Merkel und Sigmar Gabriel herumgetragen wurde, da sprachen die Medien von übelster „Volksverhetzung", und die Staatsanwaltschaft wurde aufgefordert, ein Verfahren zu eröffnen. Einige Tage zuvor auf der Anti-TTIP-Demonstration in Berlin gab es eine nachgebildete Guillotine mit einem Politiker darauf; dagegen wurde nicht ermittelt, und den Medien fiel nicht ein, dies etwa gar irgendwie zu kritisieren.

Wenn in einem angeblich demokratischen Staat mit zweierlei Maß gemessen wird, nur weil dem Regime die eine politische Meinung nicht gefällt, dann ist das keine Demokratie mehr.

Bei dem Fußballpokalspiel Manchester City gegen den FC Burnley am 23. 6. 2020 trugen alle Spieler aus Solidarität mit dem in den USA von einem Polizisten getöteten Afro-Amerikaner George Floyd und der danach entstandenen Kampagne die Schrift „Blacks lives matter" (schwarze Leben zählen). Vor Anpfiff knieten sich die Spieler sogar nieder. Kurz nach dem Spielbeginn zeigte sich über dem Stadion ein Flugzeug mit einem Flugtransparent, auf dem stand „White lives matter" (weiße Leben zählen) sowie der Name des FC Burnley. Dieses Transparent wurde in den Medien als „rassistisch" bezeichnet; der FC Burnley distanzierte sich, und der Urheber soll lebenslang Stadionverbot erhalten.

Tatsächlich ist der Spruch allerdings in keiner Weise „rassistisch"; sollte er es sein, dann wäre genauso der Spruch „Black lives matter" rassistisch. Jedes Leben zählt, schwarze wie weiße oder gelbe oder rote. Hier einen Unterschied zu machen ist das Messen mit zweierlei Maß. Vielleicht war der Urheber ein Rassist, darüber kann man spekulieren, aber sein Spruch ist legitim und eindeutig nicht rassistisch.

Offenbar war der Redaktion der ZDF-Heute-Sendung vom 23. 6. 2020, 19:00 Uhr auch aufgefallen, daß es schlichtweg dasselbe Motto ist. Deswegen übersetzte der Moderator den Spruch falsch und tendenziell mit „nur weißes Leben zählt", was eine klare Fälschung ist und den Vorwurf des Rassismus untermauern sollte. Man hätte statt des Vorsetzens von „nur" genausogut ein „auch" anhängen können: „weißes Leben zählt auch" – vermutlich war es in diesem Sinne auch vom Urheber so gemeint.

Die drei in Aleppo aufgestellten Busse mit Islamistenfahne.

In Dresden wurde unter Protest von Bürgern 2017 eine Kunstinstallation des Syrers Manaf Halbouni errichtet, die später auch vor dem Brandenburger Tor in Berlin aufgestellt wurde. Dieses „Monument" bestand aus drei senkrecht aufgestellten Autobussen und sollte an eine ähnliche Straßensperre aus dem zerstörten syrischen Ort Aleppo erinnern (siehe Abb. Seite 127). In den Zeitschriften erschien ein Photo der Vorlage aus Aleppo, und die öffentlich-rechtlichen Sender berichteten ausführlich. Dabei allerdings wählten sie die Bildausschnitte so, daß die oben auf der Bus-Barrikade stehende Fahne nicht zu erkennen war. Diese Fahne aber ist die Fahne der islamisch-salafistischen Terrorgruppe Ahrar Al-Sham, die die Barrikaden gegen Scharfschützen errichtet hatte und die für einen auf der Sharia gründenden Gottesstaat gegen die Assad-Regierung kämpft. Die Bundesanwaltschaft ermittelte gegen Anhänger dieser Terrorgruppe. Aber die staatlichen Medien wollten diese Barrikade und ihren Nachbau in Deutschland zur Werbung für die weitere Aufnahme syrischer Flüchtlinge nutzen, indem sie den terroristischen Hintergrund verschwiegen. Das war eine Lüge.

Die Lüge mit Begriffen nutzt auch das aus, was wir uns unter dem jeweiligen Begriff vorstellen. Bei den jüngsten Anschlägen in Paris hieß es, einige Täter seien „Franzosen". Wenn wir „Franzosen" hören, denken wir an Gallier, Franken, Germanen, Edith Piaf, Jean Paul Belmondo oder Jean Marais. Aber gemeint waren französische Staatsangehörige mit algerischer Herkunft, also algerische Migranten. Die Mehrheit der Menschen unterscheidet eine Volkszugehörigkeit von einer Staatsangehörigkeit. Die Medien nutzen das weidlich aus und lassen es so erscheinen, als seien ganz normale französische Volksangehörige die Attentäter. Nein, es sind „Migranten", es sind Einwanderer, und es sind Muslime.

Unter diesem Gesichtspunkt bekommen nicht nur negative Ergebnisse der PISA-Bildungsstudie von Deutschland ein anderes Gesicht (nicht die „Deutschen" schnitten so schlecht ab, sondern die Migranten in Deutschland trugen zu dem schlechten Ergebnis bei), sondern auch die vor einiger Zeit veröffentlichte Studie, wonach „Flüchtlinge" nicht krimineller seien, als vergleichbare Gruppen von Deutschen. Welche „Guppen" waren denn da „vergleichbar"? Etwa die jungen Migranten-Männer in bestimmten Problembezirken mit hohem Ausländeranteil? Da kann man sich nämlich einfach „deutsche Staatsangehörige" mit Migrationsherkunft mit ihrer bekanntermaßen höheren Kriminalitätsrate heraussuchen und wird dann kaum Unterschiede finden. Und überhaupt: Was wird denn als „kriminell" gezählt? Das illegale Überschreiten unserer Grenzen haben fast alle „Flüchtlinge" getan, ohne daß dies in die Statistik einging. Das Bezahlen und Nutzen von Schleusern ist auch kriminell. Also was wurde da genau verglichen? Welche Straftaten wurden gewertet und welche willkürlich weggelassen, wie die illegalen Grenzübertritte oder das Verschleiern der Identität oder falsche Angaben gegenüber den Behörden?

Die Medien haben mittlerweile erkannt, daß ihre Taktik, von „deutschen" Straftätern zu reden und den Migrationshintergrund zu verschweigen, wenig Sinn macht, wenn dann der Name des Täters „Muhammad A." lautet und jeder sofort sieht, daß es ein Migrant ist. Deswegen verschweigen sie inzwischen sogar den Vornamen eines Täters. Am 25. 2. 2017 fand in Heidelberg ein Anschlag statt, bei dem ein 35-jähriger Student, angeblich „Deutscher ohne Migrationshintergrund" mit einem Mietwagen absichtlich in eine Menschengruppe raste. Ein 73-jähriger Mann starb dabei; ein Pärchen (32) und (29) wurde verletzt. Der Täter – nach einer Zeugenaussage mit „südländischem Aussehen" – floh zu Fuß mit einem Küchenmesser bewaffnet, bis die Polizisten ihn mit einem Bauchschuß niederstreckten. Mit Pfefferspray hatten sie ihn nicht stoppen können.

Weder der Vorname, noch die Religionszugehörigkeit wurden bekanntgegeben. Angeblich erlaubte das die Staatsanwaltschaft nicht, obwohl es in vielen anderen Fällen geschieht. Es war zwar in diesem Falle ein Deutscher (Mathias K.), aber das macht den Versuch, den Vornamen und die Religionszugehörigkeit zu verschweigen, nicht besser. Oft werden in Berichten die Vornamen geändert, und das wird angegeben. So wird manchmal ein islamischer Vorname in einen deutschen geändert, um den islamischen Hintergrund eines Täters zu verschweigen.

Das Weglassen von wichtigen Informationen mit dem Ziel, bei der Bevölkerung eine bestimmte Stimmung, die auf Tatsachen beruht, nicht aufkommen zu lassen, ist ganz klar eine Verfälschung, eine Lüge. Der Bürger in einer Demokratie muß vollständig und ohne Schönfärberei, ohne das Weglassen von relevanten Fakten informiert werden. Dem Bürger muß klar gezeigt werden, daß die Straftat von einem Migranten begangen wurde oder nicht. Natürlich kann das dazu führen, daß Bürger nun Parteien wählen, die für eine Begrenzung des Migrationsanteiles eintreten. Aber genau so funktioniert Demokratie: Der Bürger hat die Wahl, und ihm müssen alle Fakten zugänglich gemacht werden. Wenn der Bürger die in den Medien weggelassene Information von ausländischen Medien oder persönlich bekannten Zeugen erfährt, dann entsteht für die weglassenden Medien ein Problem: Sie verlieren (zu Recht) ihre Glaubwürdigkeit.

Übrigens muß ihm auch von jedem auf ein Asylantenheim verübten Anschlag berichtet werden. Nur so kann Demokratie funktionieren. Man stelle sich vor, daß die Medien eines Tages Dinge verschweigen, die Politiker gesagt oder getan haben, nur um die Politiker besser aussehen zu lassen. Dann spätestens ist die Demokratie gänzlich gestorben.

Am 21. 7. 2019 stieß ein Mann eine 34-jährige Frau auf dem Bahnhof von Voerde (NRW) vor einen Zug. Die Frau, Anja N., starb. Der 28-jährige Täter, Jackson B., war bereits polizeibekannt und war aus dem Kosovo oder Serbien gekommen. Opfer und Täter kannten sich nicht, und Streit hatte es zuvor auch nicht gegeben. Daß das Opfer völlig unschuldig und willkürlich ausgewählt wurde, machte die Tat so bedenklich, da es jeden von uns hätte treffen können. In den Medien wurde über diese Tat berichtet, aber sowohl die ARD (Brisant), als auch das ZDF (Heute) und sogar NTV erwähnten den Migrationshintergrund des Täters mit keinem einzigen Wort. Auch Zeitungen wie der Spiegel oder die Welt verschwiegen die Herkunft. Stattdessen beeilte man sich, zu erwähnen, daß ein iranischstämmiger Passant den Täter festgehalten hatte und der Kriminelle dadurch in Polizeigewahrsam kam: Ein Migrant als Held. Über den Täter hieß es in den Berichten nur, er stammte aus Hamminkeln. Der unbedarfte Zuschauer glaubt nun, es handelte sich um einen deutschstämmigen Deutschen, der sich das Opfer (die Mutter einer 13-jährigen Tochter) willkürlich ausgewählt hatte. Daß es sich um einen Migranten handelte, erfuhr man nur aus der Bild-Zeitung. Vielleicht war der Täter Moslem und betrachtete die unverschleierte Frau als Objekt der Sünde und Unreinheit, aber das werden wir aus unsern Medien wohl nie erfahren; so weit geht die „Investigativberichterstattung" nicht.

Schon im Jahre 2016 hatte der angeblich psychisch Kranke Hamin E. aus Hamburg die 20-jährige Amanda K. in Berlin, U-Bahnhof Ernst-Reuter-Platz, vor einen einfahrenden Zug gestoßen, die daraufhin starb. Auch hier erfuhren wir durch die Medien nichts zum religiösen Hintergrund des Täters, nur daß er bereits in psychiatrischer Behandlung war und wegen vieler weiterer Delikte nicht bestraft wurde, weil er „schuldunfähig" gewesen sein soll. Er ist Moslem, und es ist durchaus möglich, daß er das Opfer, selbst Migrantin, auswählte, weil sie kein Kopftuch trug.

Im September 2018 hatte in Köln ein 18-Jähriger einen Mann (43) nach einem Streit auf die Gleise gestoßen. Nur durch Zufall wurde das Opfer nicht verletzt. In Berlin wurde im März 2019 ein 34-Jähriger zuerst angerempelt und dann ins Gleisbett geschubst. Dabei brach er sich einen Halswirbel. Bevor der Täter flüchtete, zog er das Opfer noch zurück auf den Bahnsteig. In beiden Fällen findet man keine genaueren Angaben zu den Tätern. In Nürnberg stieß am 25. 12. 2019 ein Mann einen anderen vor die U-Bahn. Auch hier sucht man vergeblich nach genaueren Angaben zum Hintergrund des Täters.

Die Bilder, die die Medien bringen, werden auch nach ihrer Wirkung ausgewählt. So war eine der ersten Kritiken an der Aufnahme von Flüchtlingen, daß es ja fast nur junge Männer sind, die hier ankommen. Doch plötzlich zeigten die Medien hauptsächlich Frauen und Kleinkinder, d. h. aus einer Gruppe von 3 Frauen und 10 Männern waren „zufällig" nur die Frauen im Blickfeld der Kamera. So versuchten die Medien, Stimmung für die Aufnahme von Flüchtlingen zu machen, was ja gar nicht ihre Aufgabe ist. Offenbar werden solche „Vorgaben" bereits bei der Erstellung von Beiträgen berücksichtigt. Später – als Bürger diese Taktik erkannt hatten – wurden besonders großäugige Flüchtlingskinder ins Bild gesetzt – angeblich gab es dafür eine interne Anweisung an die Medien.

Heutzutage ist es nicht mehr so leicht, geschehene Tatsachen zu verdrehen, aber es geschieht immer noch. Schon mit der Auswahl der zahllosen Meldungen, die auf den Fernschreibern auflaufen, in aktuelle Nachrichtensendungen kann eine Manipulation erfolgen. Ich mußte das übrigens schon 1986 deutlich erfahren, als es um die Folgen der Czernobyl-Radioaktivität ging. Nur in der Heute-Sendung um Mitternacht wurde da kurz eine Meldung verlesen, wonach ein See in Schleswig-Holstein durch den radioaktiven Regen mit über 10.000 Becqurel verseucht wurde (damals lag der Grenzwert bei 10 Becqurel). Ich wollte darüber mehr hören, doch die Meldung kam in keiner weiteren Nachrichtensendung mehr. Damals stand die Heute-Redaktion der CDU und damit der Atomindustrie nahe, und solche Meldungen wurden offenbar unterdrückt.

Heute wundert man sich, wenn man bestimmte Meldungen im Internet oder ausländischen Sendern findet, von denen deutsche Sender offenbar nichts gehört haben. So die Meldung, daß mehrfach in Frankreich fanatische Moslems mit ihren Autos in Fußgängermengen gerast sind, dabei „Allahu Akhbar" schreiend. Das wäre doch eine Meldung, die auch uns Deutsche sicher interessiert hätte, aber vergebens. Hier fand man sie nicht.
Die Medien lügen vor allem dadurch, daß sie ganze Meldungen nicht bringen, manipulieren also bei der Auswahl. Damit kann man nun leicht Stimmung machen. In einem Land, in dem es zahllose Straftaten von Migranten und wenige von Einheimischen gibt, kann man über diese wenigen groß berichten und schafft damit eine Stimmung gegen die einheimischen Täter.

Überall wird über Angriffe auf offener Straße oder in den U-Bahnhöfen berichtet, doch wie erwähnt wird oft der Migrationshintergrund der Täter verschwiegen. Die Zuschauer sollen den Eindruck bekommen, das es „normale" deutsche Kriminelle seien. Aber durch Schwärzung der Gesichter samt Haaren und Nichtnennung der Namen wird es uns fast unmöglich gemacht, zu erkennen, daß es Migranten waren. Die Wahrheit aber muß Wahrheit bleiben und Verschweigen von Migrantenstraftaten ist keine Lösung. Mittlerweile ist sowieso jedem klar, daß an „Messerstechereien" meistens Muslime beteiligt sind.

Die Medien berufen sich für das Verschweigen des Migrationshintergrundes von Tätern auf eine Empfehlung im „Pressekodex" des „Deutschen Presserates", um Bevölkerungsgruppen nicht pauschal zu diffamieren. Offenbar scheint dieser Presserat politisch links zu stehen. Es ist die „Richtlinie 12", die lautet:

»In der Berichterstattung über Straftaten ist darauf zu achten, daß die Erwähnung der Zugehörigkeit der Verdächtigen oder Täter zu ethnischen, religiösen oder anderen Minderheiten nicht zu einer diskriminierenden Verallgemeinerung individuellen Fehlverhaltens führt. Die Zugehörigkeit soll in der Regel nicht erwähnt werden, es sei denn, es besteht ein begründetes öffentliches Interesse. Besonders ist zu beachten, daß die Erwähnung Vorurteile gegenüber Minderheiten schüren könnte.«

Wieso sollte die Erwähnung der Wahrheit über einen einzelnen Täter eine Diffamierung einer ganzen Bevölkerungsgruppe sein? Mit dem gleichen Recht könnte man bei männlichen Tätern das Geschlecht verschweigen, um nicht alle Männer zu diskriminieren; man könnte bei jungen Tätern das Alter verschweigen, um nicht alle jungen Menschen zu diskriminieren, und man könnte den Wohnort des Täters verschweigen, um nicht alle Bewohner desselben Wohnortes in Verdacht zu bringen usw.

Als am 23. 7. 2016 in München ein Terroranschlag stattfand, hieß es in den Medien, der Täter, David S. sei ein, „Deutsch-Iraner" mit rechtsextremen Hintergrund, der in einer McDonalds-Filiale und vor bzw. im Olympia Einkaufszentrum neun Personen erschoß, die Migrationshintergrund hatten. Also eine klare Sache, Rechtsterrorismus. Offenbar hatte dieser Fall nichts mit islamischem Terror zu tun, denkt man – ein Irrtum! Die Medien haben hier wirklich alles getan, um den Verdacht vom Islam abzulenken und dem Rechtsextremismus zuzuweisen. Schon bei der Verwendung des Namens des Täters betrieben sie Schönfärberei, indem sie den ersten Namen, der der Rufname des Täters war, einfach durch dessen zweiten Vornamen ersetzten. Der Täter hieß aber richtig Ali David Sonboli, man hätte ihn mit „Ali S." abkürzen müssen. Nur ist „Ali" eben ein rein islamischer Name, das paßte nicht in den Kram.

Beim Eintritt in den Gastraum der McDonalds Filiale aus dem Waschraum heraus soll Ali S. laut der britischen Zeitung Daily Telegraph (die sich auf eine Zeugenaussage berief) „Allahu Akbar" gerufen haben. Das bedeutet, es handelt sich um einen islamisch motivierten Anschlag, der vielleicht nur zufällig Migranten betraf. Oft gehen islamisch motivierte Täter auch gegen Frauen mit islamischem Hintergrund vor, wenn diese durch ihr Äußeres zeigen, daß sie sich den als dekadent aufgefaßten westlichen Sitten angepaßt haben und z. B. kein Kopftuch tragen.

Der Fall ist das Musterbeispiel, wie Medien einen islamischen Anschlag zu einem rechtsextremistischen ummodeln, und er wird inzwischen auf der Liste der wenigen rechtsextremen Anschläge (neben dem NSU, Halle und Hanau) mit aufgeführt.

Am 9. 3. 2017 gab es einen Axt-Anschlag in Düsseldorf. Ein 36-jähriger Kosovaner, der in Wuppertal wohnte, schlug wahllos auf Passanten mit einer Axt ein. Es gab fünf Leichtverletzte und vier Schwerverletzte, einer davon sehr schwer (Schädelfraktur). Der Täter sprang von einer Brücke und wurde gefaßt. Laut den deutschen Medien sei der Täter ein „psychisch Labiler"; nur im österreichischen Fernsehen wurde dessen islamische Zugehörigkeit erwähnt. Es ist übrigens ein neuer Trick der Medien, kleinere Attacken von islamischen Tätern als Taten von Verrückten, Geisteskranken oder psychisch Labilen hinzustellen. Wenn wir aber ehrlich sind, dann ist jeder Terroranschlag von der Anlage her immer das Ergebnis von geisteskrankem Denken. Mit dieser neuen Taktik wird es in Zukunft keine islamischen Terroranschläge mehr geben, sondern nur noch Taten einzelner Geistesgestörter. Sprachkosmetik hilft, um den Terrorismus in Deutschland auf Null zu begrenzen.

Diese Taktik des Verharmlosens hat inzwischen auch das Vereinigte Königreich übernommen, denn der Messeranschlag vom 20. 6. 2020 in London, wo wahllos auf Menschen eingestochen wurde und 3 Tote und 3 Verletzte waren, wurde von einem libyschen Asylbewerber ausgeführt, über den die Behörden behaupteten, er sei verrückt. Vom Messeranschlag auf den Bürgermeister von Brügge, Dirk De Fauw, vom gleichen Tage (20. 6.), haben wir in unseren Medien fast nichts gehört. Auch dieser Täter soll psychisch labil sein. Es soll sich um einen Mandanten des Opfers gehandelt haben, dennoch wäre die Frage der Religionszugehörigkeit des Täters wichtig, denn die Religionen und Weltanschauungen sind quasi das „Programm", nach dem Menschen handeln; und ein fehlerhaftes „Programm" wie der Islam sollte korrigiert, geupdatet werden, wenn es zu Anschlägen seiner User führt.
Daß auch noch mit Statistiken geschummelt wird und die Straftaten von Migranten mit deutscher Staatsangehörigkeit als Straftaten Deutscher eingeordnet werden, sei am Rande erwähnt.

In Berlin befaßte sich die RBB-Abendschau mehrfach mit der Maserimpfung, da in Berlin ein Kind daran gestorben war. Es wurden Studiogäste eingeladen und über Impfpflicht diskutiert, die inzwischen eingeführt wurde. Daß die Masern laut einer Angabe des Robert-Koch-Instituts erst durch Asylbewerber aus dem Kosovo eingeschleppt wurden, wurde in keiner einzigen Sendung gesagt. Man hatte Angst, daß das die Stimmung gegen Migranten anheizen könnte. Man ging also vom dummen, unmündigen Volk aus, dem man die ganze Wahrheit besser verschweigt. Und verschweigen (aus welchen Motiven auch immer) ist Lügen. 2020 war dann die Syphilis auf dem Vormarsch und einige andere Krankheiten. Auch hier erfahren wir nicht, wo die plötzlich herkommen, außer bei Corona, da China ein Land ist, das man gerne kritisiert; schließlich konkurriert die „westliche Welt" mit China um die Weltmärkte.

Die Medien berichten einseitig; besonders bei einem Vergleich der Berichterstattung über die amerikanischen Präsidenten Obama und Trump ist das gut zu sehen. Über Donald Trump fand sich in deutschen Medien eigentlich nicht ein einziger positiver Bericht. Stattdessen fand ein regelrechtes „Trump-Bashing" statt. Alles, was die linken Journalisten als „schlecht" ansahen, wurde ihm unterstellt. Schon bei seiner Antrittsfeier wurde er als Lügner hingestellt, weil er behauptet hatte, es seien mehr Menschen gekommen als zu Obamas Antrittsfeier. Man veröffentlichte Bilder, die die geringeren Besucherzahlen bei Trump belegen sollten. Aber diese Bilder beweisen in Wahrheit nichts, denn es kommt bei solchen Vergleichen auf viele Dinge an, die gleich sein müßten, um wirklich vergleichen zu können: Der Wochentag (bei Obama ein Dienstag, bei Trump ein Freitag), das Wetter an dem Tage (bei Obama sonnig, bei Trump bedeckt) und die Uhrzeit sind entscheidend, wann die Aufnahme erfolgte, denn wenn das sehr früh war, als die Zuschauer erst ankamen, kann man Bilder mit wenig Menschen machen usw. Diese wichtigen Angaben aber wurden verschwiegen.

Bis zu Joseph Bidens Amtsantritt fand sich in fast jeder politischen Sendung dieses „Trump-Bashing"; man konnte als Zuschauer darauf warten, wie auf den Werbeblock im Privatfernsehen. Auch in ganz harmlose Sendungen, die gar nicht von Politik handeln, wurde gern das „Trump-Bashing" eingebaut.

Übrigens reichte unsern Lügenmedien nicht, nur Donald Trump zu kritisieren, man arbeitete sich auch an seiner Ehefrau Melania ab. So fand sich im Magazin „Der Spiegel" (Nr. 36, S. 8) in der Meinungs-Rubrik unter „Stilikone" eine Kritik an Melanie Trumps

Garderobe; insbesondere ihre Stöckelschuhe und das Wechseln zu robusterer Kleidung bei einem Besuch auf dem Lande wurde von Claudia Voigt bemängelt, und indirekt wurde unterstellt, Frau Trump hätte hier zwei Outfits promoten wollen. Aber Frau Trump mußte das Land und das Amt ihres Mannes repräsentieren; da ist es üblich, in korrekter Kleidung (Stöckelschuhe) aufzutreten, und wenn man sich dann an einen Ort begibt, wo robustere Kleidung erforderlich ist, dann zieht sich eine „First Lady" eben um.

Ganz anders wurde über Obama berichtet. In unseren Medien erschien er als strahlender Held, der endlich dem Volke eine Krankenversicherung schaffen wollte oder das Folterlager Guantanamo aufzulösen versprach. Die Krankenversicherung erwies sich aber als „Reförmchen" mit zahllosen Fehlern, und das Lager Guantanamo ist immer noch nicht geschlossen. Aber dennoch wurde nur positiv über Präsident Obama berichtet, weil er ja ein „Schwarzer" ist, was den Multikulti-Befürwortern gefiel. Tatsächlich ist er ein Mulatte mit nur leicht gebräunter Haut; seine Mutter ist Weiße. Über einen Mulatten positiv zu berichten, nur weil er dunklere Haut hat, ist übrigens auch eine Form von Rassismus.

Nach einer Umfrage stehen fast 70 % der Journalisten in Deutschland eher links, und bei einer Wahl unter Journalisten würden die Grünen Wahlsieger werden. Das sieht man an der unkritischen Berichterstattung über Annalena Baerbock. Ihr wurden von Journalisten keine kritischen Fragen gestellt; in einem Interview auf Pro 7 erhielt sie sogar von den Moderatoren Applaus, was völlig unüblich ist. Zeitungsschlagzeilen lauteten „Eine wie Keine" oder „Endlich anders". Im Magazin „Der Spiegel" wurden drei Photos der Kanzlerkandidaten nebeneinander gedruckt: Die von Scholz und Laschet zeigten grimmig-frustierte Gesichter neben einem lächelnden, strahlenden Portrait von A. Baerbock. Auch das ist eine Form der

Propaganda (aus rechtlichen Gründen kann ich das Photo hier nicht dokumentieren).

Auch wird Björn Höckes vielgeschmähte Rede immer wieder (absichtlich?) in den Medien falsch gedeutet. Ich stehe Höcke nicht nahe, aber mich stört, wenn Medien einseitig handeln. Zugegeben, der Text läßt zwei Deutungen zu, aber sich eine davon auszuwählen und so zu tun, als wäre die gemeint, das ist Manipulation. Björn Höcke (AfD) hatte gesagt:

»Wir Deutschen, also unser Volk, sind das einzige Volk der Welt, das sich ein Denkmal der Schande in das Herz seiner Hauptstadt gepflanzt hat.«

Worauf bezieht sich „Schande"? Doch wohl auf die Ermordung der Juden und nicht auf die Steinstelen in Berlin. Er meinte, daß kein anderes Volk sich selbst mit Denkmälern an die eigenen Untaten erinnert, außer uns. Oder kennen wir aus Frankreich irgendein Denkmal, daß an die Guillotinen-Morde während der Revolution im Sinne der Opfer erinnert? Gibt es in Rußland ein Denkmal, welches an die Opfer des Stalin-Regimes erinnert? Nein. Höckes Satz kann auch anders interpretiert werden, indem „Schande" auf das Denkmal selbst bezogen wird, aber gerade deswegen muß man schon Höckes Richtingstellungen dazu berücksichtigen und darf das nicht ignorieren, denn das ist dann schlichtweg Unterstellung.

Eine typische tendenziöse Berichterstattung aus der „Abendschau" des RBB will ich hier noch erwähnen. Es wurde 2019 über einen linken Buchhändler in Lankwitz berichtet und es hieß: „Weil er sich gegen die AfD engagiert, wurde er schon mehrfach Opfer von Anschlägen", z. B. auf sein Automobil. Dann hieß es, es konnte bisher kein Täter ermittelt werden. Wenn es doch aber keinen Täter gibt, wie kann dann eine Nachrichtensendung als Motiv der Anschläge das „Engagement gegen die AfD" nennen? Es sind viele andere Erklärungen möglich, z. B. auch ein Engagement gegen die NPD, persönliche Gründe, Versicherungsbetrug oder Vortäuschung einer „rechten" Straftat durch Linke. Aber für den RBB war klar, daß es wegen der AfD gewesen ist.

Man scheut sich beim RBB auch nicht vor direkten Lügen. In der (Berliner) Abendschau vom 12. 6. 2020 (19:30 Uhr) wurde über den Anne-Frank-Tag berichtet. Der Moderator Sascha Hingst begann seine Anmoderation mit einem Zitat von Anne Frank:

»„Ich will nicht umsonst gelebt haben, wie die meisten Menschen, ich will den Menschen, die um mich herum leben und mich doch nicht kennen, Freude und Nutzen bringen. Ich will fortleben auch nach meinem Tod" – so stehts im Tagebuch von Anne Frank. Beeindruckende erwachsene Worte für einen Fünfzehnjährige. Nicht lange danach wurde sie im KZ ermordet. Aber sie hat nicht umsonst gelebt, ihr Tagebuch hilft mit, daß auch Generationen nach ihr den Holocaust nicht vergessen - heute ist ihr Geburtstag«.

Dem emotional rührenden Zitat folgt der Text des Moderators mit einer drastischen Lüge.
Auch im dann folgenden Filmbericht (von A. Kartschall und D. Störmann) findet sich diese Lüge erneut:

»Ein Bild von Anne Frank und darunter wie an jedem 12. Juni ein Blumenmeer. Aylin und ihre Mitschüler der Anne-Frank-Schule in Moabit haben sie hier aufgestellt, denn heute wäre Anne Franks 91. Geburtstag. Doch die Nazis töteten das Mädchen, nachdem es sich jahrelang versteckt hatte. Die Schüler hier wollen alles tun, diese erschütternde Geschichte lebendig zu erhalten.«

Anne Frank hieß richtig Anneliese Marie Frank. Zusammen mit ihrer älteren Schwester Margot starb Anneliese im Konzentrationslager Bergen-Belsen an Fleckfieber, an dem insgesamt etwa 17000 Gefangene dort starben. Sie wurde also nicht von den Nazis ermordet, sondern starb an der Fleckfieber-Epidemie. Natürlich waren es die katastrophalen Verhältnisse in den Lagern, und natürlich wäre sie wohl nicht gestorben, wenn sie erst gar nicht in die KZs verbracht worden wäre, also sind die Nationalsozialisten mit ihrem Wahn unbestritten ursächlich am Tode der Franks schuld. Aber das ist etwas anderes als eine „Ermordung" oder „Tötung" wie in der RBB-Sendung behauptet. In der RBB-Sendung „Brandenburg aktuell" war man da etwas geschickter, denn dort hieß es nur:
»Anne Frank wäre heute 91 Jahre alt geworden. Das jüdische Mädchen war 1945 im Konzentrationslager Bergen-Belsen ums Leben gekommen«.

Das ist sachlich richtig, aber etwas irreführend, da der unwissende Zuschauer eben doch bei so einem Satz an eine Ermordung in der Gaskammer denkt. Inzwischen hat ein Gericht geurteilt, daß auch in den Lagern an anderen Ursachen Gestorbene Opfer des NS sind. Dennoch ist es ein Unterschied.
Daß man beim RBB nicht einmal weiß, woran Anne Frank wirklich starb, zeigt wie verlogen die ganze Vergangenheitsaufarbeitung ist. Mit aufwendigen Sendungen und Magazinen, Kranzniederlegungen usw. versucht man, den Zuschauern ein Schuldbewußtsein zu vermitteln und hat selbst in Wahrheit kaum Ahnung. Wie in der Frage der Deutschen Schrift oder des Genderns geht es wieder einmal nicht um klare Fakten und geschichtliche Tatsachen, sondern um Emotionen. Mit welchen Geschichten, Halb- und Unwahrheiten diese Emotionen erzeugt werden, ist egal, wenn nur das Ergebnis erreicht wird, nämlich emotional aufgehetzte Bürger zu bekommen.

Im Deutschen Fernsehen gibt es die Talk-Shows der Fernseh-Moderatorinnen Anne Will, Sandra Maischberger und Maybrit Illner. Eine Analyse dieser Diskussionssendungen ergab, daß Vertreter der Grünen und der Linkspartei viel häufiger eingeladen wurden und werden, als z. B. von der AfD. Im Jahre 2019 waren die häufigsten Gäste in den Talkshows (Maybrit Illner, Anne Will, Sandra Maischberger und Frank Plasberg):

Annalena Baerbock (Grüne) 10 Mal,
Kevin Kühnert (SPD) 9 Mal,
Röttgen (CDU) 9 Mal
Altmaier (CDU) 7 Mal,
Göring-Eckardt (Grüne) 7 Mal,
Sarah Wagenknecht (Linke) 7 Mal,
Habeck (Grüne) 6 Mal,
Hubertus Heil (SPD) 6 Mal,
Lindner (FDP) 6 Mal,
Paul Ziemiak (CDU) 6 Mal,
Haseloff (CDU) 5 Mal,
Kipping (Linke) 5 Mal,
Reul (CDU) 5 Mal,
Scholz (SPD) 5 Mal,
Weber (CDU) 5 Mal.

Von der AfD, der größten Oppositionspartei, finden wir hier niemanden. Alexander Gauland kam nur auf 4 Auftritte.

Man sollte meinen, daß diese Einseitigkeit (37 CDU/CSU-Auftritte, 23 Grüne, 20 SPD gegenüber nur 4 AfD) von Journalisten und Medienkontrolleuren kritisiert wird, aber weit gefehlt. Stattdessen wird diese Einseitigkeit durch Personalisierung verschleiert. So lautete die Schlagzeile zu dieser Statistik in der „Märkischen Allgemeinen Zeitung" (vom 18. 12. 2019) nicht etwa „Deutsche Talk-Shows sind einseitig" sondern: „Die Königin der Talkshows – Die Co-Vorsitzende der Grünen, Annalena Baerbock, war 2019 am häufigsten in deutschen politischen Talkshows zu Gast – in zehn Sendungen war ihre Meinung gefragt". Das klingt so, als sei die Einseitigkeit der Gästeauswahl auf besondere Fähigkeiten zurückzuführen.

Annalena Baerbock war übrigens bei ihrer „Wahl" zur Co-Vorsitzenden lediglich gesetzt und wegen der Quote in das Amt gekommen – nicht durch Wahl. Aber nach den vielen Auftritten war sie so bekannt, daß sie auf dem Parteitag der Grünen am 18. 11. 2019 in Bielefeld dann endlich auch richtig gewählt wurde. So haben die einseitigen Medien die Wahl zur Vorsitzenden und letztendlich sogar zur Kanzlerkandidatin entsprechend vorbereitet.

In den Talkshows (der drei Moderatorinnen und Plasbergs) wird außerdem eine Parität nicht beachtet; ein einzelner Vertreter einer konservativen Politik steht mehreren Gegnern gegenüber auch dann, wenn über 50 % der Deutschen laut Umfragen der Meinung des Konservativen zustimmen. Der einzelne Konservative muß sich dann wie in einem Tribunal gegen vier Gegner verteidigen, was nie erfolgreich sein kann; außerdem entsteht beim Zuschauer der falsche Eindruck, daß der Konservativismus eine Minderheitenmeinung darstellt.
Bestimmte Prominente, die etwa zur Flüchtlingsfrage oder zum Islam eine Meinung vertreten, die nicht der der Regierung entspricht, werden gar nicht mehr eingeladen, das sind klassische Fälle von „Cancel Culture". Ich denke hier an Alice Schwarzer oder Henryk M. Broder, neuerdings wohl auch Sarah Wagenknecht. So betreiben die drei TV-Moderatorinnen bereits eine klare einseitige Beeinflussung der Zuschauer, und das ist nicht demokratisch, sondern ver-

hindert regelrecht die freie Meinungsbildung der Zuschauer.

Das mögen nun Einzelfälle sein, doch die vielen Einzelfälle sind der Grund, warum enttäuschte Bürger von „Lügenmedien" und „Lügenpresse" sprechen oder sich ganz von diesen einseitigen Medien entfernt haben. Ich erinnere mich, daß die Dresdener Pegida-Bewegung am Anfang noch wie eine Volksbewegung erschien. Dann wurden die Initiatoren als Nazis bezeichnet und teils zum Rückzug gedrängt. Heute erscheint Pegida entweder gar nicht mehr oder wird als Nazi-Bewegung diffamiert. Journalisten sprechen von der „umstrittenen" Bewegung oder berichten von (bestellten?) Gegendemonstrationen linksextremer „Aktivisten", so daß im Kontrast dazu Pegida als „rechtsextrem" erscheinen muß.
Früher noch häufiger, aber auch heute noch kommt in den Medien die sog. „Kontaktschuld" zum Tragen. Einer Person, der man etwas anhängen möchte, wird vorgeworfen, irgendwann einmal mit irgendeinem Extremisten zusammen gestanden zu haben. Damit ist dann bewiesen, daß diese Person auch ein Extremist sein muß oder doch diesem nahesteht. Ich habe diese Art des Schubladendenkens immer kritisiert, vor allem aber auch entlarvt, denn man geht offenbar davon aus, daß eine bestimmte extremistische Meinung wie ein Virus überspringt; wer neben einem Extremisten steht, der muß von ihm infiziert sein, es geht gar nicht anders.
Diese Kontaktschuld-Argumentation aber offenbart, daß ihre Vertreter keine Demokraten sein können; sie halten nicht viel von der Demokratie, denn sie trauen ihr nicht zu, daß sie sich gegen andere Ideologien halten kann. Wenn ein Demokrat neben einem Rechtsextremisten steht, vielleicht sogar mit ihm redet, dann ist für Kontaktschuld-Journalisten klar, daß die extremistische Ideologie den Demokraten auch zu einem Extremisten umwandelt. Den umgekehrten Fall, daß vielleicht die Idee der Demokratie vom Demokraten auf den Extremisten übergeht, können sie sich gar nicht vor-

stellen. Offenbar hat die Demokratie in den Augen der Kontakt-schuld-Vertreter die schlechteren Argumente, ist nicht überzeugend, jedenfalls nicht so überzeugend, wie die extremistische Ideologie. Das offenbart viel über das Denken dieser Leute. Auch einen Status quo, wobei beide Personen bei ihrer jeweiligen Meinung bleiben (ohne sich deswegen die Köpfe einzuschlagen) können sich Kontaktschuld-Journalisten nicht vorstellen.

Eigentlich verlangen sie indirekt, daß man jeden Kontakt zu Menschen mit extremistischer Ideologie meiden muß. Das aber ist gegen unsere geltenden Gesetze, die so etwas wie „Ächtung" nicht kennen, schon gar nicht aus politischen Gründen. In einem demokratischen Rechtsstaat müssen doch die Gesetze allein gelten; wenn gegen eine Person Anschuldigungen erhoben werden, dann muß diese Person so lange als unschuldig gelten, bis sie von einem ordentlichen Gericht verurteilt wurde. Wenn diese Person dann ihre Strafe bezahlt oder abgesessen hat, muß ein demokratischer Rechtsstaat davon ausgehen, daß die Straftat gesühnt ist und die Person muß resozialisiert sein, d. h. sie darf nicht wie ein Aussätziger behandelt und ausgegrenzt werden. Wenn es Hinweise gibt, daß diese Person immer noch gesetzeswidrig handelt, dann muß erneut ein Strafverfahren eingeleitet werden. Solange ein Mensch unbehelligt in Freiheit lebt, so lange ist die Forderung, ihn zu meiden oder dann selbst als Gesinnungsgenosse zu gelten, völlig undemokratisch und ungesetzlich.

Und natürlich ist es eine häufig geübte, aber nicht überzeugende journalistische Taktik, eine politische Partei oder Organisation dadurch zu diskreditieren, daß man irgendeinen Extremisten in ihren Reihen heraussucht und dessen „Strafregister", dessen Gesinnung sozusagen der ganzen Partei anhängt. In einer demokratischen Partei aber zählt allein das Parteiprogramm; nur das ist maßgeblich für die Gesinnung der Partei. Natürlich gibt es in jeder Partei Meinungen, die davon teilweise abweichen. Aber das ist ganz richtig und gewollt, denn die Bürger sollen an der politischen Willensbildung teilnehmen. Wenn man in einer Partei nur die Wahl hätte, sich dem Parteiprogramm bedingungslos unterzuordnen, wäre das nicht demokratisch. Man muß seine abweichende Meinung dort frei äußern können und zur Diskussion stellen und möglicherweise werden dann Teile davon von den Anderen per Mehrheitsbeschluß angenommen, aber vielleicht wird es auch abgelehnt. Die Ausrichtung einer Partei darf also nur am Gesamtwillen der Partei, wie er im Parteiprogramm formuliert ist, abgelesen werden, die vielleicht extremistischen Meinungen Einzelner dürfen nicht als Indiz für die Meinung der ganzen Partei herangezogen werden, zumal die Vergangenheit gezeigt hatte, daß politische Gegner oder Behörden auch eigene Leute, sog. „Agents provocateur" in so eine Gruppe einschleusen können, die dann mit extremistischen Aussagen im Namen der Partei diese in den Medien diskreditieren.

Ich habe so etwas selbst erlebt als ich um 1988 bei den Berliner Grünen (dem neben der Alternativen Liste existierenden Landesverband) war. Wir hatten einen sehr eifrigen Agitator, der offenbar Mitarbeiter oder Zuträger des polizeilichen Staatsschutzes war, Rüdiger W.; wir hatten einen, der nach der Wende als Stasi-Informant entlarvt wurde, Dirk S., und verschiedene Mitglieder, die nur Informanten für Journalisten gewesen sind, wie Detlef R.

Ich hatte damals die ganzen Unterlagen zu Unterwanderung der Grünen in Berlin durch Behördenvertreter an die „Tageszeitung" geschickt und nie eine Rückmeldung erhalten. Später wurde bekannt, daß bei der Tageszeitung auch Verfassungsschützer waren, die natürlich so eine Entlarvung verschwinden ließen.

Ich billige dem Staat durchaus zu, daß er V-Leute in Parteien schickt, um zu beobachten, wie sich die jeweilige Partei entwickelt. Ich finde das zwar falsch, weil es impliziert, daß der Staat bei „falscher" Entwicklung eingreift; ein „richtig" oder „falsch" kann es aber in der Politik und in einer Demokratie nicht geben. Ideen kann man nicht erschießen. Jedenfalls beschränkte sich die Tätigkeit dieser Leute leider nicht allein auf das Beobachten, sie machten auch aktiv Politik, stellten Anträge (auf Auflösung des Landesverbandes), beschuldigten Mitglieder der Grünen, heimliche Extremisten zu sein und brachten auch sonst viel Streit in die Gruppe. Als Staatsschutz-Mann Rüdiger W. ein Mitglied, meinen Freund und Rechtsanwalt Wolf-Dieter N. laut anredete: „Ich nenne dich einen Neonazi" wurde die Polizei gerufen und Anzeige erstattet. Die Staatsanwaltschaft stellte das Verfahren ein; derartige Äußerungen seien im politischen Disput üblich und nicht beleidigend. Ob die Staatsanwaltschaft wußte, daß es gegen einen Angehörigen des Staatsschutzes geht und deswegen das Verfahren einstellte? In der Zeitung hieß es dann „Grüne bei den Grünen" (damals waren Polizeiuniformen noch grün).

Journalisten betreiben Beeinflussung auch in ihren Interviews. Wenn etwa einmal wieder ein Schiff mit geretteten Migranten unterwegs ist und der Innenminister dazu befragt wird. Dann lautet eine Frage des Journalisten z. B.: „Wie wollen Sie die Migranten in der EU verteilen, wo doch viele Länder sich weigern, sie aufzunehmen?". Der Journalist setzt also voraus, daß alles getan werden muß, um diese illegalen Einwanderer, Wirtschaftsflüchtlinge und Islamisten aufzunehmen, obwohl die Mehrheit der Deutschen die weitere Aufnahme von Einwanderern ablehnt. Warum also stellt der Journalist nicht die Frage z. B. so: „Wie wollen Sie verhindern, daß illegale Einwanderer in die EU und unser Land gelangen?" oder: „Was können Sie tun, um die Migranten zurückzuführen?"

Oft sieht man Berichte aus Lagern von Migranten und Journalisten, die dennoch nicht die richtigen Fragen stellen. Einer fragt z. B. einen Migranten, wo er herkommt und erhält die Antwort „aus Pakistan". Nun spätestens wäre eine Nachfrage nötig wie etwa: „In Pakistan ist gar kein Krieg, also warum sind Sie hergekommen?" Und wenn der Migrant dann zugibt, daß er aus wirtschaftlichen Gründen kam, dann sollte nachgehakt werden: „Warum verlassen Sie das Land, anstatt sich dort einzubringen, die Zustände zu verbessern?". Aber auf derartige Fragen wartet man bei einseitigen Journalisten natürlich vergebens. Journalisten in unserem Lande sind leider vom deutschen „Untertanengeist" getrieben, d. h. wähnen, es sei ihre Aufgabe, in den Augen der Regierung im positiven Sinne aufzufallen, um so schneller Karriere zu machen. Ohne Mut und Civilcourage aber ist guter Journalismus nicht möglich. Ich erinnere mich an eine Sendung des französischen Fernsehens der 80er Jahre, die hieß „In die Enge getrieben". Dort wurde jeweils ein Politiker eingeladen, und ihm wurden Fragen zu aktuellen Projekten gestellt. Wenn er dann mit dem üblichen Bla-Bla antwortete, blieb die Journalistin am Ball und hakte penetrant nach: „Wann konkret wollen Sie den Entwurf fertigmachen?", „Wann wird das zu einem Gesetz?", „Wie wollen Sie das Verfahren beschleunigen?" usw. Auf solche Journalisten wartet man hierzulande leider vergeblich.

Stattdessen war es bei uns jahrzehntelang üblich, daß Journalisten Menschen und Gruppen, die sie irgendwo „rechts" wähnten, entsprechend diffamierten und als „Nazis" hinstellten. Damit war dann eine inhaltliche Auseinandersetzung abgewendet. Ich habe es selbst mit meiner damaligen „Heidnischen Gemeinschaft e. V." erlebt, wie wir immer wieder in eine rechte Ecke gestellt wurden, obwohl wir nicht rechts waren und dies auch in unserer Satzung verankert hatten:

»Als Mitglieder können gläubige Heiden aufgenommen werden, sofern sie sich von Faschismus oder Rassismus distanzieren.«

Das half aber nicht; ein Journalist verfaßte über uns ein 10-seitiges Dossier. Der Verfassungsschutz Berlin nahm uns in eine Schrift auf (einschließlich der Nennung persönlicher Daten), und diese wurde munter an Journalisten kopiert. Uns gegenüber aber wurde bestritten, daß es diese Schrift überhaupt gibt; dann endlich erhielt ich nach Einschaltung einer Rechtsanwältin nur eine einzelne Seite. In unserer Gemeinschaft, die rein religiös war, tauchten immer wieder „Ableuchter" auf; teils von Journalisten geschickt, auch einer von der Kirche, aber auch Mitarbeiter von Staatsschutz oder Verfassungsschutz. Einer davon ging bei einem Fest im Kreise der Mitglieder herum und versuchte, sie jeweils mit rechten Sprüchen zu ködern in der Hoffnung, daß er so herausbekommt, wie weit „rechts" die Leute sind. Als er nichts erreichte, kam er nicht mehr. Seine Wohnung war eine konspirative und seine Berufsangaben falsch. Ärgerlich ist es nun aber, wenn mehrere solcher „Ableuchter" aus verschiedenen Diensten kommen, ohne voneinander zu wissen. Dann schaukeln sie sich gegenseitig hoch.

Von einem Mitglied der „Grünen" erfuhr ich sogar diese extreme Geschichte: Der Freundeskreis traf sich im Vereinssaal einer Laubenkolonie. Einer der Leute war ein Ableuchter. Obwohl man klar gesagt hatte, daß jegliche politische Symbole oder Thesen nicht gezeigt oder geäußert werden dürfen, zog dieser Ableuchter eine Hakenkreuzfahne aus der Tasche und hielt diese hoch. Man nahm sie ihm zwar sofort weg und verwies ihn des Saales, aber die Aktion war abgesprochen: Draußen wartete ein Photograph, der genau im Augenblick des Hochhaltens der Fahne auf den Auslöser gedrückt hatte. So konnte der „Journalist" nun die große Enthüllungsstory verfassen, wonach diese Gruppe Neonazis seien – das hat seiner

Karriere sicher weitergeholfen.

In Rostock zeigten die Medien, wie Skinheads Brandsätze gegen ein Asylantenheim warfen. Daß auch hier Journalisten die Werfer teilweise angespornt und bezahlt hatten, um sensationelle Bilder zu bekommen, ist weniger bekannt. Aber ich bin ernüchtert, wie Journalismus hierzulande funktioniert oder besser gesagt, eben nicht funktioniert.

Solange auf diese Weise vorgegangen wird, kann ich von ernsthaftem und seriösen Journalismus nicht reden und kann Menschen verstehen, die die „Hofberichterstatter" verjagen. Eine funktionierende vierte Gewalt (Presse) ist für das Funktionieren der Demokratie dringend notwendig.

Kapitel 11

Gleichberechtigung

Im Grundgesetz von 1949 findet sich in Artikel 3 Absatz 2 der Grundsatz der Gleichberechtigung:

»(2) Männer und Frauen sind gleichberechtigt.«

Erst am 27. 10. 1994, also 45 Jahre später, wurde dann der folgende Satz angehängt:

»Der Staat fördert die tatsächliche Durchsetzung der Gleichberechtigung von Frauen und Männern und wirkt auf die Beseitigung bestehender Nachteile hin.«

Überall wird nun krampfhaft versucht, diese Gleichberechtigung durchzusetzen, etwa im Namensrecht, wonach Eheleute (seit 1976/77) nun auch den Nachnamen der Frau annehmen können, was die Genealogen bei der Herstellung von Familienstammbäumen vor unlösbare Probleme stellt und den Zusammenhalt einer Familie behindert, wenn da unterschiedliche Nachnamen geführt werden. Dann auf dem Sektor des Lohnes, der nun für Frauen genauso hoch sein sollte wie für Männer – oder in der Politik, wo man Frauenquoten fordert und teils schon beschlossen hat.
Es ist verständlich, daß die Unterrepräsentanz von Frauen in der Politik oder in Unternehmen in irgendeiner Weise beendet werden

soll, aber das darf nicht zu einer neuen Benachteiligung von Männern führen.

Das Grundgesetz ist in seinem Artikel 3 hier sehr eindeutig:

**»(3) Niemand darf wegen seines Geschlechtes (...) benachteiligt
oder bevorzugt werden.«**

Es darf also niemand wegen seines Geschlechtes benachteiligt werden, aber es darf deswegen auch niemand bevorzugt werden. Und
Frauenquoten bevorzugen nun einmal Frauen, was somit ein Verstoß gegen diesen Grundrechtsartikel darstellt.

Beispiel: Ein Betrieb (oder eine Partei) hat 20 Posten (Kandidaten)
zu besetzen (aufzustellen). 100 Personen haben sich dafür beworben, 90 Männer und 10 Frauen. Wegen der Frauenquote werden
alle 10 Frauen ausgewählt, unabhängig von der Frage, ob alle 10
Frauen wirklich qualifiziert sind, während von den 90 Männern nur
10 genommen werden. Als Frau hat man hier also mehr Chancen
als als Mann. Als Mann wird man also benachteiligt, was gegen das
Grundgesetz ist.

Es ist eine bekannte Tatsache, daß die meisten politischen Parteien
mehr männliche Mitglieder haben als weibliche. Woran das liegt,
wäre zu untersuchen; möglicherweise sind die Strukturen stark vom
männlichen Denken geprägt, so daß Frauen sich dafür nicht in dem
Maße interessieren, wie es vielleicht erwünscht wäre. Aber warum
ist das eigentlich erwünscht?

Wenn man überhaupt an eine Quote in diesem Zusammenhang
denken wollte, dann dürfte diese allein prozentual bestimmt werden: Wenn nur 1/10 der Bewerber weiblich sind, dann müßte die
Quote es so regeln, daß auch nur 10 % der ausgewählten Kandida-

152

ten weiblich sind. Im oben angeführten Beispiel bedeutete das, daß 18 Männer und 2 Frauen ausgewählt werden, entsprechend zum Prozentsatz der Bewerbungen.

Will man mehr Frauen haben, dann muß man also schon im Vorfeld darauf hinarbeiten, daß mehr Frauen in eine Partei oder Firma eintreten und sich auch für freie Stellen bewerben. Wenn es in der Partei oder Firma 50 % Frauenanteil gibt, dann sollte so eine Quote auch 50 % Frauen in die zur Verfügung stehenden Ämter bringen. Wenn es aber weniger als 50 % Frauen in der Partei gibt oder sich für Ämter weniger als 50 % Frauen bewerben, dann ist eine 50 prozentige Frauenquote eine Benachteiligung der Männer und damit grundgesetzwidrig.

Auch eine prozentuale Quote ist dann fraglich, wenn die Qualifikation nicht entscheidet. Was ist also etwa in dem theoretischen Falle, daß alle 10 Frauen in meinem Beispiel eine sehr niedrige Qualifizierung haben, niedriger als die 90 Männer? Wenn dann trotzdem nach Prozentquote 2 Frauen in das Amt kommen, obwohl sie schlechter qualifiziert sind als die Männer, dann ist das auch grundgesetzwidrig, denn ein hochqualifizierter Mann wird nur deswegen nicht genommen, weil er ein Mann ist, während eine niedrigqualifizierte Frau genommen wird, weil eine Quote das will. Daß es auch für die spätere Arbeit nicht so gut ist, weil indirekt immer der Vorwurf, die Frau sei ja nur wegen der Quote, nicht wegen der Qualifizierung genommen worden, im Raume steht, kommt noch hinzu; niemand ist auf einem Posten glücklich, der ihn nur wegen einer Quote bekam, statt wegen seiner Qualifikation.

Schon der Blick auf das Geschlecht eines Bewerbers ist eigentlich grundgesetzwidrig; am besten wären geschlechtsneutrale Bewerbungen, wo allein die Qualifikation zählt. Auf jeden Fall darf nicht die eine Benachteiligung der Frauen, die es in unserer Geschichte unbestritten gab, nun durch eine Benachteiligung der Männer ersetzt werden.

Und wie sieht es mit gleichem Lohn für gleiche Arbeit für Männer und Frauen aus?
Dies ist ein theoretischer Gedanke, aus dem von der Wirklichkeit völlig abgetrennten Glashaus der Politik ersonnen. Man nimmt das (geänderte) Grundgesetz und geht in inquisitorischer Weise gegen Traditionen und überlieferte Strukturen wie der der Arbeitsteilung von Mann und Frau vor.

Natürlich, es klingt ungerecht, daß Frauen für dieselbe Arbeit weniger Lohn bekommen. Aber warum ist das so? Wenn eine Frau arbeitet, dann ist sie in der Regel alleinstehend, denn wäre sie vermählt, dann würde doch selbstverständlich der Mann arbeiten und die Frau bliebe idealerweise zu Hause, um Kinder zu bekommen und aufzuziehen. Das ist die traditionelle Arbeitsteilung, die einigen Gender-Ideologen, die von Homoehe und Alleinerziehenden träumen, offenbar nicht paßt. Die arbeitende Frau bekommt also nur Lohn für sich selbst. Bei Männern ist es in der Regel so, daß sie für sich und ihre Frau und Kinder arbeiten, also nicht für sich allein. Daher erhalten sie mehr Lohn. Bei körperlicher Arbeit kommt hinzu, daß sie auch mehr Kraft haben.

Natürlich gibt es auch alleinerziehende Frauen (2,2 Millionen), und 416.000 alleinerziehende Männer, aber das ist ein kleiner Prozentsatz zur Gesamtbevölkerung, nicht der Normalzustand. Und immer gibt es bei alleinerziehenden Frauen auch einen Vater, der verpflichtet ist, Unterhalt zu zahlen. In den wenigsten Fällen handelt es sich nämlich um Witwen. Es gibt Väter (Erzeuger), die sich um ihre Zahlungsverpflichtung drücken; aber das könnte mit entspre-

chenden Gesetzen geklärt werden. Die Erleichterung der Eheschei-
dung und Abschaffung der Schuldfrage ist mit ein Grund, daß es
überhaupt so viele Alleinerziehende gibt, verbunden mit der Auf-
wertung des Ansehens unehelicher Kinder.

Heute wollen die politischen Entscheider aber die Frauen dazu
bringen, die Berufsausübung als das „Normale" anzusehen, denn
eine Frau mit gutbezahltem Beruf bekommt eben in der Regel keine oder nur wenig Kinder, da die Zeit dafür fehlt. Dies ist der
Grund, warum die deutschstämmigen Deutschen zu wenig Kinder
bekommen, und dieser Grund liefert den Vorwand, die fehlenden
Nachkommen durch Aufnahme von Migranten auszugleichen. So
werden Familien mit Frauen niederen Bildungsgrades aus dem Orient ins Land geholt, die viele Kinder bekommen. Eine Politik, die
die Interessen unseres Volkes vertritt, die müßte also eher der Be-
rufstätigkeit von Frauen entgegentreten, müßte die Stellung als
Hausfrau und Mutter im Ansehen heben und Frauen nicht durch
Quoten und höhere Löhne davon abhalten, Familien zu gründen.
Selbst die „Jobcenter" zeigen die Geringschätzung der Position der
Hausfrau, wenn sie beiden Ehepartnern einer Bedarfsgemeinschaft
Anstellungen anbieten bzw. von beiden verlangen, daß sie sich
selbst um Anstellungen beworben haben; daß die Frau vielleicht als
Hausfrau ohne weiteren (zusätzlichen) Beruf tätig bleiben will, wird
von den Jobcentern nicht akzeptiert, obwohl es in den 80er Jahren
des vergangenen Jahrhunderts eine großangelegte Kampagne gab,
die das Ziel hatte die Position der „Hausfrau" als gleichberechtig-
ten Beruf anzuerkennen und aufzuwerten.

Ursula von der Leyen als Repräsentantin der EU wurde anfang
April 2021 beim türkischen Staatspräsidenten R. T. Erdogan zusammen mit dem EU-Ratspräsidenten Charles Michel zu Gesprä-
chen empfangen. Dabei saßen an der Stirnseite des Saales unter den

beiden Fahnen der Staatschef Erdogan und Ratspräsident Michel, während v. d. Leyen „nur" links auf einem Sofa sitzen durfte. Allgemein wurde dies kritisiert als „frauenfeindliche" Handlung des moslemischen Staatschefs Erdogan; man spricht hier sogar vom „Sofagate" (in Anlehnung an die „Watergate"-Affaire in den USA). Frauen wollen also wie Männer behandelt werden. In Wahrheit aber war die Sitzordnung völlig korrekt, denn Damen werden bei Besuchen und Empfängen traditionell auf den Sofas platziert; Herren müssen mit den einzelnen Sesseln auskommen. Das ist traditionelles Benehmen z. B. in Deutschland; als männlicher Gast setzt man sich nie auf ein Sofa, sondern immer auf einen Sessel. Nur die Damen dürfen auf dem Sofa sitzen. Entstanden ist diese Regel vielleicht, um die Damen vor gewollter oder ungewollter Nähe zu Männern zu beschützen und eine Kompromittierung zu verhindern. Die unwissenden Personen (EU-Politiker und Journalisten) wittern aber gleich Frauenfeindlichkeit. Sie sollten ihre Kritik besser an Frau v. d. Leyen richten, denn sie erschien tatsächlich zu diesem Besuch im Hosenanzug, was ein Verstoß gegen die Etikette bedeutet und auch fromme Menschen provoziert. Da Frau v. d. Leyen geb. Albrecht nur adelig angeheiratet ist, nicht adelig geboren, weiß sie das offenbar nicht.

Ein anderer Punkt ist die immer häufiger zu beobachtende Frauenvermännlichung. Frauen tragen z. B. im Büro den „Hosenanzug" anstatt das klassische Kostüm (Jacke und Rock). Den Hosenanzug nennen Amerikaner sehr passend „Men's Suit" (Männer-Anzug). Wieso tragen Frauen Männeranzüge lieber als Frauenkleidung? Auch außerhalb des Geschäfts tragen Frauen lieber Hosen (z. B. Niethosen) statt Kleider, außer vielleicht im heißen Sommer. Immer mehr Frauen tragen extrem kurze Haare. Galten nicht vormals die langen Haare einer Frau als Schönheitszeichen? Kennt niemand mehr die Lorelei, die auf dem Felsen über dem Rhein sitzt und sich ihr langes, wunderschönes goldblondes Haar kämmt? Diese Kurzhaarschnitte heißen nicht umsonst „Bubikopf", also „Kopf eines Buben". Müßte eine Frau nicht ein Interesse daran haben, den Kopf einer Frau oder eines Mädchens zu haben, nicht den eines Buben?

Frauen unternehmen heute Dinge, die untypisch für Frauen sind. So gibt es junge Frauen, die freiwillig in der Bundeswehr dienen wollen; oder Frauen dringen in andere typische Männerberufe vor, während es umgekehrt doch eher selten ist. Kürzlich wurde ein 18-jähriges Fräulein als junge Jägerin (das Jagdrevier liegt bei Oranienburg) in der RBB-Abendschau vorgestellt (natürlich ohne jegliche kritische Nachfrage des Journalisten). Es scheint, die Frauen wissen gar nicht mehr, wo ihr traditioneller Platz ist und was ihre ursprünglichen Aufgaben in der Gesellschaft sind. Hausfrau und Mutter will „frau" offenbar nicht mehr sein; die Politik konnte diese weiblichen Aufgaben offenbar nicht positiv vermitteln – Verschwörungstheoretiker behaupten, das geschehe absichtlich, um das Aussterben der Deutschen zu beschleunigen, auch, um der EU durch mehr arbeitende Menschen mehr Steuereinnahmen zu generieren. Auch bei Extremsportarten finden wir immer mehr Frauen. Ich frage mich: Müssen Frauen an einem Gummiseil von einer Brücke springen und dort baumeln, müssen sie professionell Fußball spielen oder mit einem Fallschirm abspringen? Ist das zu einem erfüllten, glücklichen Leben zwingend notwendig?

Die typischen weiblichen Umgangsformen werden ignoriert; alles, was Schönheit und Grazie ausdrückte und Frauen noch attraktiver machte, unterbleibt heute. Früher begrüßte ein Herr einen anderen mit einer Verbeugung („Diener"); eine Frau begrüßte mit einem Knicks. Den „Diener" gibt es noch, den Knicks aber nur noch höchst selten. Stattdessen sieht man zuweilen Frauen eine Verbeugung machen, statt des Knickses. Warum wird immer das, was Männer machen, übernommen, anstatt das Eigene zu pflegen? Früher ritten Frauen im „Damensattel", heute (selbst in manchem historischen Film) im Herrensattel. Früher gab es Damenfahrräder und Herrenfahrräder, heute sind sie „unisex".

Das „Fräulein" ist im Amtsverkehr abgeschafft; Beamte dürfen es nicht mehr verwenden, aber niemand verbietet diese Bezeichnung den Bürgern. Aber die meisten jungen Frauen bestehen auf der Anrede „Frau"; angeblich gäbe es ja auch kein „Herrlein" (es gibt allerdings den „Junker", „junger Herr"). Warum müssen die Anreden denn gleich sein? Genauso hätten ja Männer darauf bestehen können, daß ein „Herrlein" eingeführt wird, um ein dem „Fräulein" adäquates Wort zu haben. In Spanien ist es so, da gibt es nicht nur Señor und Señora, sondern auch Señorito und Señorita. In den südlichen Ländern bestehen unvermählte Frauen auf der unserem „Fräulein" entsprechenden Anrede, um nicht als alt zu gelten, so z. B. in Frankreich „Mademoiselle". Durch den Wegfall des „Fräuleins" wird nicht klar, ob die Frau in einer Beziehung gebunden ist, und Männer werden nicht motiviert, um so eine Frau zu werben. Die Partnersuche wird erschwert und damit gleichfalls die Familiengründung mit Kindern verhindert.

Auch in der Sprache scheint eine völlige Vermännlichung eingetreten zu sein. So verwenden Frauen dieselben Kraftausdrücke wie Männer, während sie in früheren Zeiten darauf achteten, eine feinere, feminine Sprache zu pflegen.

Ich will hier gar nicht wie ein „Ewiggestriger" auf die moderne Zeit mit ihren Erscheinungen schimpfen. Ich bin für Gleichberechtigung, aber muß das mit Gleichmacherei verwechselt werden? Kann eine Frau nicht rechtlich gleichberechtigt sein, und dennoch ihre

158

Weiblichkeit leben? Warum versuchen Frauen, zweitklassige, minderwertige Männer zu werden, anstatt erstklassige Frauen? Gleichberechtigung bedeutet doch nicht, daß Frauen in allem wie Männer werden müssen, daß sie Männer kopieren, wie ein Transvestit eine Frau karikiert (was übrigens ziemlich grenzwertig, da sexistisch, ist).

Sicher, es kommt auch noch ein religiöser Aspekt dazu. Nach der christlichen Tradition, die aber heute kaum noch bekannt, geschweige denn gültig ist, ist es nicht statthaft, sich als Frau wie ein Mann zu kleiden oder umgekehrt. So heißt es in der Bibel (Deuteronomium 22, 5):

»Ein Weib soll nicht Männersachen tragen, und ein Mann soll nicht Weiberkleider antun; denn wer solches tut, der ist dem HERRN, deinem Gott, ein Greuel.«

Auch bei den Germanen gab es die Aufgabenteilung zwischen Mann und Frau, auch dort, wo es sogar kämpfende Frauen gab, versuchte doch kein Geschlecht, sich zu verleugnen. Mir persönlich gefallen die männerkleidungtragenden Kurzhaar-Frauen überhaupt nicht. Ich fände es schöner, wenn endlich wieder richtige, weibliche Frauen in Erscheinung träten und die Welt mit ihrem weiblichen Zauber bereichern.

Und noch eine Frage wäre zu klären: Allgemein wird beklagt, daß zu wenig Frauen in die Politik gehen. Nachdem ich in Parteien und der Kommunalpolitik einige Erfahrung habe, scheint mir die Sache relativ klar zu sein: Es ist die Prinzipienreiterei, die sklavische Anpassung an Regeln, Verordnungen und Gesetze, der unerträgliche Formalismus einschließlich der ausufernden Bürokratie. Dinge, mich stören, aber die der weiblichen Wesenheit erst recht fremd und unangenehm sind. Politiker, die bei jeder kleinsten Entscheidung zuerst Ämter hinzuziehen, dann fragen, ob es rechtlich möglich ist und dann darüber eine große Akte anlegen, weil inzwischen so viele Schreiben zu der Sache vorliegen. So etwas stößt alle freien und unabhängigen Menschen ab, aber Frauen wohl noch stärker. Dieses System ist ein von Männern erdachtes System, auf Mißtrauen gegründet, welches zwangsläufig Frauen nicht gefallen kann. Deswegen gehen wenige in die Politik.

Beispiel: Mütter wollten, daß einige Büsche beschnitten werden, damit sie von ihren Fenstern aus ihre Kinder auf dem Spielplatz beobachten könnten; es wurde da schon einmal ein Kind sexuell belästigt. Die Stadträte diskutierten darüber, und es hieß, die untere Naturschutzbehörde müsse dazu gehört werden. Diese lehnte das Ersuchen ab. Daraufhin wurden die Mütter damit vertröstet, daß die Polizei ja ihre Kinder schützen würde. Ich frage mich: Warum hat man nicht einfach die städtischen Gärtner beauftragt, die Büsche etwas zu beschneiden? Warum erst Ämter mit einbeziehen und „schlafende Hunde" wecken? Warum diese Angst, gegen irgendeine Verordnung oder Anweisung zu verstoßen, wenn man einfach mal eine Entscheidung selbständig trifft? Klar, daß so eine Kommunalpolitik niemandem wirklich Spaß macht.

Kapitel 12

Ehe für alle

Obwohl von Politikern immer von „unseren" Werten geredet wird, und man sich auf das christlich-jüdische Abendland beruft, wird alles getan, diese Werte mit Füßen zu treten. Man fragt sich: Bestehen „unsere" (besser „deren") Werte daraus, keine Werte zu haben, indem die traditionellen, religiös bedingten Werte abgeschafft werden? Diesen Eindruck bekommt man tatsächlich, wenn es um die „heilige Kuh" Homosexualität (gleichgeschlechtliche Sexualität) geht. Einer der angeblichen „Werte" ist die sog. „Ehe für alle". Schon der Name ist falsch, denn „alle" dürfen zu Recht auch heute nicht heiraten: Kinder, Geschwister, schon in einer Ehe lebende Menschen, die keine Mehrehe eingehen dürfen, Entmündigte. Anhänger der gleichgeschlechtlichen Liebe argumentieren, ihnen sei bisher die Ehe verboten worden – das stimmt eindeutig nicht. Auch ein Homosexueller durfte wie jeder andere Mann eine Frau heiraten, eine lesbische Frau durfte – wie jede andere Frau – einen Mann heiraten. Da war nichts verboten, und ein spezielles Extraverbot für diese Personen gab es auch nie. Der homosexuelle Schauspieler Gustav Gründgens war mit der bisexuellen Schauspielerin Marianne Hoppe verheiratet – nichts war da verboten. Es ist vielmehr so, daß Homosexuelle etwas eingehen wollen, was es bis dato nie gegeben hatte, nämlich eine „Ehe" mit einem Partner desselben Geschlechts. Sie fordern also ein zusätzliches, besonderes Recht, ähnlich wie die Pädophilen-AG in der Partei der „Grünen" in den 70er Jahren die Zulassung der Ehe mit Kindern und Legalisierung der Pädophilie forderte. Aber der Begriff „Ehe" bedeutet „nach uraltem Recht, wie ehedem", und schon von daher kann eine Homo-Ehe niemals dem Sinne nach eine Ehe sein, denn es gibt kein altes Recht, nach welchem Menschen gleichen Geschlechts miteinander vermählt wurden. Die Ehe diente nämlich zur Versorgung der Frau durch den Ehemann und war dazu gedacht, Kinder zu erzeugen und aufzuziehen. Beides ist bei einer Homo-Ehe nicht vorhanden.

Homosexualität war schon bei den antiken Griechen durchaus umstritten; es gab sogar Verbote, und es kam darauf an, wie der jeweilige Herrscher dazu stand. Häufig wird die damals übliche asexuelle seelisch-sinnliche Liebe zwischen Mann und Jüngling im antiken Griechenland auch als sexuell ausgelebte Homosexualität fehlgedeutet, obwohl in den Quellen meist Hinweise zu sexuellen Praktiken fehlen. Knabenliebe aus bloßer Lust galt als verwerflich.

Der Römer Tacitus schrieb in seiner „Germania", Kap. 12 (Übersetzung Manfred Fuhrmann):

»Feiglinge und Kriegsscheue und Unzüchtige [corpore infames] versenkt man in Sumpf und Morast, wobei man noch Flechtwerk darüber wirft. Die Verschiedenheit der Vollstreckung beruht auf dem Grundsatz, man müsse Verbrechen zur Schau stellen, wenn man sie ahnde, Schandtaten hingegen dem Blicke entziehen.«

„Corpore" ist der Körper, „infames" bedeutet „entehrend, schmachvoll, in Schande". Tacitus meint damit Homosexualität, was sich auch daraus ergibt, daß er dieselbe Formulierung für homosexuelle Römer verwendete, so für Cassius in den Annalen (I, 73) oder Quintianus (XV, 49). Der römische Rhetor Quintilian berichtet in der „Declamation de milite Mariano" über den Germanen Marianus, daß dieser seinen römischen Vorgesetzen niederstach, nachdem jener ihm einen unzüchtigen Antrag gemacht habe.

Die Überlieferungen der Germanen ergeben eindeutig, daß Homosexualität als etwas Schlechtes galt. In den altnordischen Gesetzen galt der Vorwurf der Homosexualität als schwere Beleidigung und schändlich. Im isländischen Gesetzbuch der Grágas heißt es (IX, 155 und XIV, 254):

»Schlagen Weiber so aus der Art, daß sie in Männerkleidern gehn, – oder welchen Männerbrauch sie nun aus Äfferei annehmen, und ebenso Mannsbilder, die Weiberbrauch annehmen, so oder so: Darauf steht Lebensringzaun diesen wie jenen. (...) Kleidet sich ein Weib in Männerkleider oder schneidet sich das Haar oder trägt Waffen aus Äfferei: Darauf steht Lebensringzaun. Das ist eine Vorladungsklage, und man soll dazu am Thing fünf Nachbarn entbieten. Kläger ist, wer will. Gleiches ist verordnet über Mannsbilder, wenn sie sich in Weibertracht kleiden.«

Im norwegischen Gulathingsgesetz, der ältesten Gesetzessammlung Norwegens, einer Aufzeichnung des mündlich vorgetragenen alten Rechts, aufgeschrieben in frühchristlicher Zeit, heißt es:

»Und wenn zwei Männer sich zur Leibeslust vermengen und werden darin erkannt und überwiesen, da sind sie beide friedlos ohne Zulassung der Buße.«

Derartige Zitate könnte man noch einige weitere bringen; sie zeigen, welche Werte damals bei uns galten; unsere heidnischen Vorfahren lehnten gleichgeschlechtliche Beziehungen ab. Umso kurioser ist es, daß man heute in Schweden bestraft wird, wenn man sich abfällig über Homosexualität äußert — nicht nur wurde diese Form der Unzucht legalisiert, es ist nun sogar verboten, das Schlechte auch „schlecht" zu nennen.

Nun stellt sich die Frage, was eigentlich Homosexualität ist. Ist es eine psychische Krankheit und sollte therapiert werden, wie man Pädophilie therapiert? Ist es anerzogen oder genetisch bedingt (wie auch andere Krankheiten, etwa die Bluterkrankheit)? Ist es natürlich, weil es angeblich auch bei Bonobos (Schimpansen) vorkommt? Was ist die spirituelle Ursache, und warum soll es schlecht sein?
Das Herder-Lexikon (Der Kleine Herder, Freiburg o. J., S. 577) nennt Homosexualität krankhaft:

»Homosexualität, krankhafter Geschlechtstrieb zu Personen des eigenen Geschlechts.«

Leider gibt es keine allgemeingültige Definition, was eine Krankheit ist und was nicht. Der Bundesgerichtshof hat am 21. März 1958 die folgende Definition erstellt:

»Krankheit ist jede Störung der normalen Beschaffenheit oder der normalen Tätigkeit des Körpers, die geheilt, d. h. beseitigt oder gelindert werden kann.«

Man hat angemerkt, daß es auch unheilbare Krankheiten gibt, die diese Definition ausschließt. Eine andere Definition lautet:

»Eine Krankheit ist eine Störung der normalen physischen oder psychischen Funktionen, die einen Grad erreicht, der die Leistungsfähigkeit und das Wohlbefinden eines Lebewesens subjektiv oder objektiv wahrnehmbar negativ beeinflußt.«

Eine subjektive negative Beeinflussung liegt bei der Homosexualität sicher vor, ähnlich wie bei Pädophilen. Und auch die Frage, ob sie in der Natur vorkommt, ist nicht entscheidend, denn bekanntlich kommen Krankheiten in der Natur auch vor, ohne deswegen erstrebenswert zu sein. Auch viele weitere merkwürdige Verhaltensweisen in der Natur nehmen wir uns aus gutem Grunde nicht zum Vorbild. So töten z. B. männliche Löwen die Jungen, die von ihrem Vorgänger gezeugt wurden, ohne daß wir den Männern deswegen erlauben, Kinder ihrer Vorgänger zu ermorden.

Es gibt anerkannte Krankheiten, wie etwa leichter Alkoholismus, die die Betroffenen in ihrem Tun nicht einschränken und die die Betroffenen selbst auch nicht als Krankheit ansehen. Es besteht bei ihnen also kein Krankheitsbewußtsein. Ähnlich ist es mit der Homosexualität, die eine Krankheit des Geistes ist und von Betroffenen meist nicht als Krankheit wahrgenommen wird. Bis 1990 galt Homosexualität als psychische Krankheit; dann, am 17. 5. 1990 beschloß die Weltgesundheitsorganisation (WHO), Homosexualität von der Liste der Krankheiten zu streichen. Es war also eine willkürliche politische Entscheidung, keine neuen medizinischen Erkenntnisse oder dergleichen, die zu dieser Streichung führten. Man fragt sich, wann z. B. Alkoholismus von der Liste der Krankheiten gestrichen wird.

Es gibt zwei Theorien, was die spirituell-karmische Ursache von Homosexualität ist. Die eine Möglichkeit besagt, daß eine weibliche Seele in einem männlichen Körper oder umgekehrt inkarniert. Nun möchte sie den Körper gerne medizinisch ändern lassen, oder der Betreffende verhält sich doch zumindest nicht dem Geschlecht seines derzeitigen Körpers entsprechend.
Wenn das zutrifft, dann muß man allerdings auch die Frage nach dem „Warum" stellen: Warum ist eine Seele in einem Körper, der

nicht ihrem eigentlichen Geschlecht entspricht? Vermutlich, weil diese Seele ein bestimmtes Karma abarbeiten muß, weil sie lernen muß, die Welt aus dem Blickwinkel des anderen Geschlechtes zu sehen. Im früheren Leben hat sie wohl etwas falsch gemacht und muß nun lernen, wie es ist, wenn man so behandelt wird. In diesem Falle wäre es ganz falsch, würde man den Körper umoperieren und so die Abarbeitung des Karmas verhindern und auf die nächste Inkarnation verschieben. Abgesehen davon, daß ein zur Frau operierter Mann ein verstümmelter Mann ist und noch lange keine Frau.

Der zweite Gedanke: Homosexualität als Strafe der Götter. Auch bei den Griechen galt wohl Homosexualität als Strafe von Zeus. Aber was ist der strafende Aspekt? Schließlich fühlen sich Homosexuelle nicht irgendwie bestraft. Die Strafe ist hier zweierlei: Einmal sicher die Tatsache, daß Homosexuelle keine Nachkommen haben werden; ihr Name und damit ihre Sippe ist also vom Aussterben bedroht, ihre Gene werden nicht weitergegeben. In früheren Zeiten sorgten die Eltern für die Kinder und später, wenn die Eltern alt sind, die Kinder für die Eltern. Genau das aber entfällt bei Homosexuellen. Es ist eine Strafe für eine Sippe, wenn sie nicht mehr weiter blühen kann und wenn niemand da ist, der die Alten ernährt. Einem adoptierten Kind könnte man zwar den Namen und das Erbe des Adoptivvaters geben, aber es ist eben kein leiblicher Nachkomme.

Dann aber kommt auch der fehlende Energieaustausch hinzu. Männer und Frauen sind unterschiedlich gepolt, plus und minus. Die Asiaten sprechen von Yin und Yang. Zusammen bilden diese beiden Urkräfte den Ausgleich; plus und minus ergibt null, den Ausgleich, die vollständige aurische Verschmelzung der beiden Liebenden. Genau das aber werden Homosexuelle nie erleben, denn plus und plus oder minus und minus ergeben eben niemals null, den Ausgleich. Es fehlt also in homosexullen Beziehungen etwas ganz Wesentliches, und das häufigere Wechseln der Partner in solchen Beziehungen ist ein Zeichen dafür, daß dieses Fehlen des Ausgleiches unbewußt wahrgenommen wird und man durch einen neuen Partner glaubt, das Fehlende nun endlich zu finden. Die Homosexuellen versuchen, dieses Manko auch dadurch zu bekämpfen, indem bei homosexuellen Männern einer der beiden versucht, eine Frau zu imitieren. So entsteht ein übertrieben „weibliches" Klischeeverhalten, welches Außenstehende als „tuntig" bezeichnen. Bei homosexuellen Frauen spielt eine oft den „männlichen" Teil, schneidet sich die Haare kurz und trägt Männerkleidung, ja imitiert sogar angeblich männliches Gehabe.

Das Vorspielen des jeweils anderen Geschlechtes (selbst wenn der Körper umoperiert wurde) ist aber nur Schein, nur Façade, nicht Substanz: An der Polung der betreffenden Person ändert sich gar nichts. Die Betroffenen kennen aber meist nichts anderes und können daher gar nicht ermessen, was sie von dem Mysterium der göttlichen Sexualität versäumen, indem sie sich mit demselben Geschlecht glauben, vergnügen zu können.

Im Christentum ist die Sache völlig eindeutig, denn Gott sagt im Alten Testament (Leviticus 18, 22):

»Du sollst nicht bei Knaben liegen wie beim Weibe; denn es ist ein Greuel.«

Das Deuteronomium 22, 5, hatte ich schon im vorigen Kapitel zitiert.

Als Strafe Gottes faßt der Apostel und Kirchengründer Paulus die Homosexualität auf (Röm. 1, 24ff):

»Darum hat Gott sie ihren Leidenschaften preisgegeben, so daß sie ihre eigenen Körper schänden. Sie beteten an, was Gott geschaffen hat, anstatt ihn selbst als Schöpfer zu ehren – gepriesen sei er für immer und ewig! Amen. Und weil sie dadurch die Wahrheit über Gott gegen eine Lüge eintauschten, lieferte er sie entehrenden Leidenschaften aus. So kam es dahin, daß ihre Frauen den natürlichen Geschlechtsverkehr mit dem widernatürlichen vertauschten, und ebenso gaben die Männer den natürlichen Verkehr mit Frauen auf und entbrannten in Leidenschaft zueinander. Männer entehren sich durch den Umgang mit Männern. So werden sie an ihrem eigenen Körper für die Verwirrung ihres Denkens bestraft. Weil diese Menschen es für unnötig hielten, nach Gott zu fragen und ihn ernst zu nehmen, hat Gott sie ihrem untauglich gewordenen Verstand überlassen, so daß sie tun, was sich nicht gehört.«

(Weitere Stellen über die Homosexualität finden sich in der Bibel: 1. Tim. 1, 9-11, 1. Kor. 6, 9-11.).

Der Gott der Bibel zerstörte die Städte Sodom und Gomorrha wegen der darin begangenen Unzucht. Wir Deutschen denken bei dem Begriff „Sodomie" an Geschlechtsverkehr mit Tieren, doch früher war das immer eine Bezeichnung für Homosexualität. Homosexuelle Männer wurden „Einwohner Sodoms", homosexuelle Frauen „Einwohner Gomorrhas" genannt. Durch die Zerstörung ihrer Städte durch Gott wurden sie auf die ganze Welt verstreut und versuchen nun, ihre einstige falsche Lebensweise wiederherzustellen, die sie vor der Zerstörung durch Gott hatten.

Das Heidentum, das Christentum und der Islam verurteilen homosexuelle Handlungen (und nicht homosexuelle Personen!) als falsch und nicht von Gott oder den Göttern gewollt.

Ich verstehe Homosexualität als eine psychische Krankheit, ähnlich wie Pädophilie. Pädophile Männer versucht man zu therapieren, umzupolen oder bringt ihnen bei, wie sie (auch mithilfe von Medikamenten) ihre krankhafte Anlage in den Griff bekommen können. Sie selbst sind sich oft nicht bewußt, eine Krankheit zu haben und stimmen den Therapien nur deswegen zu, weil sie sich der Strafbarkeit ihrer Handlungen bewußt sind. Auch Homosexualität kann therapiert werden; nur werden solche Therapien in Deutschland selten angeboten. Man nennt sie Konversionstherapien. Der Gesundheitsminister Jens Spahn ließ 2020 diese Therapien verbieten. So werden die psychisch kranken Homosexuellen mit ihrem Leiden allein gelassen. Eigentlich ist Herr Spahn als Betroffener gar nicht geeignet, derartige Therapien zu verbieten. Man würde auch keinem Raucher gestatten, darüber zu entscheiden, wo in der Öffentlichkeit geraucht werden darf, und wo nicht.

Trotzdem möchte ich hier unmißverständlich sagen: Ganz egal, als was man Homosexualität ansieht oder wie man persönlich aus religiösen Gründen dazu steht, grundsätzlich muß Homosexualität toleriert (geduldet) werden. Es ist nicht unsere Aufgabe, anderen vorzuschreiben, wie sie leben müssen, welche religiösen Werte für sie zu gelten haben. Was jeder Einzelne in seinem Leben, in seinem Umfeld macht, ist allein seine Sache, da reden wir niemandem hinein. Aber wenn Homosexualität in der Öffenlichkeit offen ausgelebt wird, ohne Rücksicht auf Religion und Wertvorstellungen der Mitmenschen, dann ist ein klares Wort durchaus am Platze. Was nach unserer Meinung falsch ist, das werden wir auch „falsch" nennen. Das ist ähnlich wie mit dem Nacktbaden: Es ist überall erlaubt, wenn es keinen anderen Menschen stört. So sollte es auch mit der Homosexualität gehandhabt werden.
Bei der „Ehe für Alle", gegen die auch Bundeskanzlerin Merkel gestimmt hatte, kommt dann noch ein anderer Gedanke hinzu: Wa-

rum sollte eine gleichgeschlechtliche Ehe, in der Kinder ja nicht gezeugt werden können, erlaubt sein, aber Geschwistern gleichen Geschlechts weiterhin verboten? Warum dürfen homosexuelle Brüder also nicht heiraten oder lesbische Schwestern? Schließlich kann kein Inzest-Kind entstehen, was ja der Grund für das Eheverbot von Geschwisterehen bildet. Da gibt es also ein Verbot, was gar nicht begründbar ist. Wenn man es aber aufhebt, dann würden Geschwister unterschiedlichen Geschlechts wiederum benachteiligt, was gegen Gleichheitsgrundsätze verstieße.

Der nächste Schritt nach der Homo-Ehe war die Erlaubnis, daß Homosexuelle auch Kinder adoptiern dürfen. Ein Kind braucht aber Mann und Weib als Vorbilder, um seine eigene Geschlechtlichkeit zu finden. Nur Männer allein oder nur Frauen als Bezugspersonen sind nicht richtig und lassen beim Kinde in der Psyche Defizite entstehen, wobei die Mutter noch wichtiger ist als der Vater. Zum Beispiel: In einer lesbischen Beziehung gibt es eine Frau, die vielleicht der Mutter noch ansatzweise ähnelt; die andere aber imitiert meist den Mann. Ein Kind, welches so eine vermännlichte Frau als Vaterersatz ertragen muß, kann nicht normal werden; das ist nicht möglich. Es bekommt ein völlig falsches Bild des Weiblichen und wird später nicht heiraten oder selbst homosexuell.

Ich bleibe dabei: Homosexualität ist schlecht, nach religiöser Sichtweise Sünde, und Betroffene sollten versuchen, sie zu überwinden. Hier bin ich mit der Überlieferung fast aller Religionen einig. Homo-Ehen sollte es nicht geben, wie auch Karl Lagerfeld (er selbst war homosexuell) es sah. Kinder brauchen beide Elternteile, vor allem die Mutter, und müssen auch ihre genetische Herkunft (leibliche Eltern) kennen, um so ihre Sippe mit allen Verwandten, ihren Stand und Stamm zu wissen. Wie muß sich ein Kind fühlen, daß später erfährt, daß es ganz andere leibliche Eltern hat?

170

Inzwischen behaupten auch Migranten, sie würden als Homosexuelle in ihrer Heimat politisch verfolgt und beantragen so bei uns Asyl. Aber die Bestrafung von homosexuellen Handlungen ist keine politische Verfolgung, sondern folgt den normalen Gesetzen eines Staates. Wenn das als Asylgrund reichen würde, dann würde Deutschland mit der Zeit sämtliche Homosexuelle der ganzen Welt aufnehmen müssen.

Auch das Argument, man müsse doch lieben können, wen man will oder man verliebe sich ungewollt, ist kein stichhaltiges Argument, denn niemand verbietet es einem Mann, einen anderen Mann zu lieben. Es ist nach ethischen Werten lediglich verboten, mit so einem Mann sexuelle Handlungen zu begehen.

Ärgerlich ist nicht, daß es Homosexuelle gibt, die ihre Anlage mit Erlaubnis des Staates und der Gesellschaft ausleben dürfen; ärgerlich ist, daß Menschen, die beim bisherigen christlichen Wert, wonach es Sünde ist, bleiben wollen, daran gehindert werden. Eine Volksabstimmung über die Einführung der Homo-Ehe gab es nicht, was wiederum ein Zeichen fehlender Demokratie war.

Wenn z. B. ein Firmenchef Menschen einstellen will, muß er auch Homosexuelle einstellen, auch wenn das ganz klar gegen seine eigenen religiösen Wertvorstellungen verstößt, ansonsten betreibt er angeblich Diskriminierung. Er wird also gezwungen, etwas nicht nur zu tolerieren, sondern für sich anzunehmen, was seinen Auffassungen widerspricht. Dies aber ist ein Eingriff in die Rechte des Einzelnen, denn jeder Mensch muß ja selbst darüber entscheiden können und dürfen, an welchen Regeln und Werten er sein Leben und sein Umfeld ausrichtet. Ähnlich ist es bei den Stellenangeboten: Die müssen inzwischen auch für Männer, Frauen und „Diverse" ausgeschrieben werden (das Gesetz verlangt übrigens nur „geschlechtsneutrale" Stellenausschreibungen, da reicht eigentlich das „generische Maskulin").

Kürzlich wurde beschlossen, auf die Einträge der Geburten in den Standesämtern auch den Eintrag „divers" oder „kein Eintrag" zuzulassen. Es gibt tatsächlich seltene Fälle, da kann ein Kind männliche und weibliche Geschlechtsorgane aufweisen. Das ist zwar eindeutig eine Mißbildung, ein genetischer Defekt, aber kommt vor. Man weiß nun nicht, ob es sich um einen Jungen oder ein Mädchen handelt und trägt daher „divers" in die Urkunden ein, bis sich das Kind irgendwann einmal entschieden hat, was es sein will. Früher wurde das von den Eltern festgelegt und das Kind umoperiert; das empfindet man heute als unzulässige Fremdbestimmung des Kindes, während man die Beschneidung von Jungen nicht als Fremdbestimmung ansieht. Aber dieses angebliche 3. Geschlecht ist eben in Wahrheit kein drittes Geschlecht, sondern das Vorhandensein von erstem und zweitem Geschlecht. Deswegen hätte eine Doppeleintragung „m/w" (männlich oder weiblich) auch gereicht.

Das Geschlecht – das lernt jeder Biologieschüler auf dem Gymnasium – läßt sich auch anhand der Chromosomen bestimmen. Eine derartige Geschlechtsbestimmung ist z. B. bei hormonüberfrachteten Leistungssportlern üblich. Es wäre also richtiger, das Geschlecht eines Kindes mit männlichen und weiblichen Genitalien durch die Chromosomen eindeutig zu bestimmen und so das Kind einzutragen und später den Körper entsprechend operativ anzugleichen. Nur bei Chromosomenstörungen (z. B. nur ein X-Chromosom usw.) sollte „divers" als Eintragung möglich sein. Eine freie Wahl des Geschlechtes hingegen sollte nicht möglich sein. Aber selbst ein unoperierter Mensch mit beiden Merkmalen ist entweder männlich oder weiblich oder hat von beiden etwas, nie aber hat er ein weiteres, drittes Geschlecht. Trotzdem werden nun alle Stellenangebote plötzlich auf drei „Geschlechter" ausgeschrieben, selbst in der kleinsten Provinzzeitung: „m/w/d" oder „männlich/ weiblich/divers". Das ist völliger Unsinn und sollte schleunigst abge-

schafft werden. Inzwischen haben sogenannte „Genderforscher"
eine Liste von über 60 angeblichen Geschlechtsidentitäten erstellt,
was man nur noch mit Kopfschütteln kommentieren kann.
Und da wundern sich die sogenannten „Eliten" darüber, daß die
Bürger sie nicht mehr ernst nehmen können? Es wird Zeit, daß
Studienfächer wie „Genderstudien" dringend reformiert, besser
noch: abgeschafft werden. Mehr ist dazu nicht zu sagen.

Leider reicht es den Homosexualität-Befürwortern nicht aus, die
gesetzlichen Möglichkeiten erhalten zu haben, sondern sie wollen
die Richtigkeit dieser falschen Lebensweise auch den Menschen
eintrichtern, die bei der alten Sichtweise bleiben. So werden inzwischen Filme gedreht, in denen gleichgeschlechtliche Beziehungen
als ganz normal dargestellt werden; meist aber so, daß die Gleichge-
schlechtlichkeit erst frühestens in der Mitte des Filmes bekannt
wird. So sollen die skeptischen Zuschauer nicht gleich am Anfang
damit konfrontiert werden, was ihnen die Möglichkeit des Abschal-
tens gäbe; stattdessen will man sie zunächst mit der Handlung fes-
seln und mischt dann im weiteren Verlauf die Homosexualität in
die Handlung ein, so daß nun ein Abschalten schwerer fällt, weil
man ja das Ende der bislang verfolgten Handlung sehen möchte.
Auch in den sonntaglichen Unterhaltungsfilmen (z. B. Katie Ffor-
de) habe ich diese versteckte Werbung schon bemerken müssen.
Kürzlich änderte das ZDF seinen Ankündigungstitel „Herzkino",
der früher ein Auto, welches an Cornwalls Küste entlangfährt, zeigte. Heute sieht man zwei engumschlungene Frauen auf einem Ber-
ge stehen. Die Homosexualität der Frauen ist hier unauffällig ange-
deutet, um damit eine entsprechende Stimmung pro Homosexualität zu erzeugen. So werden selbst Unterhaltungsfilme für politische
(und antireligiöse) Propaganda genutzt und zeigen die Medien erneut, daß sie einseitig sind. Ganz ähnlich wird es übrigens mit Migranten gemacht, die dann in so einem Film erscheinen.

Als im Februar 2021 die SPD eine Diskussion „Kultur schafft Demokratie" startete, beschwerte sich ein Herr Heinrich Horwitz darüber, daß er „mißgegendert" worden sei, er sei nämlich als „Herr" angeredet worden, er sei aber nicht „binär":

»Ich bin nicht Schauspieler oder Regisseur, ich bin Schauspieler_in und Regisseur_in. Ich bin nicht binär, ich bin eine geoutete, lesbische, nicht binäre Person.«

Vorwürfe dieser Person und der SPD richteten sich gegen Wolfgang Thierse (SPD), dem vorgeworfen wurde, im „alten Denken" verhaftet zu sein. Er sagte dazu (im Zeit-Magazin, März 2021):

»Ich bin mittlerweile zum Symbol geworden für viele normale Menschen, die ihre Lebensrealität nicht mehr gespiegelt sehen in der SPD, die unsicher sind, was sie noch sagen dürfen und wie sie es sagen dürfen.«

Im Homosexuellen- und Gender-Wahn unserer Gesellschaft sehe ich ein Zeichen der Dekadenz und des sittlichen Verfalls, der Abwendung von den religiösen Werten und göttlichen Geboten. Und das sollte man in einer demokratischen Gesellschaft auch sagen dürfen. Man darf nicht gezwungen werden, etwas gut zu finden, nur weil es gerade modern geworden ist. Traditionelle Werte haben ihre Berechtigung und dürfen niemandem verboten werden. Wenn ich etwas als schlecht erachte, weil es meinem sittlichen Empfinden und der althergebrachten religiösen und sittlich-moralischen Tradition widerspricht, dann möchte ich das in einer freiheitlichen, demokratischen Gesellschaft auch sagen dürfen. Freiheit bedeutet nämlich nicht Werteverfall.

Kapitel 13

Spiel mit der Angst

In einer idealen Demokratie sollten alle wahlberechtigten Bürger durch die Schulen und die Medien vollständig informiert werden, damit sie ihre Wahlentscheidungen unbeeinflußt treffen können. Dabei sollte nicht mit Ängsten gespielt werden oder Emotionen hervorgerufen, die den Wähler so blockieren, daß er für rationale Argumente nicht mehr zugänglich ist. Natürlich haben wir alle unsere Emotionen, natürlich machen uns Entwicklungen auch Angst, aber diese Angst sollte nicht speziell geschürt werden. Doch genau das geschieht.

Schon kurz nach dem Kriege schürte die CDU die Angst vor dem „Russen" oder vor „Moskau"; und da wir Deutsche ja ein schlechtes Gewissen hatten, konnten wir uns nach dem Kriege, den wir über die Russen gebracht hatten, eine Art Rache der Russen gut vorstellen. Eigene Erlebnisse bei Kriegsende (z. B. Vergewaltigungen durch Russen, Vertreibung usw.) ließen zudem das Schlimmste befürchten. Deswegen stellten „linke" Parteien immer eine besondere Gefahr dar, bargen immer die Angst, daß dahinter „der Russe" steckt. Auch die FDP schürte Russenangst, wie eines ihrer damaligen Wahlplakate zeigt (siehe die Abbildung auf Seite 177).

Umgekehrt galten „rechte" Parteien in den Augen links eingestellter Menschen immer als Vertreter eines Systems, welches am 2. Weltkrieg eine große Mitschuld trägt, nämlich Militarismus, Imperialismus, Nationalismus, Rassismus usw. Der Angst der „Rechten" vor dem „Russen" und seiner Revanche stand also die Angst der „Linken" vor einer Neuauflage des Denkens, welches zum NS geführt hatte, entgegen. Rechte und linke Parteien nutzten diese Ängste weidlich aus und schürten sie sogar noch fleißig. Die Studentenunruhen der späten 60er Jahre und die Anschläge der Bader-Meinhof-Gruppe (die ihre ersten Waffen aus Bundeswehrbesänden erhalten hatten – mit wessen Unterstützung auch immer) waren dem ängstlichen Bürger Anzeichen einer linken Revolution; er befürchtete, daß ihm das mühevoll erworbene Vermögen von diesen Leuten weggenommen und verstaatlicht werden würde, obwohl ja nur die großen Konzerne bei Verstaatlichung betroffen wären.

Später kamen andere Ängste dazu, so die Angst vor der Atomkraft. Diese führte zur Gründung der Partei der Grünen. Die Atomkraft birgt die Gefahr, daß bei einem Störfall (GAU, „größter anzunehmender Unfall") große Teile unseres Landes auf Jahrtausende verstrahlt und unbewohnbar werden, dazu Millionen Menschen vorzeitig durch Strahlenkrankheit (Krebs) sterben würden. Die Industrie beeilte sich, uns einzureden, unsere Atomkraftwerke, verharmlosend als „Kernkraftwerke" bezeichnet, seien sicher, anders als die Atomkraftwerke des sovjetischen Types, und ein GAU sei statistisch betrachtet nur alle 10.000 Jahre anzunehmen. Als dann 1986 in Czernobyl der Super-GAU eintrat, wurde die Angst umso größer. Sicher, die 10.000 Jahre sind ein Zeitraum in dem der GAU zu erwarten ist; daß dies nun gleich zu Anfang dieses Zeitraumes geschah, konnte man nicht wissen. Nun sollten aber die restlichen 9.960 Jahre ohne weitere Störung ablaufen – doch dann kam der zweite Super-GAU im japanischen Fukushima. Nun spätestens war klar, die Statistik, die die Energiekonzerne vorgelegt hatten, war falsch.

FDP *Wahlplakat von 1953 (Stiftung Haus der Geschichte 1992/08/443).*

Damals hatte die Politik einen deutlichen Glaubwürdigkeitsverlust erlitten, von dem sie sich bis heute nicht wirklich erholt hat. Man hat uns übrigens auch verschwiegen, daß ein Atomkraftwerk auch im störungsfreien Normalbetrieb immer eine erhöhte Radioaktivität abstrahlt; Untersuchungen ergaben erhöhte Krebsraten in der Umgebung von Atomkraftwerken. Durch das Wasser, welches aus der Umgebung zur Kühlung genommen wird, kommt erhöhte Radioaktivität in die Umgebung. Keine Betonwand ist so gut, daß sie sämtliche Strahlungen abhält. Und wenn kleinere Störfälle eintreten (davon gab es jährlich um die 100) dann wird zusätzliche Radioaktivität frei. Es hieß dann in den Medien zwar oft, es sei keine Radioaktivität ausgetreten, wenn diese nur im Reaktorgehäuse blieb. Danach war es keine Meldung mehr, aber das radioaktiv verseuchte Innere des Reaktorgebäudes blieb. Dieses mußte irgendwann „entlüftet" werden, d. h. die Radioaktivität wurde zum Schornstein herausgeblasen. Man wartete dabei auf günstigen Wind, der die Radioaktivität möglichst weit in andere Richtungen wegträgt und verteilt und Orte der Umgebung somit verschont bleiben. Und dann wird das Reaktorgebäude durch Wasserduschen von innen weiter gereinigt. Das Wasser schwemmt die restlichen radioaktiven Partikel fort – fort? Nein, in ein Sammelbecken, von wo es nach und nach in den Fluß oder das Meer gepumpt wird. Die Radioaktivität geht also in unsere Umwelt und bleibt dort jahrtausendelang. Deswegen ist die Angst vor der Beherrschbarkeit dieser Technologie durchaus nachvollziehbar. Nebenbei ist auch die Entsorgung nicht gesichert und wird in Fukushima noch immer täglich radioaktives Wasser produziert, welches in vielen großen Tanks gesammelt wird. Was man damit machen soll, weiß man nicht, aber man will es wohl nach und nach ins Meer ablassen.

Die nächste Angst, die von der Politik geschürt und ausgenutzt wurde, war die Angst vor der NATO und ihrem Nachrüstungsbeschluß. Die Russen hatten „SS 20"-Raketen aufgestellt, die NATO wollte mit „Pershing II" antworten. Es ging hier vor allem um das Geschäft der Waffenindustrie. Die Gefahr, daß versehentlich durch die vielen derartigen Raketen und Bomben ein Atomkrieg der beiden Supermächte UdSSR und USA ausgelöst wird, wurde immer größer. Zu so einem ungewollten Krieg soll es sogar tatsächlich beinahe einmal gekommen sein, doch wurde uns das damals in den Medien verschwiegen. Ein Slogan der Linken lautete »To be or NATO be« („to be or not to be" – sein oder nicht sein), und ein Lied der Neuen Deutschen Welle hatte den Text »Besuchen sie Europa solange es noch steht«. Die Medien zählten die Divisionen und rechneten russische und amerikanische gegeneinander auf – verschweigend, daß russische Divisionen kleiner als amerikanische waren. Für die Angst der Bürger aber reichten diese lückenhaften Angaben.

Dann kam die Angst vor dem Waldsterben; überall bildeten sich Initiativen, die die Wälder schützen wollten, wie z. B. „Robin Wood". Ein Wahlspruch damals lautete »Nicht schwafeln – entschwefeln«. Wir wissen heute, daß unsere Wälder immer noch stehen und es nicht mehr ganz so schlimm ist, auch weil die Industrie der sogenannten „DDR" inzwischen abgewickelt wurde. Ich erinnere mich, daß man in der Region Wolfen kaum atmen konnte, so sehr stank es dort nach Chemie und Abgasen. Und daß ein Trabant etwa 20 Mal soviel Abgase abließ, wie ein modernes westliches Fahrzeug ohne Katalysator, kommt hinzu. Um eine Luftreinhaltung hat man sich in der Mitteldeutschen Zone nie gesorgt.

Nach dem Wald kam das Ozonloch. Das sei inzwischen so bedrohlich dünn, daß wir bald alle an Hautkrebs sterben werden, wenn wir noch ungeschützt in die Sonne gehen. Man reduzierte die Treibhausgase, und heute ist das Ozon-Loch über den Polen kein Thema mehr. Durch Sonneneinstrahlung entsteht nämlich auch neues

Ozon, d. h. ein Ozonloch schließt sich sowieso irgendwann von selbst.

Und dann der Rinderwahn. Weil man Rinder, die ja Pflanzenfresser und Wiederkäuer sind, aus Gründen der Profitmaximierung mit Tiermehl (zermahlene tote Tierkörper) fütterte, bekamen einige von ihnen den sog. „Rinderwahn", der als Krankheit „Creutzfeldt-Jakob-Syndrom" auch die Menschen bedrohte. Wer Rindfleisch ißt, läuft Gefahr, am Rinderwahn zu erkranken. Die Burgerketten MacDonalds und Burger King nahmen schnell auch vegetarische Burger in ihr Sortiment auf (Gemüse Mac bzw. Countryburger). Rindfleisch aus England wollte niemand mehr, es wurde boykottiert, und überall wurden genaue Herkunftsangaben gemacht. Auf die große Massenepidemie von Millionen von „Creutzfeldt-Jakob-Patienten" warten wir allerdings immer noch vergeblich.
Bis heute ist die Angst vor der Genmanipulation aktuell. Wenn Saatkonzerne wie der von vielen als „Verbrecher-Konzern" bezeichnete Konzern „Monsanto" genmanipuliertes Saatgut in die freie Natur einbringen, dann ist diese Natur unwiderbringlich verändert. Wenn Menschen Produkte von solchen genmanipulierten Pflanzen essen, besteht die Gefahr irreversibler Schädigungen.

Dann kam Aids; eine Krankheit, von der man damals in den Zeitungen lesen konnte, daß sie erst durch fehlgelaufene Versuche der US-Militärs erzeugt wurde. Man hatte wohl geheim mit Affen in Afrika experimentiert, dann muß einer der Affen einen Wärter gebissen haben, und so kam das Aids-Virus auf den Menschen und ist heute besonders in Afrika verbreitet. Zwar beeilte man sich damit, eine alte Blutkonserve vorzulegen, in der das Virus auch schon enthalten gewesen sein soll, aber eine Blutkonserve zu fälschen, um den imateriellen Schaden vom eigenen Staat (USA) abzuhalten, ist für die CIA natürlich eine Kleinigkeit.

Damals hatten jedenfalls alle Menschen im sexuell aktiven Alter Angst vor Ansteckung; teils wollte man nicht mit HIV-Infizierten in einem Raum sitzen oder aus demselben Glas trinken. In einer Talk-Show trank dann jemand demonstrativ aus dem gleichen Glas, aus dem zuvor der Aids-Kranke getrunken hatte. Man hatte überhaupt den Eindruck, daß es der Politik mehr darum ging, die Aids-Kranken nicht auszugrenzen oder die „heilige Kuh" Homosexualität als Aids-fördernd nicht zu erwähnen, als wirklich das Volk vor Ansteckung zu schützen.

Die Frage, ob Mücken Aids übertragen, ist immer noch nicht endgültig geklärt. Die Politik fürchtet wohl eine Massenpanik, wenn ruchbar werden würde, daß durch Mücken HIV übertragen werden kann. Übrigens sind auch viele Krebs-Formen ansteckend, was die Politik im Einklang mit den Medien verschweigen will. Inzwischen gibt es Hinweise, daß auch die durch Zecken übertragene Lyme-Borreliose ihre Entstehung Versuchen der Militärs verdankt. Zwischen 1950 und 1975 soll das Pentagon damit experimentiert haben, ob sich Zecken und andere Insekten möglicherweise als Biowaffen einsetzen lassen, indem sie etwaige Feinde befallen und diese infizieren. Manipulierte Zecken des US-Verteidigungsministeriums kamen frei und infizieren die Menschen seitdem mit der Borreliose, derzeit gibt es geschätzt 300.000 Neu-Erkrankte jährlich allein in den USA. Das US-Repräsentantenhaus will diese Angelegenheit nun endlich offiziell klären lassen, ich halte das aber für eine unzutreffende Theorie, weil es die Borreliosestämme auch bei uns gibt, sie aber anders sind, als in den USA.

Die nächste Angst, die mir noch einfällt, war die Angst vor dem Jahrtausendvirus. Erinnern Sie sich noch? Da hieß es, die Rechner könnten bei Umstellung der Jahreszahl von 1999 zu 2000 nicht mehr funktionieren, weil sie mit einem Virus (Schadprogramm) verseucht sind. Teile der öffentlichen Versorgung, Strom, Wasser,

Banken und Versicherungen sowie Krankenhäuser könnten mit diesem Virus lahmgelegt werden. Alle diese Ängste waren offenbar unbegründet, wie sich am 1. 1. 2000 zeigte.

Eine Angst besteht immer; sie ist wie ein „Joker" der dann von der Politik bei Bedarf aus dem Ärmel gezogen wird, die Angst, daß die Renten nicht mehr sicher sind und wir im Alter hungern werden und die Angst vor sozialem Abstieg. Die Politik nutzt diese Angst für ihr durchschaubares Ziel, fremde Menschen in unser Land zu holen, die dann unsere Renten erwirtschaften sollen.
Wir wissen natürlich, daß es auch ohne diese Menschen ginge, wenn man die Renten anders organisieren würde (etwa so wie in Österreich), doch das ist nicht erwünscht. Man braucht die Renten- und Abstiegsangst, um bestimmte politische Ziele durchzusetzen, die ansonsten nicht durchsetzbar wären.
Für eine Mehrheit der Menschen aus allen politischen Richtungen bildet heute die zunehmende Anzahl von Menschen fremder Herkunft und Religion in unserem Lande einen großen Angstfaktor. Sie sehen anders aus, denken anders, haben eine andere Mentalität und Religion und können meist mit unseren Werten nichts anfangen. An ihrem Äußeren (Kleidung, Kopftuch, Vollbart) erkennt man zudem, daß sie gar nicht gewillt sind, sich in unsere Werteordnung einzugliedern. Es sind auch mehrheitlich junge, aggressive Männer. So gefährdet allein ihre bloße Anwesenheit unsere Kultur und das Weiterbestehen unseres Volkes in der Form, wie wir es kennen. Dazu kommt eine höhere Kriminalitätsrate, die den Menschen gleichfalls Angst macht.

Dann kam der Euro mit seinen Problemen. Als er eingeführt wurde, befürchteten viele Menschen, er würde gegenüber dem Dollar sinken, und es würde eine allgemeine Entwertung stattfinden. Das ist so nicht (noch nicht?) eingetreten, aber daß die Preise gestiegen sind, das spürt man deutlich. Was früher ein *DM*-Preis war, ist heute in gleichen Zahlen der Euro-Preis, d. h. alles ist doppelt teurer geworden, die Löhne aber stiegen nicht im gleichen Verhältnis.

Die aktuellste Angst ist die vor dem Klimawandel. Interessant ist, daß diejenigen, die nicht von einem maßgeblich vom Menschen gemachten Klimawandel ausgehen, abwertend „Klimaleugner" genannt, also als Lügner bezeichnet werden. Die Gletscher gehen zurück, das Eis an den Polen schmilzt, die Sommer werden heißer und trockner, die Winter kälter und extremer. Das ist der Klimawandel, und die Angst davor wird seit einiger Zeit in den Medien geschürt – böse Zungen behaupten, das geschieht, um den Grünen mehr Stimmen zu bringen und der AfD Wähler zu entziehen. Unbestreibar ändert sich unser Klima. Aber ist das etwas ungewöhnliches? Das Klima ist laufend im Wandel, seit wir es messen können. So wissen wir, daß es in der Bronzezeit bei uns um etwa 2 Grad wärmer war. Dann wurde es kälter, im Jahre 1000 u. Zt. wurde es in Island nochmal um 1 Grad kälter, was die Menschen auf den Glaubenswechsel vom Heidentum zum Christentum und entsprechend zürnende Götter zurückgeführt hatten. Und vor 10.000 Jahren gab es in unserer Region eine Eiszeit. Das Klima war also immer im Wandel, ohne menschliches Eingreifen. Es ist möglich, daß der heutige Klimawandel vom Menschen mitverschuldet wurde, vielleicht aber ist er auch ganz natürlich. Die Innuit behaupten, die Erdachse habe sich geringfügig verschoben und habe so die Klimaveränderungen bewirkt. Da es früher einmal wärmer war und die Menschen auch damit zurechtkamen, brauchen wir vor einer Erwärmung keine Angst zu haben. Dennoch ist es richtig, Handlungen zu vermeiden, die so einen Wandel beschleunigen könnten, zumal die Reduzierung von Feinstaub und CO_2 für die Gesundheit von Mensch und Tier nur gut ist. Kostenloser Nahverkehr, Tempo 100 auf Autobahnen, kostenloser Umbau der Dieselkraftfahrzeuge die zu hohe Emissionen haben durch die Hersteller, Kerosinbesteuerung, Verwendung von Propellermaschinen statt Düsenflugzeugen usw. wären Maßnahmen, die in jedem Falle sinnvoll sind.

Immer wieder wird von den Angstmachern eine neue „Kuh durchs Dorf" getrieben, eine neue Angst vor irgendetwas geschürt, um Unterstützer für die eigenen Ideen zu finden. Aber da sich die meisten Ängste der Vergangenheit als unbegründet erwiesen haben, funktioniert die „Angstmache" inzwischen nicht mehr so perfekt, was dann zur Gefahr wird, wenn eine Angst wirklich begründet ist, wie die Corona-Pandemie, die mit der Spanischen Grippe verglichen wird, obwohl sie noch nicht so viele Opfer forderte. Inzwischen wollen sich viele Menschen nun nicht mehr an die von der Regierung angeordneten Einschränkungen halten.
Ich befasse mich damit im nächsten Kapitel.

Kapitel 14

Corona

Daß sich 2020 das Corona-Virus von China bis nach Europa und in Deutschland ausbreiten konnte, ist eine Folge der Globalisierung. Diese Globalisierung, zu der das Volk nie befragt wurde, hilft in erster Linie den Reichen und Konzernen, reicher zu werden; sie ist auch eine Gefahr für die Völker. Ob die Welt in diesem Sinne weitermachen kann, sollte angesichts weiterer möglicher Pandemien überlegt werden.

Ein Virus wie das Corona-Virus bringt die Menschheit dazu, falsche Verhaltensweisen aufzugeben bzw. zu überwinden. Die erste Lehre, die wir durch das Virus lernen müssen ist, daß es nicht richtig ist, Wildtiere zu fangen, zu quälen und zum Verzehr zu verkaufen. Vielleicht ist es sogar ganz falsch, überhaupt Fleisch zu essen. Aber das Virus und die durch es erfolgten Einschränkungen des Alltags führen auch noch zu weiteren Lerneffekten.

So ist es Tatsache, daß durch den vom Virus ursächlich verschuldeten „Lockdown" viel weniger Autoverkehr, Flugverkehr und Warenverkehr herrschte. Das bedeutete mehr Ruhe, weniger Lärm, weniger Abgase, deutlich weniger Verkehrsunfälle. Am blauen Himmel waren die störenden Kondensstreifen der Flugzeuge selten. Diese waren in der Vor-Corona-Zeit oft so stark, daß der ganze Himmel „wolkig" und das Sonnenlicht gebremst wurde. Weniger Lärm, bessere Luft, Ruhe statt Hektik. In den Städten nahm endlich der Radverkehr zu, überall wurden „Pop-up-Radwege" auf den Straßen abmarkiert, die dann auch blieben, als der verordnete Stillstand zu Ende war.

Vielleicht kommt die Bahn dann auch irgendwann wieder dahinter, daß in den Zügen geschlossene Abteile viel besser sind als ihre Großraumwagen, die mich immer an Viehtransporte erinnern. Immerhin denkt man inzwischen darüber nach. In den Bussen und Taxen könnten wieder Trennscheiben eingebaut werden wie früher; vielleicht nimmt man das auch als Anregung, die umweltschädlichen Düsenflugzeuge durch moderne Propellermaschinen mit viel weniger Abgasen zu ersetzen.

Auch der „Kreuzfahrt-Wahnsinn", wo in hochhausgroßen häßlichen Schiffen naive Rentner auf unterstem Niveau bespaßt werden, wurde durch die Ausbreitung von Covid hinterfragt. Durch die riesigen Kreuzfahrtschiffe werden historische Städte durch Massentourismus geschädigt und durch den Dieselruß zerstört.

Familien mußten sich nun wieder um ihre Kinder selbst kümmern; abschieben in die Kinder-Tagesstätte oder den Kindergarten ging nicht mehr. Eigentlich sollte das die Eltern freuen, schließlich hatten sie sich Kinder gewünscht, und es müßte ihr ureigenstes Anliegen sein, sich mit den eigenen Kindern beschäftigen zu dürfen. Die geldgierigen Doppelverdiener mußten sich nun zwangsweise einigen, daß einer zu Hause bleibt und sich um die Kinder kümmert, was traditionell am besten die Hausfrau macht. So setzte sich das in Jahrtausenden bewährte Familienbild wieder durch.

Untreue Ehemänner konnten nicht mehr zu Prostituierten gehen, sondern mußten ihren Ehefrauen treu bleiben. Die Homosexuellen konnten sich nicht länger in Parks herumtreiben, und der Sex-Tourismus nach Asien oder Afrika mit all seinen negativen Begleiterscheinungen war auch nicht mehr möglich.

Alleinerziehende wurden gezwungen, sich an ihre (Ex-)Partner zu wenden, um so die Erziehungslasten gerecht zu verteilen. Da die Gaststätten geschlossen waren, mußten viele wieder lernen, selbst zu kochen. Tatsächlich können viele Menschen heutzutage gar nicht mehr kochen.

Der virusbedingte Lockdown zeigte uns dann auch noch, wie weit sich der Sport vom Idealismus getrennt hat und zu einer reinen Geldangelegenheit geworden ist. Früher wollten Menschen Sport im Verein betreiben, weil es ihnen Spaß machte und sie ihre Kräfte messen wollten, mitmachen war alles; sie bezahlten sogar noch Vereinsmitgliedsbeiträge. Heute geht es nur noch ums Geld, und entlarvend ist die Aussage von Fußballfunktionären, daß Sportvereine in Konkurs gehen würden, wenn sie nicht vor Publikum spielen dürften.

Gut war auch, daß die Friseure geschlossen waren. So konnten sich Frauen die Haare nicht färben (was wegen der Substanzen krebserregend ist) und nicht zu den häßlichen Bubikopf-Frisuren kurzscheren lassen, die man heutzutage so oft sieht.

Das ewige, hektische Geld-Scheffeln als alleiniger Lebenszweck um dann dreimal im Jahr in die Ferne zu flüchten, entfiel nun. Es waren gerade Ski-Urlauber, die sich in Tirol angesteckt hatten, und es war ein Mann, der zuerst nach China, dann in Tirol zum Ski-Urlaub reiste, um dann in der Gemeinde Heinsberg auch noch Karneval „mitzunehmen". Daß so eine Lebensweise nicht richtig ist, die nur von der eigenen Vergnügungssucht bestimmt ist, liegt auf der Hand. Nun mußte man zu Hause bleiben; es war plötzlich Zeit um ein Buch zu lesen, in die Natur zu gehen oder sich musikalisch oder

künstlerisch zu betätigen. Die Leere im Hirn mußte man nun fül-
len, statt sich durch Flucht und Verdrängung und „Dauer-Fun"
vorzugaukeln, so eine Leere bestünde gar nicht.

Gottesdienste in Kirchen waren verboten, dann nur im kleinerem
Rahmen wieder erlaubt, und der Islamkult in den Moscheen war
gleichfalls verboten worden. Wer beten wollte, der konnte in die
Natur gehen, wo die Götter immer präsent sind.

Der durch das Virus verursachte Stillstand war also als Chance zu
sehen: Als Chance, sich wieder mit den eigentlich wichtigen Dingen
des Lebens zu befassen, mit der Kultur, der Natur und der eigenen
Famile.

Die Welt war in Sorge vor der Coronavirus-Pandemie. Was dazu
von wissenschaftlicher Seite bekannt war, erfuhren wir täglich aus
den Medien. Viren sind danach infektiöse organische Strukturen,
die sich als Virionen außerhalb von Zellen durch Übertragung verbreiten, aber als Viren nur innerhalb einer geeigneten Wirtszelle
vermehren können. Sie selbst bestehen nicht aus einer oder mehreren Zellen. Alle Viren enthalten das Programm zu ihrer Vermehrung und Ausbreitung, besitzen aber weder eine eigenständige Vermehrung noch einen eigenen Stoffwechsel und sind deshalb auf
den Stoffwechsel einer Wirtszelle angewiesen. Daher sind sich Vi-
rologen weitgehend darüber einig, Viren nicht zu den Lebewesen
zu rechnen. Man kann sie aber zumindest als „dem Leben nahestehend" betrachten, denn sie besitzen allgemein die Fähigkeit zur
Vermehrung und Entwicklung.

Wie konnte das Corona-Virus entstehen? Es wurde von Fleder-
mäusen oder Schuppentieren (Pangelin) auf den Menschen übertragen, und zwar in Wuhan, China. Dort auf dem Markt wurde mun-

ter mit illegal in der Natur gefangenen Tieren gehandelt; teils werden diese brutalst getötet: Schlangen oder andere Tiere werden z. B. bei lebendigem Leib gehäutet usw. Und das alles geschah 2019, obwohl kurz nach dem Ausbruch des Sars-Virus der Handel mit Wildtieren verboten wurde – schon zwei Jahre später scherte sich niemand mehr darum, und es ging weiter, wie immer. Dann kam also der zweite Virenausbruch. Die Viren der Tiere gingen auf den Menschen über. Da hilft es nun auch nicht mehr, daß erneut Fangen und Handel mit Wildtieren in China verboten wurde. Nach einer anderen Theorie stammte das Virus aus einem Tierversuchslabor in Wuhan.

Die Coronavirus-Epidemie traf also jedenfalls hauptsächlich Menschen, die sich durch ihr Tun von einem normalen, bescheidenen Lebenswandel abgewendet hatten, gerade in China, wo zwar nicht alle an den Tierquälereien mitmachen, sie aber doch dulden. Nach dem Kriege wurden dort durch die Menschen Milliarden von Vögeln getötet, die der Kommunismus wähnte, nicht zu benötigen. Und in andern Ländern gibt es natürlich auch genügend Menschen, die Fleisch essen und denen das Tierwohl egal ist.

Es kommt auch noch ein anderer Gedanke hinzu, die globalisierte Welt: Manager jetten um die Welt ohne Rücksicht auf Umwelt, Völker, Kulturen, nur um ihren Profit zu vergrößern, höhere Werte zählen nicht mehr. Als es 2015/16 die großen Ströme von Einwanderern gab, hieß es noch von der Politik, man könne die Grenzen gar nicht schließen und illegale Grenzübertritte nicht wirksam verhindern. Jedenfalls war die Merkel-Regierung nicht bereit, die Grenzen zu schließen – das war ein Fehler, den man bis heute nicht wirklich einsieht. 2020 machte man denselben Fehler erneut, so daß das Virus zu uns kommen konnte. Prinzipienreiterei („offene Gesellschaft") statt ernsthafter Schutz der Bevölkerung. Die Grenzen der Staaten konnten nun plötzlich geschlossen werden; 2020 hat die Angst vor dem Virus gezeigt, daß es also doch geht. Angst scheint hier ein guter Lehrmeister zu sein.

Corona hat uns außerdem gezeigt, wie schlecht kapitalistische Gesellschaften auf Krisen eingestellt sind: Es fehlten Atemschutzmasken, Schutzanzüge, Beatmungsgeräte, Intensivstations-Betten und entsprechendes Personal. Und die Politik hatte viel zu spät gehandelt. Hätte man nach dem Auftreten des ersten Falles in Deutschland sofort alle Grenzen geschlossen, Flug- und Bahnverbindungen ins Ausland gekappt, dann wäre uns ein Lockdown mit den negativen wirtschaftlichen Folgen erspart geblieben. Aber Politiker, die Bauern- und Tagelöhnerfamilien entstammen und deren erstes Ziel der Gelderwerb ist, sind natürlich nicht unbedingt befähigt, schnelle und sinnvolle Entscheidungen zu treffen.

Der vielgepriesene Föderalismus erwies sich als hinderlich, da in jedem Bundesland andere Regeln galten. Aber wahrscheinlich ist es gar nicht der Föderalismus, sondern die Handlungsunfähigkeit der Bundesregierung, die bei den Bürgern Zweifel an unserem politischen System aufkommen läßt.

Und das Virus hat auch deutlich gezeigt, daß ein Zusammenhalt des Volkes nicht mehr selbstverständlich ist. Im Weltkrieg hielten alle zusammen, organisierten Lebensmittel usw. im Kampf für die falsche Sache. Nach dem Krieg hielten die Menschen ebenfalls zusammen, nahmen die Vertriebenen auf und räumten gemeinsam die Trümmer weg.

Nun kam eine weltweite Pandemie, und wir suchen den Zusammenhalt vergeblich. Notorische Individualisten und Quengler meinen, sie bräuchten sich um Anordnungen der Regierungen nicht zu kümmern und versammelten sich, ohne den geforderten Abstand zu halten oder Atemmasken zu tragen.

Wie kommt es, daß das Volk nicht zusammenhält, wenigstens in der Zeit der Krise? Weil viele Menschen kein Vertrauen zur Regierung haben; sie vermuten (an Hand der früheren Entscheidungen), daß diese Regierung eben nicht Schaden vom Deutschen Volk fernhalten, sondern es sogar seiner Rechte ganz berauben will. Dazu kommt eine entrechtete Polizei, die besonders von Migranten nicht ernst genommen wird. Der Zusammenhalt eines Volkes ist in einem Völkergemisch, wie es heute in Deutschland besteht, nicht möglich. Wir erleben das auch gerade in Frankreich, wo über 1000 Militärs, darunter 20 Generäle im Ruhestand einen von 14.000 Menschen unterzeichneten Brandbrief an die Regierung schrieben, in welchem sie die zunehmenden Aggressionen gegen Polizisten und Staatsvertreter thematisierten und davor warnten, daß bald das Militär gegen aufständische Migrantenbanden in den Banlieues (Vorstädten) vorgehen müsse, wenn die Regierung nichts mache. Frankreich wird immer unregierbarer.

Sehr ärgerlich war auch, daß die Politik die Bürger in der Corona-Frage in keiner Weise ernstgenommen hatte. Es wurde nicht mit nüchternen Fakten argumentiert, sondern mit emotionalen Bildern aus den Intensivstationen; mit Abschreckung sollten die Bürger zur Zustimmung zu den Lockdown-Maßnahmen gebracht werden. Dies geschah vom Standpunkt einer moralischen Überlegenheit heraus, nach dem Motto, wer nicht mitmacht, trägt die Schuld an den vielen Toten. In Wahrheit hatten die Bundesregierung sowie die EU die Schuld daran, daß Impfstoff viel zu spät kam und deswegen viele Menschen starben, die man hätte retten können.
Ich gehöre nicht zu den Menschen, die die Gefahr von Corona herunterspielen oder irgendwelchen Verschwörungstheorien aufsitzen, wonach Bill Gates an allem schuld sei; ich bin eher überzeugt davon, daß sie ganz real ist und man gut daran tut, sich zu schützen und sein Verhalten (Reisen, Feste, Ansammlungen) zu ändern.

Ich verstehe auch, daß viele Menschen der Regierung nicht mehr vertrauen und vermuten, die Einschränkungsmaßnahmen gegen die Pandemie würden auch nach Ende der Seuche beibehalten werden; tatsächlich wurden ja z. B. die nach den Terroranschlägen vom 11. 9. 2001 eingeführten zusätzlichen Sicherheitsmaßnahmen bei Flügen beibehalten. Bis heute darf man immer noch nicht Flüssigkeiten über 100 ml in Flugzeugen mitnehmen, obwohl es entsprechende Terrorakte seitdem nicht mehr gab. Aber es könnte solche jederzeit wieder geben, und vielleicht hat das Verbot sogar einige verhindert. Deswegen sind Pandemie-Maßnahmen und Anti-Terror-Maßnahmen kaum zu vergleichen. Aber die 1968 eingeführten sog. „Notstandsgesetze", mit äußerer Bedrohung und inneren Aufständen begründet, wurden bis heute beibehalten. Es handelte sich um umfangreiche Grundgesetzänderungen durch die große Koalition aus SPD und CDU. Dabei gab es auch Grundrechtseinschränkungen, die teilweise auch unabhängig von Notstandssituationen gelten. Gegen diese Gesetze gab es heftige, aber wirkungslose Proteste. Gegner der Corona-Maßnahmen befürchten, daß viele Corona-Einschränkungen auch nach der Pandemie beibehalten werden. Inzwischen wurde der Verfassungsschutz gegen die „Querdenker" ins Spiel gebracht. Der Verfassungsschutz zeigt damit erneut, daß er von der Regierung gegen politische Gegner eingesetzt wird, was nicht seiner Aufgabe entspricht. Man fragt sich sowieso, warum eine Behörde, die die Verfassung (also das Grundgesetz) schützen soll, nicht tätig wird, wenn dieses Grundgesetz von der Politik geändert werden soll (wie 1968 bei der Einführung der Notstandsgesetze). Eine Verfassung ist mehr als nur ein Gesetz. Sie zu ändern sollte den Bundestagsabgeordneten nicht erlaubt sein, eine Verfassung muß in Volksabstimmung vom ganzen Volke angenommen werden, und genauso eine Änderung der Verfassung. Denn sonst könnten die Abgeordneten eine vom Volke angenommene Verfassung so abändern, daß eine ganz andere Verfassung entsteht. Jede

Partei, jeder Bürger muß Kritik an der geltenden Verfassung üben können und Vorschläge zur Verbesserung machen dürfen, die dann ggfls. per Volksentscheid angenommen oder abgelehnt werden. Und der sog. „Verfassungsschutz" darf nicht Änderungswünsche der einen politischen Richtung als „verfassungsfeindlich" brandmarken, während die andere, in Mehrheit stehende politische Richtung laufend Änderungen propagiert, einbringt und durchsetzt. Hier wird mit zweierlei Maß gemessen. Wer etwas am Grundgesetz ändern will, der ist mit ihm in der bisherigen Form offenbar nicht einverstanden und per Definition „verfassungsfeindlich", komme er nun von Rechts oder Links.

Änderungen an der Verfassung bedürfen der Zustimmung des Volkes, ansonsten sind diese Änderungen undemokratisch erfolgt, derartige Grundfragen können Stellvertreter (Politiker) nicht entscheiden, auch nicht mit 2/3 Mehrheiten.

Statt vor dem Corona-Virus Angst zu haben, sollten wir es als Chance sehen: Es gibt zu viele Menschen, die Erde wird ausgebeutet und zerstört. Kinderlosigkeit oder die Begrenzung der Kinderzahl predigt niemand, so daß die Weltbevölkerung weiter zunimmt. Kriege wollen wir nicht, also muß es irgendetwas anderes geben, welches gegen die Überbevölkerung wirkt, und da bleiben nur Krankheiten und Seuchen. Die Reduzierung der Anzahl der Menschen auf der Erde auf ein erträgliches Maß ist notwendig, damit alle verbleibenden Menschen dort noch problemlos leben können und die Natur eine Chance hat. Gerade in der 3. Welt ist die Geburtenrate viel zu hoch, was der Grund für die dort herrschende Armut und als Folge Grund für Verteilungskriege und die Migration aus diesen Ländern ist.

Kapitel 15

Einwanderung

Die Mentalitäten sind unterschiedlich; was der eine als Bedrohung ansieht (z. B. den Klimawandel), stört den anderen nicht, aber er sieht die Migration als Bedrohung an, was wiederum den ersteren nicht stört. Es gibt „Weltbürger", die ihren Urlaub auf der ganzen Welt machen und daher mit vielen Menschen fremder Kulturen zusammentreffen und darunter viele freundliche und gute Menschen finden. Deswegen sehen sie Fremde in unserem Lande eher als Bereicherung, erinnert sie das doch an schöne Urlaubszeiten in fernen Ländern. Für sie hat „Kultur" nicht einen so hohen Stellenwert, wie für andere, da sie in ihrem Leben auf ganz viele Kulturen gestoßen sind und die Einzelkultur daher nicht so relevant ist.
Die andere Gruppe sind die „Heimatverbundenen", die nicht soviel reisen, eher im Lande bleiben und für die Kultur mehr Bedeutung hat, als für die anderen. Sie wollen sich in der Heimat unter Ihresgleichen wohlfühlen und sich hier nicht fremd fühlen müssen. Sie sehen durch die Masseneinwanderung fremder Menschen die eigene Kultur gefährdet, und dies hat einen hohen Stellenwert in ihrem Leben.

In der Natur ist es so, daß die Tiere ihre Reviere abgrenzen und verteidigen. Das ist ganz natürlich und so von der Natur gewollt. Auch wir Menschen wollen unser Land und unsere Kultur abgrenzen und verteidigen. Denn wenn wir dazu zu schwach sind, kommen andere und nehmen unsere Plätze ein, vertreiben uns vielleicht sogar am Ende, wie etwa die Europäer die indianischen Ureinwohner dezimiert und vertrieben haben.

In Deutschland lebten vor dem Beginn der Flüchtlingswelle 2015 bereits 16,3 Millionen Migranten und 7 Millionen illegale Ausländer; das sind keine Österreicher, Schweizer oder Skandinavier, sondern zum großen Teil Menschen aus dem Nahen Osten, meist Muslime. Insgesamt 23,3 Millionen. Das Statistische Bundesamt sprach in einer Meldung vom 21. 8. 2019 davon, daß inzwischen rund jeder 4. Mensch in Deutschland einen Migrationshintergrund hat. Das ergab sich aus dem Mikrozensus von 2018.

Als Person mit Migrationshintergrund gilt nach Behördendefinition, wer entweder selbst oder dessen Vater oder Mutter nicht mit deutscher Staatsangehörigkeit geboren wurde. Diese Definition erfaßt also nur die erste und zweite Generation von Migranten; die Kinder der in Deutschland geborenen zweiten Generation gelten danach nicht als Migranten, obwohl sie keinerlei germanische (deutsche) oder keltische Vorfahren haben. Und ich, als Sohn eines in Budapest geborenen Vaters gelte als Migrant, obwohl die Familie des Vaters aus Böhmen deutschstämmig war. Allerdings bin ich von keiner Statistik erfaßt worden oder wurde dazu befragt. Nimmt man also solche „Migranten", wie ich es bin, sowie die Kinder der Migranten der zweiten Generation dazu, dann haben wir in Deutschland noch mehr als 25 % Migranten.

Einwanderer beanspruchen bei uns Wohnungen, Arbeitsplätze, Infrastruktur, Recourcen, die wir ihnen zur Verfügung stellen und die uns entsprechend selbst dann fehlen. Aktuell gibt es bei uns Wohnungsprobleme, denn die Wohnungsnot zusammen mit der Mietenexplosion ist auch eine Folge der Einwanderung einer großen

Zahl von Menschen aus anderen Ländern. Es waren 1,8 Millionen Migranten, die ab 2015 in unser Land kamen, davon sollen 300.000 es wieder verlassen haben (oder sind in die Illegalität gegangen). Nach Hans-Georg Maaßen (ehem. Präsident des Verfassungsschutzes) sind seit 2012 2,07 Millionen Asylbewerber aus sicheren Drittstaaten nach Deutschland gekommen, darunter 1,8 Millionen Araber. Zusätzlich kamen noch durch den Familiennachzug Menschen hinzu sowie sehr viele illegale Migranten. Die Zahl dürfte also in Anbetracht der großen Familien noch deutlich höher sein (Maaßen bei Markus Lanz, ZDF am 17. 12. 2019). Der überwiegende Teil bekommt staatliche Unterstützung: 67% der Migranten erhalten Hartz-IV-Leistungen, 9% bekommen Bafög; insgesamt erhalten also 76 % staatliche Unterstützung aus dem Geld der hiesigen Steuerzahler.

Die eingewanderten Menschen aus dem Nahen Osten haben eine andere Mentalität und religiöse Prägung als die Deutschen; leider gibt es unter ihnen auch viele intolerante Islamisten, bei denen die Demokratie und unsere Werte nichts zählen. Sobald aber solche Islamisten hier Mehrheiten haben, wird es unser „geltendes Recht" nicht mehr geben. Dann kommt ein anderes Recht, an die Scharia angelehnt. Dinge wie Recht und Gesetz sind nur Papiere, auf die sich die Mehrheit geeinigt hat und an die sie sich hält. Ändern sich die Mehrheitsverhältnisse, dann werden andere Papiere verbindlich, andere Gesetze erlassen.

Es gibt genügend Staaten auf der Welt, in denen Muslime zunächst friedlich als Minderheit lebten; als diese Minderheit wuchs und zur Mehrheit zu werden drohte, fing es an mit restriktiven Gesetzen gegen die ursprüngliche Bevölkerung – ganz gut gerade in Malaysia zu sehen, wo die Buddhisten inzwischen unter islamisch bedingten Repressionen zu leiden haben.

Fanatische Islamisten schaden der Demokratie, denn ihr Denken sieht in der Demokratie eine Regierungsform der Schwäche und Dekadenz, von „Ungläubigen“ ersonnen. Sie werden also ihr Denken einbringen, durchaus unbewußt, und auf die Dauer wird unsere Demokratie vergehen oder doch sehr leiden. Eine Verfassung wie das Grundgesetz ist nichts weiter als ein Papier, auf das wir uns geeinigt haben. Das kann sich schnell ändern, es wird ja auch regelmäßig geändert. Das sind Tatsachen, die die Befürworter von Einwanderung nicht wahrhaben wollen. Das Bild der Familie wird sich unter dem Einfluß weiterer Zuwanderung solcher Islamisten ändern, die Stellung der Frau, die Toleranz (z. B. gegenüber der Homosexualität), der Stellenwert der Religion oder die Befürwortung von autoritären Strukturen. Ob das den Vertretern einer Willkommenskultur bewußt ist und recht sein kann?

Es wird argumentiert, daß wir Zuwanderung bräuchten, um unser Wirtschaftssystem aufrechtzuerhalten und unsere Renten zu sichern. Das stimmt nicht. Allerdings ist die geringe Geburtenzahl deutschstämmiger Deutscher auffallend; die Politik wäre in der Pflicht, durch geeignete Maßnahmen diese Entwicklung zu bremsen, doch das unterbleibt. Einer der Gründe von unserer Kinderarmut ist die Berufstätigkeit von Frauen: Wer sich um Beruf und Karriere kümmert, den stören Kinder nur. Nach dem ersten Lockdown 2020 (wo viele Menschen zu Hause bleiben mußten) stieg die Geburtenrate in Deutschland wieder an und war so hoch, wie zuletzt 1989. Als dritter Grund muß der in der Gesellschaft um sich greifende Egoismus genannt werden; Kinder, für die man sorgen muß, spart man sich lieber, um mehr Zeit und Geld für sich selbst zu haben. Zuletzt sind auch die Kosten zu nennen: Berufstätige Menschen können sich wegen hoher Mieten und Abgaben meist höchstens zwei Kinder leisten. Für Hartz-IV-Bezieher sieht das noch schlechter aus.

Es ist absehbar, daß ein Zeitpunkt kommen wird, ab dem wir im eigenen Lande eine Minderheit bilden werden und die Nachkommen der Einwanderer die Mehrheit bilden. Diese sind dann aber noch lange nicht gute Demokraten und machen alles genauso, wie wir es taten. Sie haben eine andere Weltanschauung, denken und handeln anders. Das wird sich zwangsläufig auch in den ratifizierten Gesetzen zeigen, die dann von ihrem Denken geprägt sein werden. Im erwähnten Malaysia haben die Chinesen die Mehrheit, doch wanderten Moslems ein und missionierten auch kräftig. Heute gibt es 40 % Moslems und 60 % Buddhisten. Diese 40 % Moslems haben es geschafft, in der Regierung zu sitzen und zwingen den Chinesen ihre restriktiven Gesetze auf (z. B. die Todesstrafe für Drogenbesitz).

Sicher, es gibt viele friedliche Moslems, die sich in unsere Gesellschaft integriert haben. Aber: Wer garantiert uns, daß deren Kinder oder Enkel nicht eines Tages zu einem strengeren Islam tendieren? Das finden wir ja bei Christen auch, denn die ganze Aufklärungsepoche scheint an manchem Fundamentalchristen völlig spurlos vorbeigegangen zu sein. Das Pendel schlägt immer hin und her; einer Phase der Bibel- und Religionskritik folgt irgendwann wieder die andere Seite: Fundamentalismus, Intoleranz, vielleicht sogar Inquisition. In der Türkei war unter Attatürk das Kopftuch verboten; auch bei den ersten Gastarbeiter-Generationen sah man es noch nicht. Heute dagegen wenden sich Nachkommen der türkischen Gastarbeiter aus der dritten Generation trotz deutscher Sozialisierung und grundgesetzfundierter Erziehung verstärkt dem Islam zu, und das Kopftuch wird wieder aus der Mottenkiste hervorgeholt. Was Attatürk einst wollte, scheint vergessen. Auf Muslimas, die es dennoch nicht tragen wollen, wird von den fundamentalistischen Moslems Druck ausgeübt, es auch zu tragen, so z. B. in Schulen mit hohem Migrationsanteil.

Wahlplakat der CDU von 1965 (Konrad Adenauer Stiftung).

200

Auch gibt es keine befriedigende Lösung für das Migrantenproblem: Viele Deutsche wollen sich mit den ihnen von Politikern aufgezwungenen Migranten nicht abgeben, was dazu führt, daß die Migranten unter sich bleiben und eine gewisse „Ghettobildung" entsteht.

Wem nützt die Einwanderung? Vor allem der Großindustrie. Sie braucht billige Arbeitskräfte und keine Menschen, die den stützenden Rückhalt einer eigenen Kultur haben.
Wenn ein Volk zu schwach ist, sich zu behaupten, wenn ihm eine gesunde Portion Egoismus fehlt, dann kann niemand verhindern, daß dieses Volk untergeht. Das ist dann vom Naturgesetz so gewollt. Vielleicht muß ein Volk wie das Deutsche untergehen, da es nicht in der Lage zu sein scheint, seinen Raum zu verteidigen, seinen Platz zu behaupten, sondern ihn bereitwilligst für andere hergibt. Es wäre aber jedenfalls schade.

Es wäre nichts gegen eine „Multikulturelle Gesellschaft" zu sagen, wenn in einer Volksabstimmung das Deutsche Volk (ohne die Migranten) dazu befragt worden wäre und sich mehrheitlich dafür ausgesprochen hätte. Das wäre dann eine demokratische Entscheidung, die jeder Demokrat auch akzeptieren würde. Aber so eine Befragung fand nie statt. Als 1965 in Deutschland Bundestagswahlen waren, gewann die CDU. Ihr Kandidat Ludwig Erhard hatte mit der Weiterführung der Politik von Konrad Adenauer geworben (siehe das Wahlplakat, Seite 200). Die CDU-FDP Koalition regierte weiter bis 1966, danach wurde eine große Koalition von CDU-SPD gebildet.
1965, als die Wahl war, wußte niemand der Wähler, daß beide großen Parteien zusammen Millionen von Gastarbeitern aus der Türkei ins Land holen würden. Zwar gab es Anwerbeverträge mit verschiedenen Staaten seit 1960, doch mit dieser hohen Zahl rech-

nete niemand. Es hieß, Deutsche würden die niederen Arbeiten nicht ausführen wollen. Das war natürlich Unsinn; bei angemessener Bezahlung hätte man auch Deutsche dafür finden können. Jedenfalls war es den Menschen damals nicht klar, daß ihre Regierung eine Masseneinwanderung von Menschen veranlassen und daß viele dieser Gastarbeiter nicht mehr in ihre Heimat zurückkehren würden.

Man kann also sagen, daß die Umwandlung Deutschlands in ein Einwanderungsland nicht demokratisch legitimiert war. Gerade aber solche folgenschweren Entscheidungen hätten nur mit deutlicher Zustimmung des Volkes erfolgen dürfen. Hier zeigt sich ein eklatanter Nachteil der Stellvertreter-Demokratie, der wahrscheinlich mit dafür verantwortlich sein wird, daß deutschstämmige Deutsche in Deutschland bald in der Minderheit sein werden und sich somit nach Gesetzen richten werden müssen, die von einer Mehrheit von Fremden beschlossen werden.

Die Flüchtlingswelle ab 2015 wurde ausgelöst durch den Krieg in Syrien. Ergebnis dieser Kämpfe waren Millionen von Flüchtlingen, die in Europa und dann vor allem in Deutschland Asyl und Aufnahme finden wollten. Und deutsche „Gutmenschen" und „Willkommenskulturler" taten und tun alles, um es diesen Einwanderern so leicht wie möglich zu machen. Gleichzeitig strömen Massen von Afrikanern über das Mittelmeer nach Europa, auf der Flucht vor Armut und Mißwirtschaft. Die meisten von ihnen sind Muslime. Allerdings waren die Syrer nur solange Flüchtlinge, solange sie aus Syrien in ein sicheres Nachbarland flüchteten. Spätestens dort waren sie nicht mehr in unmittelbarer Lebensgefahr und damit auch keine Flüchtlinge mehr. Sie hatten z. B. in der Türkei eine Zuflucht gefunden, und eine Weiterreise nach Europa war dann eine Reise als Migranten (Einwanderer), nicht als „Flüchtlinge" (oder gegendert: „Geflüchtete", „Flüchtende").

Grund für jede Flucht und Migration sind nicht die schlechten Wirtschaftsverhältnisse in den Herkunftsländern, sondern ist die Überbevölkerung dort. Zuviele Menschen stehen zuwenig Arbeitsplätzen gegenüber, was zwangsläufig zu Armut, Verteilungskämpfen, Revolutionen und Umstürzen führen muß. Dieses wahre Problem in den Entwicklungsländern ist zum großen Teil religiös begründet, denn sowohl Christentum als auch Islam predigen Kinderreichtum ohne Rücksicht auf die damit einhergehenden Probleme. Das aber wird in unseren Medien kaum thematisiert. Unruhen und Armut sind Folgen dieses Kinderreichtums. Diejenigen Menschen tragen die Schuld am Tode von so vielen Flüchtlingen, die so übermäßig viele Kinder in die Welt setzen, obwohl sie wissen, daß die Recourcen des Landes und der Welt beschränkt sind und die meisten ihrer Kinder verhungern werden. Es hilft daher gar nichts, mit hohen Entwicklungshilfezahlungen zu versuchen, die Armut zu bekämpfen. Wenn es den Menschen besser gehen würde, würden sie erst recht viele Kinder bekommen, und die Armut bliebe wie zuvor, nur auf zahlenmäßig höherem Niveau. Zuerst müßte mit allen Mitteln die Zahl der Kinder begrenzt werden; China hatte das einst mit seiner 1-Kind-Politik erfolgreich vorgemacht.

Sehen wir uns einmal den Beginn der Aufstände in Syrien an: Syrien mit 20 Millionen Einwohnern war vor dem Krieg ein reiches Land, ein strikt laizistischer Staat mit mehreren Religionen, die friedlich mit- und nebeneinander lebten. Armut wie in Mittelamerika oder Afrika sah man dort nicht. Regiert wurde und wird Syrien von der Baath-Partei, welche ihrerseits von der Assad-Familie kontrolliert wird. Sie hatte in der Vergangenheit auch schon Aufstände muslimischer Extremisten gegen die in der Verfassung verbriefte Religionsfreiheit niedergeschlagen, so 1982 in der Stadt Hama. Immer wieder übten islamische Extremisten Druck auf die Regierung aus, schon deshalb, weil Staatschef Baschar Hafiz al-Assad selbst

der Minderheit der Alawiten angehört. Seine Ehefrau Asma al-Assad stammt aus einer sunnitischen Familie, wurde in London geboren, besuchte auch eine christliche sowie eine weltliche Schule und trägt kein Kopftuch. Damit war sie ein Feindbild für die fanatischen Moslems anderer Richtungen.
Eine Demokratie nach unseren Vorstellungen war Syrien (wie alle muslimischen Staaten der Region) nicht. 2010 gab es noch kaum Taliban-Bärte oder Kopftücher im Lande, was sich dann aber änderte. Zuerst in Homs und Aleppo und in Richtung zum Iran sah man immer häufiger schwarzvermummte Frauen.

Der „Aufstand" in Syrien wurde vorbereitet und unterstützt von den USA, die dort einen Regimewechsel wünschten. Die Aufständischen aber hatten als Motiv einen radikalen Islam, denn ihnen war Assad zu liberal. Auch war der Aufstand eine Folge von Überbevölkerung und damit einhergehenden Verteilungskämpfen. Wenn zuviele Menschen vorhanden sind, reichen die Recourcen nicht aus, alle satt zu machen, und die Hungernden wenden sich extremistischen Ideologien zu, die ihnen Abhilfe versprechen.
Wie Klaus v. Dohnanyi (Hamburger Abendblatt 17. 10. 2015) richtig in einem Interview sagte, war den Aufständischen Assad religiös zu liberal, deswegen fingen sie mit dem Bürgerkrieg an.

Eine Auflistung der Gruppen, die in dem Bürgerkrieg kämpften, ist praktisch unmöglich, denn sie ändern sich häufig, ändern ihre Namen oder formieren sich neu. Ich habe es dennoch versucht:

Die „Freie Syrische Armee" bestand aus etwa 90 % Sunnitischen Moslems, ehemaligen Assad-Soldaten. Sie löste sich aber nach Bundeswehrangaben im Herbst 2013 auf.

Die „Al-Nusra-Front" ist eine dschihadistisch-salafistische Organi-

sation in Syrien. Sie ist eine der Terrororganisation al-Qaida zuge-
hörige Gruppe. Die Nusra-Front wurde von Mitgliedern von al-
Qaida im Irak (AQI) bzw. dem Islamischen Staat im Irak (ISI) in
der zweiten Hälfte des Jahres 2011 gegründet.

Die „Islamische Front" ist ein Bündnis aus sieben islamistischen
Oppositionsgruppen im Bürgerkrieg in Syrien. Sie wurde am 22.
November 2013 gegründet und stellt das zu dieser Zeit größte Op-
positionsbündnis dar.

Gründungsmitglieder der „Islamischen Front" sind:

1. Die islamistische „Ahrar asch-Scham" (Islamische Bewegung der
freien Männer der Levante), eine salafistische Rebellenmiliz, die aus
mehreren syrischen islamistischen Brigaden besteht; die Gruppe
betrachtet ihren Krieg als Dschihad, betont jedoch „daß es ein
Kampf für Syrien ist, nicht für einen globalen Dschihad." In einer
ihrer ersten Audio-Botschaften gaben die Ahrar asch-Scham an, ihr
Ziel sei es, die Assad-Regierung durch einen islamischen Staat zu
ersetzen;
2. Die „Syrische Islamische Befreiungsfront" (sie hieß ursprünglich
nur „Syrische Befreiungsfront" – die Namensänderung ist bezeichnend). Sie betrachtet den Kampf gegen Assad als „Heiligen Krieg"
‚Dschihad' und somit als religiöse Pflicht für jeden Moslem. Sie
kämpft für einen Islamischen Staat mit der Scharia als Staats- und
Rechtsgrundlage.
3. „At-Tauhid-Brigade" ist die größte Oppositionsgruppe in Aleppo, gleichfalls islamistisch, steht den Moslem-Brüdern nahe und hat
als Ziel, einen Staat mit dem Islam als Staatsreligion und der Sharia
zu gründen;
4. Die in Damaskus operierende „Dschaisch al-Islam" (Armee des
Islam – der Name sagt alles!);

5. Die in Homs beheimatete islamistische „Liwa al-Haqq“;
6. Die „Kurdisch Islamische Front“ (al-Dschabha al-Islamiya al-Kurdiya), eine islamistische Rebellenorganisation von syrischen Kurden, die im syrischen Bürgerkrieg gegen die Regierung und gegen kurdische Volksverteidigungseinheiten kämpft; sie möchte nach dem Ende des Bürgerkrieges einen islamischen Staat mit islamischen Recht gründen.
7. Die „Syrisch Islamische Front“. Auch sie betrachtete den Kampf gegen Assad als „Heiligen Krieg“ (Dschihad) und somit als religiöse Pflicht für jeden Moslem und kämpfte für einen Islamischen Scharia-Staat.

Erklärtes Ziel des Bündnisses ist der Sturz der Assad-Regierung und die Errichtung eines islamischen Staates. Die Islamische Front strebt nach eigener Aussage einen islamischen Staat an, distanziert sich jedoch aus taktischen Gründen von der gleichnamigen Terrororganisation. Dem US-amerikanischen Politologen Joshua Landis zufolge ähnelt die Ideologie der Islamischen Front stark der von al-Qaida – beide glorifizieren das Kalifat, lehnen Demokratie ab und verfechten ihre Interpretation der Scharia, heißen ausländische Kämpfer aus der islamischen Umma willkommen und ziehen das schwarze Banner des Islam der syrischen Nationalflagge vor.
Ihr Militärführer Zahran Alloush, Sohn eines in Saudi-Arabien lebenden salafistischen Klerikers, hatte sich mehrfach in der Öffentlichkeit abfällig oder aggressiv gegenüber Andersgläubigen geäußert.

Dies sind also die sog. „Aufständischen“, die in den westlichen Medien als Kämpfer gegen die Assad-Diktatur, für Freiheit und für die Demokratie verherrlicht wurden, was sie tatsächlich nicht sind.

Wenn wir also heute Flüchtlinge aus Syrien in Deutschland haben, dann sind das nicht Anhänger Assads, die ja in den von Assad kontrollierten Teilen Syriens unbehelligt leben könnten, sondern es sind Menschen aus dem Kreise der „Aufständischen", die das Land wegen der Rückeroberung durch Assads Armee verlassen müssen, es sind im Großteil also Islamisten, die wir nun bei uns wiederfinden. Die Flüchtlingsfrauen tragen bezeichnenderweise Kopftücher, obwohl das Kopftuch in Assads Syrien nicht vorgeschrieben und auch nicht häufig war. Das allein ist ein deutliches Zeichen, daß es sich um Fundamentalisten handelt.

Der Westen irrte sich schon einmal mit einer Extremistengruppe: In Afghanistan kämpften die „edlen Mujahedin" gegen das „böse" russische Besatzerregime. Als die Russen dann fort waren, mutierten die Mujahedin zu den islamistischen Taliban, unterdrückten Frauen, zerstörten die großen Buddha-Statuen und viele Museumsstücke und etablierten ihre Sharia-Gesetze. Ähnlich würde es bei einem Sieg der „Aufständischen" in Syrien aussehen.

Natürlich ist ein Bürgerkrieg – egal wer ihn angefangen hat – immer mit Leid auch bei der Civilbevölkerung verbunden. Aber wir dürfen nicht den Fehler machen, die Civilbevölkerung als unschuldige Opfer zu sehen. Der Islamismus der Aufständischen kam nicht vor irgendwoher, sondern wurde diesen Islamisten anerzogen, in ihren Elternhäusern, von ihren Müttern und Vätern. Auch die kleinen Kinder werden schon zu potentiellen Islamisten erzogen.

Und wir dürfen auch nicht vergessen: Ein Krieg endet, wenn eine der Parteien siegt oder eine der Seiten kapituliert. Die „Aufständischen" bräuchten also nur zu kapitulieren, da sie ja militärisch längst besiegt sind, und sofort wäre der Krieg zu Ende und niemand müßte mehr leiden. Sie tun das aber nicht, weil ihr islamistischer Fanatismus es ihnen verbietet. Wen also das Leid in Syrien stört, der sollte die „Aufständischen" dazu bringen, endlich zu kapitulieren.

Immer wieder hört man von manchen Leuten die Pauschalbehauptung, alle Syrien-Flüchtlinge seien kriminell. Tatsächlich war die Einreise dieser Menschen gegen das Gesetz, denn der § 14 unseres Aufenthaltsgesetzes lautet:

»Die Einreise eines Ausländers in das Bundesgebiet ist unerlaubt, wenn er
1. einen erforderlichen Paß oder Paßersatz nicht besitzt,
2. den erforderlichen Aufenthaltstitel nicht besitzt,
2a. zwar ein erforderliches Visum bei Einreise besitzt, dieses aber durch Drohung, Bestechung oder Kollusion erwirkt oder durch unrichtige oder unvollständige Angaben erschlichen wurde und deshalb mit Wirkung für die Vergangenheit zurückgenommen oder annulliert wird, oder
3. nicht einreisen darf, es sei denn, er besitzt eine Betretenserlaubnis.«

Ein Ausländer, der unerlaubt einreisen will, ist an der Grenze zurückzuweisen (§ 15 Abs. 1). Dies ist 2015 und 2016 nicht geschehen.
Die Paragraphen sind eindeutig, danach sind alle Migranten, die keinen Paß vorweisen konnten (oder wollten) der unerlaubten Einreise schuldig, was eine Straftat ist, die normalerweise mit Freiheitsstrafe bis zu einem Jahr oder mit Geldstrafe bestraft wird (§ 95 Abs. 1 Nr. 3).

Reist ein Migrant ohne ein ggf. erforderliches Visum ein, gilt, daß er hierfür laut dem in Artikel 31 der Genfer Flüchtlingskonvention

(GFK) festgelegten Grundsatz nicht bestraft werden darf, sofern er unmittelbar aus einem Gebiet kommt, in dem sein Leben oder seine Freiheit bedroht waren und sich umgehend bei den Behörden meldet. Da aber die Migranten aus sicheren Drittländern nach Deutschland kamen und kommen, kann man diese Forderung der Genfer Flüchtlingskonvention nicht anwenden, wie das ja alle andern Staaten der EU auch nicht taten. Auch auf Asyl kann ein Migrant sich nicht berufen, wenn er aus einem sicheren Drittland kommt.

In der Praxis wurden viele Ermittlungsverfahren, die wegen unerlaubter Einreise eingeleitet wurden, wegen Geringfügigkeit eingestellt, sofern es sich um den ersten Versuch handelte und sich die Einreisenden nicht wegen weiterer Straftaten schuldig machten.

Viele Migranten haben ihre Ausweise absichtlich weggeworfen, um ihre genaue Herkunft oder ihr Alter zu verschleiern. Andere haben sich in den von den Islamisten eroberten Gebieten Syriens aus den vom IS übernommenen Ämtern originale Pässe gestohlen, die sie nun verwendeten, obwohl diese eben nicht amtlich ausgestellt und damit gültig waren. Es ist nicht erklärbar, warum ein durch Kampfhandlungen bedrohter Mann zwar sein Geld zusammenrafft und von der Bank abhebt, mit dem er die Schlepper bezahlt, aber keine Zeit gehabt haben will, seinen Ausweis oder irgendein anderes Dokument mitzunehmen, welches seine Identität und sein Alter beweisen könnte. Und es ist auch nicht nachvollziehbar, daß alleinstehende Männer aus dem Krisengebiet flüchten, und wenn sie hier angekommen sind und ihren Asylantrag gestellt haben, ihre Ehefrau(en) und Kinder nachholen wollen. Was sind das für Männer, die selbst fliehen und ihre Familien in dem Kriegsgebiet zurücklassen?

Mit der Angst vor einer Altersarmut wegen niedriger Rente wird für die Masseneinwanderung geworben, die der Wirtschaft billige ungelernte Arbeitskräfte bringt. Allerdings sind 2015/16 nicht fertig ausgebildete Arbeiter zu uns gekommen, sondern oft ungebildete Analphabeten. So wundert es nicht, daß 76 % der Migranten Leistungen nach Hartz-IV und BaföG beziehen.

Politiker wissen natürlich, daß das Eintreten für die massenweise Aufnahme von Menschen fremder Kulturen bei der angestammten Bevölkerung nicht so gut ankommt. Deswegen verwenden sie eine beschönigende Sprachkosmetik: Man spricht von „Weltoffenheit" und meint, „offen für Menschen der ganzen Welt" zu sein, während ein normaler Mensch die Eigenschaft „weltoffen" in dem Sinne versteht, daß eine Person in ihren Ansichten und Vorstellungen nicht kleingeistig-spießig, sondern eben „weltoffen" ist. Oder man spricht beschönigend von „Diversität" (Vielfalt, Unterschiedlichkeit). Die Notwendigkeit der Flüchtlingsaufnahme wird weiters damit begründet, daß ohne zusätzliche Menschen unser Sozial- und Rentensystem nicht mehr finanzierbar wäre, was nicht stimmt. Man führt einen „demographischen Wandel" als Grund an. Auch dies wird von normalen Menschen in dem Sinne verstanden, daß es zu wenig Kinder und zu viele alte Menschen gibt oder geben wird. Tatsächlich aber scheint diese Bezeichnung die bewußt und absichtlich herbeigeführte Ersetzung der kinderarmen deutschstämmigen Bevölkerung durch Menschen aus anderen Ländern zu meinen. Wenn man allerdings so etwas plant, dann sollte man zuerst die deutsche Bevölkerung fragen, ob sie einen solchen Bevölkerungswandel überhaupt möchte. Alles andere ist undemokratisch.

Kapitel 16

𝔖𝔶𝔰𝔱𝔢𝔪𝔩𝔦𝔫𝔤𝔢

Systemlinge sind Personen, die erkennen, was der Staat und die Regierung von den Menschen will, und sie tun nun alles, um diesen Willen (freiwillig) zu erfüllen. Sie versuchen, sich beim „System" anzubiedern. Das tun sie aus zwei Gründen: Einmal sind sie zu ängstlich (oder zu dumm), Kritik zu äußern, haben Angst vor negativen beruflichen Konsequenzen. Dann aber tun sie es auch, weil sie sich erhoffen, in den Augen der Mächtigen anerkannt und gefördert zu werden.

Systemlinge gab es zu allen Zeiten, aber heute ist ihre Zahl wohl besonders groß. Schon im Kaiserreich soll es Leute gegeben haben, die sich beim Kaiser anbiederten, aber heimlich für ein Ende der Monarchie eintraten. Ich denke, Prinz Max von Baden gehörte dazu, durch dessen Intrigen der Kaiser aus dem Amt gebracht wurde. Noch lange nach seiner Absetzung konnte sich Kaiser Wilhelm II. nicht vorstellen, daß dieser Prinz ihn hintergangen hatte. Im 3. Reich war es dann besonders schlimm mit diesen Leuten. Einige Schauspieler der damaligen Zeit kann man Systemlinge nennen, es gab aber auch andere. Während z. B. Willy Fritsch (1901 – 1973) nach der Machtübernahme der Nationalsozialisten als Staatsangehörigkeit „arisch" angab, um sich anzubiedern und gute Rollen zu ergattern, war Hans Söhnker (1903 – 1981) immer gegen die Nationalsozialisten eingestellt, äußerte im Filmatelier seine Kritik teils so lautstark, daß die anderen Teilnehmer des Drehs regelrecht Angst bekamen. Auch Künstler wie Arno Breker (1900 – 1991) nutzten die Gunst des Systems und lieferten die Kunst, die man wollte. Albert Speer (1905 – 1981) als Architekt tat das, was man von ihm erwartete und machte sich über die Verbrechen des Systems keine Gedanken. Es ist zugegeben etwas anderes, sich einem diktatorischen System anzubiedern, welches Gegner schonungslos verfolgte und bekämpfte, als einem demokratischen System, welches zumindest vordergründig jedem die freie Entscheidung läßt.

Mir fallen solche Systemlinge (manche nennen sie auch „Treppenterrier") immer auf, die meisten bekannten sogenannten „Journalisten" gehören dazu; sie sind eigentlich keine Journalisten, sondern Pressesprecher eines Systems von sich einig seienden Parteien und ihrer Regierung, eigentlich klassische „Hofberichterstatter". Kleinere inhaltliche Differenzen sind nur Scheindifferenzen und dienen nur dazu, dem unbedarften Bürger vorzugaukeln, es gäbe unterschiedliche Interessen und von den wahren Problemen abzulenken.

Da gibt es die schon erwähnten drei TV-Moderatorinnen, die mit ihren einseitigen und unfairen Sendungen die Menschen in eine bestimmte Richtung beeinflussen sollen. Da gibt es aber auch Schauspieler, die sich ungefragt anbiedern. Einer davon wohnte in einer Villengegend in Hamburg und warb dafür, noch mehr Flüchtlinge (also Migranten) aufzunehmen. Er hatte den Wunsch der „Regierenden" erkannt und hoffte offenbar, dadurch noch erfolgreicher zu werden. Tatsächlich kam er danach plötzlich viel häufiger in den Medien vor, während Prominente, die Kritik übten, nicht mehr zu sehen sind. Was man nicht erwähnte: Der erwähnte Schauspieler hat auch eine Luxusvilla auf Mallorca und würde also unter einer Massenmigration kaum leiden. Komparsen hatten übrigens festgestellt, daß er beim Dreh besonders arrogant war.

212

Dann gibt es Politiker, die in irgendeiner humanitären Gesellschaft Mitglied sind, weil sie glauben oder wissen, daß sie dann eher Karriere machen.

Solche Systemlinge gibt es übrigens auf jeder Ebene: Schulleiter, die aus vorauseilendem Gehorsam alle Schweinefleischgerichte ihrer Schul-Mensa streichen, weil es den moslemischen Migrantenkindern nicht gefällt, oder die bauchfreie Kleidung der jungen deutschen Mädchen verbieten. Schwimmbadbetreiber, die islamische Ganzkörperbadeanzüge für Mädchen erlauben, Kindergärtnerinnen, die christliche oder überhaupt alle Weihnachtslieder streichen, weil das die Zuwandererkinder irritieren könnte, Bürgermeister (z. B. Michael Müller in Berlin), die öffentlich anbieten, mehr Migranten in der Stadt aufnehmen zu wollen, und natürlich alle „Journalisten", die die Gendersprache der Politiker kritiklos übernehmen.

Der nächste Schritt wird dann sein, daß Schul-Mensen nur noch „Halal"-Fleisch, also nach islamischen Sitten „reines" Fleisch anbieten, denn den muslimischen Kindern ist ja nicht zumutbar, „unreines" (Haram) Fleisch zu essen. Daß dafür Rinder brutalst und tierquälerisch geschächtet werden, interessiert nicht. Nicht die Einwanderer passen sich unserer Gesellschaft an, sondern unsere Gesellschaft gibt ihre Prinzipien und Gewohnheiten freiwillig auf. Demnächst wird vielleicht das Kopftuch für alle Schülerinnen verbindliche Pflicht, um die armen islamischen Jungen nicht zu verwirren. Man darf gespannt sein, was noch alles kommen wird.

Vor 30 Jahren war es so, daß ein Journalist dann Karriere machte, wenn er sich in Artikeln gegen „Rechte" ausgesprochen hat. Ich litt darunter, denn meine „Heidnische Gemeinschaft" hatte keinerlei politische Ziele, distanzierte sich sogar vom Extremismus, wurde aber dennoch von Systemlingen-Journalisten als rechtsextreme Gruppe dargestellt. Ich hatte dann die Mühe, in den Zeitungen Gegendarstellungen juristisch durchsetzen zu müssen.

Ich schrieb es schon: Wir Deutschen sind durch die letzten 800 Jahre unserer Geschichte so geprägt worden, daß eine Demokratie bei uns nicht wirklich funktioniert. Dazu ist der uns anerzogene Untertanengeist zu stark, der eben auch zum vorauseilenden Gehorsam und zur Anbiederung und Hoffierung der Mächtigen führt. Untertanengeist hat dann Sinn, wenn die Herrschenden zur Herrschaft irgendwie besonders befähigt sind, aber nicht dann, wenn der Staat von wenig befähigten Nachkommen aus Bauern- und Handwerkerfamilien regiert wird.

Eine Demokratie braucht unbedingt Civilcourage, also Mut bei den Bürgern, auch dann ihre Meinung zu äußern, wenn diese von der Meinung der Regierung abweicht. Ohne diesen Mut zur freien Meinungsäußerung geht es nicht. Aber die Sprachverbote, die in Wahrheit Denkverbote sind, die immer wieder öffentlich für ihre geäußerten Meinungen gemaßregelten Personen (z. B. Maaßen) sorgen dafür, daß sich die Bürger nicht mehr trauen, zu sagen, was sie denken. Meinungsfreiheit herrscht dann nicht, wenn man für das Äußern seiner Meinung gemaßregelt und bestraft wird.

Ich will auch etwas über unsere Polizei schreiben. Ein funktionierender Staat benötigt Personen, die die Einhaltung der Gesetze überwachen und Gesetzesbrecher unschädlich machen. Unsere Polizei aber wurde in den vergangenen Jahrzehnten stetig ausgedünnt. Ich erinnere mich noch an den Slogan der „Alternativen Liste" (die Grünen) in Berlin in den 80er Jahren: Ein Plakat zeigte einen grünen Polizeiwagen mit dem Spruch: „Zu viel Grün" und darunter einen grünen Baum und „Mehr Grün". Polizisten standen in diesen Kreisen für Reaktion, für Polizeistaat, Diktatur und Unterdrückung. Heute wollen die Grünen davon nichts mehr wissen und dieses Plakat ist verschwunden (siehe Abb. Seite 215). Auch die Pädophilen-Truppe bei den Grünen, die Sex mit Kindern legalisieren wollte, verschwand zum Glück in der Versenkung.

Wahlplakat der Alternativen Liste (später: die Grünen) in Berlin, 80er Jahre.

Nachdem nun inzwischen einige Politiker aufgewacht sind und erkennen mußten, daß die hohe Kriminalitätsrate von Migranten dazu beitragen kann, daß Ihr Traum von der multikulturellen Gesellschaft scheitert, rufen die, die die Polizei einst dezimieren wollten, nunmehr nach mehr Polizei. Diese fehlt nun aber, und gutausgebildete Polizisten kann man nicht aus dem Hut zaubern. Zusätzlich mußte ich von Freunden hören, daß bevorzugt Polizeianwärter mit Migrationshintergrund eingestellt werden sollen, währen deutsche Bewerber in Einzelfällen abgelehnt wurden. Auch hier tun sich Systemlinge in der Leitung der Polizei hervor, die derartige Dienstanweisungen anordnen.

In Berlin gab es die schon 1961 gegründete „Freiwillige Polizei-Reserve"; sie bestand aus 2500 Polizisten, die besonders für Objektschutz, Verkehrsangelegenheiten usw. eingesetzt wurden. Im Jahre 2002 wurde sie vom SPD-Senat unter Klaus Wowereit aufgelöst; angeblich seien Rechtsextremisten unter den Polizisten. Heute würde man diese Polizisten gut gebrauchen können.

Nach den Erfahrungen mit gleichgeschalteten Polizeibehörden im 3. Reich haben einige Menschen Vorbehalte gegen zu viele Polizisten. Aber das 3. Reich liegt inzwischen ein dreiviertel Jahrhundert zurück; es gibt heute ganz andere Probleme.

Jedenfalls haben die Erfahrungen mit dem 3. Reich, in dem es auch eine „GeStaPo" (geheime Staatspolizei) gab, dazu geführt, daß die Polizei in unserem Lande sehr eingeschränkt ist. So darf die Polizei keinen Menschen ohne klaren Grund durchsuchen. Angesichts der Tatsache, daß 31,1 % der Jugendlichen, darunter viele Migranten (aber auch der Attentäter Stefan Ernst trug ein Messer), mit einem Messer bewaffnet sind, ist es schon sehr befremdlich, daß die Polizei solche Jugendlichen nicht überall und jederzeit durchsuchen darf. Das darf sie nur in bestimmten Zonen. Ja, man wirft der Polizei sogar ein „racial Profiling" vor, d. h. unterstellt, sie suche sich speziell Menschen mit Migrationshintergrund aus, um sie zu kontrollieren. Dies weitergedacht bedeutet also, daß Polizisten, die die schwarzafrikanischen Drogendealer im Berliner Görlitzer Park kontrollieren wollen, auch die Oma mit Einkaufstasche oder die junge Frau mit ihrem Kinderwagen kontrollieren müßten. Auf keinen Fall dürfen etwa nur Schwarze kontrolliert werden. Nach der Vergewaltigung eines Mädchens müßten dann auch Frauen, die sich in der Nähe aufhalten, kontrolliert werden, denn nur Männer zu kontrollieren, das könnte als „männerfeindlich" unter das Diskriminierungsverbot fallen. Auch wenn das Opfer von einem Täter südländischen Aussehens berichtet, müßte alle Bio-Deutschen, Männer wie Frauen, als potentielle Täter kontrolliert werden.

Daß so eine machtlose Polizei von vielen Bürgern nicht mehr ernstgenommen wird, zumal wenn ermittelte Täter von unfähigen Richtern gleich wieder freigelassen werden, liegt auf der Hand. Hier muß sich sehr viel ändern:
Die Polizei muß jederzeit jeden Bürger in der Öffentlichkeit durchsuchen dürfen, wobei allein die Polizei entscheidet, wen es betrifft.
Jede Beleidigung eines Polizeibeamten muß sofort zur Anzeige führen, hier muß unbedingt die „Null-Toleranz-Regel" gelten.
Derartige Verfahren dürfen nicht einen langen Gerichtsweg gehen, sondern müssen sehr zeitnah in Schnellgerichten abgeurteilt werden, wie es sie in den USA gibt.
Polizisten, die bedroht oder tätlich angegriffen werden, sollten ihre Schußwaffen einsetzen dürfen. Man hat auf dem Video von der Stuttgarter Krawallnacht gesehen, wie ein Täter mit voller Wucht aus dem schnellen Lauf heraus gegen den Rücken eines am Boden sitzenden Polizisten trat; hätte er den Kopf getroffen, wäre der Polizist wahrscheinlich am Genickbruch gestorben. Der Täter konnte

sich umdrehen und weglaufen, und kein Polizist konnte etwas tun. Warum ist es einem Polizisten in solchen Situationen nicht gestattet, den Täter anzuschießen? Wir brauchen solche Täter nicht!

Als 2015 der Migrantenstrom einsetzte, wo hunderte unsere Grenzen illegal und teils mit Gewalt überquerten, hätten wir eine Polizei benötigt, die jeden Grenzverletzer gewaltsam aufhält. Das wäre eine Sprache, die die Migranten verstanden hätten und die dazu geführt hätte, daß die ganzen Ströme abreißen. Stattdessen wurde darüber diskutiert, daß doch die Polizei das nicht dürfe. Ein Staat, der seiner Polizei verbietet, die Grenzen wirksam zu schützen, verliert seine Glaubwürdigkeit, aber auch seine Berechtigung.

Obwohl es bei der Polizei in den USA auch einige schwarze Schafe gibt (was u. a. an der viel zu kurzen Ausbildungszeit liegt), haben die Bürger dort vor der Polizei mehr Respekt. Anpöbeleien gegen Polizeibeamte im Dienst oder gegen Feuerwehrmänner und andere Hilfskräfte gibt es dort höchst selten. Die Schußwaffe sitzt bei den Polizisten lockerer, schon allein deswegen, weil jeder Bürger der USA legal bewaffnet sein kann.

Tatsächlich müssen wir ein wenig mehr in Richtung „Polizeistaat" rutschen, wenn nicht Chaos ausbrechen soll. Denn irgendwann wird eine geschmähte und machtlose Polizei keinen Nachwuchs mehr finden, und dann bekommt das Verbrechen die Oberhand. Und damit wird das Staatssystem „Demokratie" beim Bürger so unbeliebt, daß er nach anderen Systemen ruft. Deswegen ist eine Reform der Gesetzgebung dringend erforderlich, damit es nicht zu so einem Systemwechsel kommt.

Kapitel 17

Bilderstürmer

Schon im alten Ägypten wurden zuweilen die Bilder oder Namen von in Ungnade gefallenen Vorgängern entfernt. Aus den Kartuschen wurden die Namens-Hieroglyphen herausgekratzt. Pharao Thutmosis III. ließ im Totentempel seiner Stiefmutter Hatschepsut die auf sie hinweisenden Bildnisse und Inschriften tilgen und durch Namen anderer Pharaone ersetzen. Um 1350 v. Ztw. regierte der Pharao Echnaton, der die Götterreligion der alten Ägypter bekämpfte und nur noch den Gott Aton verehren ließ. Nach seinem Tode ließ man die Aton-Heiligtümer zerstören und entfernte auch alle Spuren, die auf Echnaton hinwiesen.

In der Zeit der Ausbreitung des protestantischen Glaubens stürmten fanatische Anhänger Luthers in die Kirchen und stürzten Marien- und Heiligenbilder; sie hatten sich aufhetzen lassen, da in der Bibel im 2. Gebot steht, daß man sich kein Bildnis von Gott machen dürfe.

In der Zeit der französischen Revolution gab es Bilderstürmer und nach dem Untergang der Kaiserreiche Deutschland sowie Österreich-Ungarn natürlich auch. Zuletzt konnte man Bilderstürmerei in Afghanistan erleben, als die muslimischen Taliban die buddhistischen Figuren und vorchristlichen Fundstücke der Museen zerstörten, und auch in Syrien, wo der IS Kulturdenkmäler (Palmyra) zerstörte.

Man sollte meinen, daß diese Art der „Abrechnung" mit Vorgänger-Regimen oder -Religionen heutzutage überwunden sei, doch das ist ein Irrtum.

„Bilderstürmerei" (Ikonoklasmus) funktioniert nur, wenn sich die Bilderstürmer irgendwie überlegen fühlen, wenn es eine ethisch-moralische Betrachtung der Vergangenheit aus gegenwärtiger Sicht gibt und wenn Menschen meinen, dunkle Seiten der Geschichte ausradieren zu müssen.

Aber wir wissen, daß man die Geschichte nicht ändern kann und Verschweigen als Form einer „Vergangenheitsbewältigung" keine Lösung sein kann. Im Endeffekt erreichen Bilderstürmer das Gegenteil von dem, was sie erreichen wollen, denn wenn die Spuren und Zeugnisse der Vergangenheit fehlen, dann wird damit zugleich auch die Erinnerung und das Wissen über diese Zeit verdunkelt. Deswegen ist Bilderstürmerei grundsätzlich abzulehnen, zumal sie die Vergangenheit mit heutigen Maßstäben mißt, was unfair den Menschen der Vergangenheit gegenüber ist (die sich nicht mehr rechtfertigen können), da sich die heute gültigen ethisch-moralischen Werte auch weiterhin wandeln und damit ändern.

Als Deutschland den 1. Weltkrieg verloren und der Kaiser abgedankt hatte, wurden Erinnerungen an die Monarchie mit der Zeit ausgemerzt. Der „Königs-Platz" in Berlin vor dem Reichstag bekam 1926 den Namen „Platz der Republik". Das „neue" System zeigte durch diese Änderung seine Macht über das „alte" System. 1933 war dann wiederum ein Systemwechsel zum Nationalsozialismus, und der Platz bekam den früheren Namen zurück. Als der NS untergegangen war, beeilte man sich, den republikanischen Namen wiederherzustellen (1948), der bis heute gilt.

Ähnlich war es mit dem „Hindenburgplatz". Den Namen gab man dem Platz zu Ehren Hindenburgs 1934, da Hindenburg für die Nationalsozialisten (unbewußt) eine bedeutende Hilfe gewesen war. Der Name konnte natürlich nicht bleiben, und schon 1958 wurde er wieder entfernt und der frühere Name „Platz vor dem Brandenburger Tor" wiederhergestellt. Das alte Straßenschild „Hindenburgplatz" blieb aber bis zur Wiedervereinigung 1989 auf West-Berliner Seite bestehen; ich habe es da selbst gesehen. Im Jahre 2000 meinte das heutige System, seinen Bürgern mehr Kenntnisse von der Revolution aufzwingen zu müssen, und so nannte man den Platz wieder einmal um in „Platz des 18. März".

Jedes System beginnt seine Zeit mit der Entfernung von Spuren des Vorgängers. Aus dem „Adolf-Hitler-Platz" wurde nach dem Kriege (1947) wieder der „Reichskanzlerplatz", und 1963 wurde er in „Theodor-Heuss-Platz" umbenannt, bezeichnenderweise grammatikalisch falsch ohne „ß", denn man möchte ja „international" sein und da stört ein deutsches „ß". Die Berliner Kaiserallee wurde zur „Bundesallee" umbenannt, der „Kaiserplatz" zum „Bundesplatz" und der „Auguste-Viktoria-Platz" zum „Breitscheidplatz". Aus der „Frankfurter Allee" wurde zuerst die „Stalinallee", dann die „Leninallee" usw.

Ich erinnere mich in den alten Ausgaben der Berliner Illustrirten Zeitung zu Anfang des vorigen Jahrhunderts gelesen zu haben, wie diese Zeitung den größten Mann Deutschlands des abgelaufenen Jahrhunderts durch ihre Leser wählen ließ. Da konnten Vorschläge eingereicht werden, und es wurde dann derjenige als bedeutendster Mann genannt, der die meisten Leservoten erhielt. Das war Fürst Otto von Bismarck. Er hatte soziale Gesetze eingeführt und bei der Gründung des zweiten Deutschen Kaiserreichs maßgeblich mitgewirkt. So war das vor 120 Jahren. Heute beschmieren moderne Bilderstürmer sein Denkmal im Tiergarten, weil er angeblich den Kolonialismus mit unterstützt hatte. So kann man vom beliebtesten

Mann zum Dämon werden – weil mit heutigen Maßstäben gemessen wird.

Ich plädiere dafür, alle Zeugnisse der Vergangenheit, auch der unrühmlichen, bestehen zu lassen. Wo geändert werden muß, ist eine Rückänderung auf den früheren Zustand sinnvoll. Ein „Adolf-Hitler-Platz" muß zurückbenannt werden, denn Hitler war ein Verbrecher. Also sollte er wieder „Reichskanzlerplatz" heißen und nicht „Theodor-Heuß-Platz", denn das setzt Heuß irgendwie mit Hitler gleich bei denjenigen, die noch wissen, daß der Platz nach Hitler benannt war und daß dort ein riesenhaftes Mussolini-Denkmal errichtet werden sollte (aus dessen Bodenfläche wurde dann nach dem Kriege der Brunnen gebaut).

Nazigrößen sind sicher Sonderfälle, denn was sie gebracht haben, war Leid, Mord, Krieg und Tod. Aber wie sieht es mit anderen Denkmalen oder Straßennamen aus, zum Beispiel denen aus der Kolonialzeit? Diese Zeit können wir nicht ungeschehen machen, indem wir Bilder ihrer Vertreter zerstören. Vielmehr müssen wir akzeptieren, daß es diese Zeit gab und damit das Bewußtsein an diese Zeit bestehen bleibt, dazu sind Denkmäler nötig. Würden sie fehlen, wäre ein Teil unserer Erinnerung auch mit getilgt und damit die ganze Zeit mit ihren guten und bösen Ereignissen. Historiker, die uns dann von irgendeinem damaligen Deutschen erzählen, der in der Kolonialzeit Verbrechen in der 3. Welt begangen hatte, reden dann ins Leere, denn wir haben den entsprechenden Namen nie gehört oder wüßten irgendetwas von der Person. Der Bericht des Historikers klingt uns dann wie eine Fiktion, eine Erdichtung, die wir nicht wirklich glauben. Wenn wir aber ein Denkmal dieser Person kennen, wenn es nach ihm benannte Straßen gibt, dann kommt der „Aha-Effekt": So etwas hat der gemacht, dessen Namen man kennt oder dessen Bild Denkmäler zeigen?

Die Geschichte muß man annehmen, nicht verdrängen. Verdrängen ist immer falsch und ist auch nicht demokratisch, weil Verdrängen auch Verschweigen bedeutet. Was aus unserem kollektiven Unterbewußtsein ersteinmal gelöscht wurde, das existiert auch nicht mehr und wir können auch davon nichts mehr lernen. In der Demokratie darf nichts verschwiegen werden, sondern muß alles bekannt sein, damit wir uns heute positionieren können.

Die Neonazis haben zuerst den Holocaust geleugnet, die Zahlen heruntergerechnet und damit die Geschichte verharmlost. Wenn es nun keine Konzentrationslager-Gedenkstätten gäbe, wie sollte man dann irgendeinem Menschen glaubhaft vermitteln können, daß es diesen Völkermord überhaupt gegeben hatte? Alle Zeugnisse dieser Zeit wären ja getilgt; und irgendwelche verwackelten, unscharfen Schwarzweißfilme, welche damalige Verbrechen dokumentierten, würden im Überangebot von Action- und Gewalfilmen aus Hollywood völlig untergehen.

Deswegen: Alle Denkmäler aus früheren Zeiten sollten bestehen bleiben, außer denen, die Verbrecher der NS-Zeit darstellen; da würde ich tatsächlich eine andere Regelung befürworten. Straßennamen und Personendenkmäler sollte man ändern, Hoheitszeichen, z. B. den Reichsadler an Gebäuden sollte man (ohne Hakenkreuze) bestehen lassen. Bei Denkmälern der kommunistischen Zeit sollte man von Fall zu Fall vorgehen: Denkmäler, die Sowjets zeigen, also z. B. Lenin, kann man schon deswegen entfernen, weil sie hier nur in einer Siegermanier von den Russen aufgestellt wurden und weil sie ja gar keine Deutschen zeigen. Straßennamen und Denkmäler hierzulande sollten auch nur Deutsche darstellen bzw. nennen. Warum sollte man in Deutschland bekannte, berühmte oder berüchtigte Personen anderer Länder ehren oder an sie erinnern? Karl Marx ist als Vordenker des Kommunismus, einer Ideologie, die mitverantwortlich für Kriege und Revolutionen war, sicher umstritten. Aber er war Deutscher und seine Ideologie hat in der Welt viel verändert, daher würde ich ein Marx-Denkmal nicht zerstören lassen. Wenn das Denkmal allerdings an einem Ort steht, wo zuvor ein Kaiserdenkmal stand, wenn also das Marx-Denkmal in Folge einer „Bilderstürmerei" errichtet wurde, dann würde ich es an einen anderen, noch freien Ort versetzen und das Kaiserdenkmal wiederherstellen.

Alle, die unser Land und die Menschen irgendwie beeinflußt haben, verdienen es, gewürdigt zu werden, auch dann, wenn wir vom heutigen Standpunkt aus ihr Tun kritisieren, ja ablehnen.

Wir Deutschen neigen leider dazu, Bilderstürmerei zu betreiben. Wenn uns nur jemand überzeugend genug eintrichtert, daß irgendetwas nicht tolerabel ist, dann greifen wir ohne selbst darüber nachzudenken, zur Tat. Zur Zeit findet gerade eine Bilderstürmerei auf dem Gebiet der Sprache statt: Jedes eine Person bezeichnende grammatikalisch männliche Wort wird durch gegenderte Neuworte ausgemerzt (siehe mein Buch: „Das Gender-Virus" 2021). So werden aus Radfahrern, Autofahrern, Fußgängern, Studenten, Mitarbeitern oder Bauarbeitern nun Radfahrende, Autofahrende, zu Fuß Gehende, Studierende, Mitarbeitende oder Bauarbeitende. Alles vermeintlich Männliche in der Sprache muß – geht es nach den Initiatoren dieser sprachlichen Bilderstürmerei – ausgemerzt werden. Man kan nur hoffen, daß nicht eines Tages nicht nur gegen Worte, sondern auch gegen Menschen entsprechend vorgegangen werden wird. Genug Beispiele dafür sind ja in unserer dunklen Vergangenheit vorhanden. Im 3. Reich verbrannte man auch zuerst nur Bücher, bis man schließlich Menschen umbrachte.

Kapitel 18

Weltverbesserer

Viele Menschen betrachten unsere auf das Grundgesetz fußende Demokratie als das beste System der Welt, als die Quintessenz aller politischen Systeme. Hat sie uns doch seit 1945 von jeglichen Kriegen verschont. Ja, es geht teils noch weiter, da Religion nicht mehr zählt, ist für einige das Grundgesetz fast zu einer Ersatzreligion geworden. Wer gegen die Verfassung ist, der sollte eingesperrt werden, sagen diese Leute. Der Verfassungsschutz hat daher die Aufgabe, alle Verfassungsfeinde ausfindig und unschädlich zu machen.

Und weil man von dieser Stellvertreter-Demokratie so überzeugt ist, will man sie gerne auch in andere Länder der Welt exportieren. Andere Völker können ja gar nicht in Frieden und Glück leben, ihnen fehlt ja diese Demokratie. Also muß man dafür werben und alles tun, um die andern Völker zur Demokratie zu bekehren, schließlich soll ja am Deutschen Wesen die Welt genesen.

Diese Einstellung ist grundfalsch, denn sie ist in Wahrheit kommunistisch, weil sie von der Annahme „alle Menschen sind gleich" ausgeht. Diese Annahme ist auch wissenschaftlich betrachtet falsch, denn unsere Gene bestimmen zu einem Großteil unser Denken und Handeln, daneben unsere Kultur und Erziehung, zuletzt sogar unser Klima. Die Gene der Völker sind aber unterschiedlich, zwar nur gering, aber diese geringen Unterschiede wirken sich stark aus.

Wir haben uns in Jahrtausenden an unseren Lebensraum angepaßt, haben gelernt, für den langen Winter vorzuplanen und Vorräte anzulegen, um überleben zu können. Dieses Planen, Regeln und Grübeln wurde zu einem unserer Charakterzüge. Die Natur gab uns alles kostenlos, Bau- und Brennholz, Früchte, Fleisch der Tiere, Wasser. Handel war also bei uns nie wirklich nötig. Weil es bei uns kalt ist und im Winter die Vorräte nicht ausreichen könnten, haben wir auch nur wenige Kinder, um die wir uns intensiv kümmern. Unsere Haut und Haare sind hell, weil in unsere Region weniger Sonnenlicht durchdringt und wir trotzdem genügend Vitamin D aufnehmen müssen. Die Natur unseres Lebensraumes hat uns also geprägt, unserer Äußeres genauso, wie unsere Eigenschaften.

Im Süden (Orient, Nordafrika) wurden die dortigen Völker auch von der Natur geprägt, aber deren Natur sieht anders aus. Es wächst im heißen Wüstenklima weniger, daher ist Fleisch wichtiger. Und da, wo es gut wächst, kann man sogar ganzjährig anbauen, da ein kalter Winter fehlt. Was an Gütern fehlt, muß erhandelt werden: Wer gut handeln kann, der überlebt eher als derjenige, der nicht handeln kann. Die größere Hitze macht die Menschen träger und die Haut dunkler; hellhäutige Menschen würden durch Hautkrebs usw. schlechterre Überlebenschancen haben. Vorplanungen für einen langen Winter sind nicht nötig und die wärmeren Temperaturen sorgen für höhere Kinderzahlen. Den Gott stellt man sich strenger vor als in Nordeuropa, weil die Sonne ja auch eher feindlich zu den Menschen ist. Sonne und Gott werden seit Urzeiten gleichgesetzt. Der strengere Gott regiert eher absolutistisch, nicht demokratisch.

Wenn wir die vom Klima geschaffenen Unterschiede der Ethnien und Mentalitäten berücksichtigen, dann werden wir vielleicht verstehen, daß unser politisches System nicht unbedingt auch für andere Völker ideal ist, und deren Systeme umgekehrt uns nicht zusagen müssen.

In Tunesien wurde z. B. einem ertappten Dieb zur Strafe die Diebeshand abgehackt. So war er für jeden Bürger als Dieb erkennbar. Wir finden so eine Strafe barbarisch und viel zu hart. Aber in Regionen, wo das Überleben vom Handel abhängig ist, wo ein Hungernder eben nicht einfach in den Wald gehen kann um sich von Früchten, Kräutern oder erlegtem Wild zu ernähren, ist Diebstahl, auch Mundraub, natürlich viel schlimmer. Umgekehrt können Menschen aus diesen Regionen unsere im Vergleich harmlosen Strafen bei Diebstahl kaum verstehen und einige nehmen sie geradezu als Aufforderung. Einstellung eines Verfahrens wegen Geringfügigkeit, Bewährungsstrafe (d. h. gar keine Strafe) und alles erst Monate nach der Tat, das sind keine Strafen, die diese Menschen abschrecken.

Was ich mit diesem Vergleich zeigen will, sind die unterschiedlichen Denk- und Verhaltensweisen (Mentalitäten). Man könnte hier viele weitere Beispiele anführen. Ich will auch in keinster Weise werten: Das würde bedeuten, die Welt wiederum nur von unserem Blickwinkel zu betrachten, was ja gerade falsch ist. Was uns nicht gefällt, kann anderen gefallen und umgekehrt. Wir müssen lernen, jedem Volk zu gestatten, nach seinen Regeln und Werten zu handeln. Nur in wenigen Fällen ist ein Eingreifen sinnvoll, z. B. wenn die Taliban in Afghanistan die historischen Buddha-Statuen zerstören. Hier sind Kulturgüter betroffen, die zu einer anderen Kultur, nicht zu der des Islam gehören und damit stehen sie außerhalb des Spielraumes, den die islamischen Taliban haben dürfen. Hier aber hätten nicht Armeen aus Deutschland oder den USA eingreifen sollen, sondern Armeen aus buddhistischen Ländern. Es ist deren Aufgabe, ihre Kultur in Asien zu schützen, „wir" hätten uns da nicht einmischen dürfen. Mit unserem Einmischen haben wir ihnen auch unsere Werte aufgezwungen, was bei ihnen – bedingt durch ihre Mentalität – nur Unverständnis hervorrufen konnte. Die Vorstellung, man könnte einem unterentwickelten Land unsere Demokratie als Staatsform aufzwingen und damit seien alle Probleme gelöst, ist mehr als naiv. In Ländern mit strengen Eingottvorstellungen ist Diskussion eine Form der Dekadenz. Wie Allah im Himmel entscheidet, so auf der Erde ein König, Kalif oder Sultan; eines Parlamentes bedarf es da nicht.

Der Westen macht dabei noch einen weiteren Fehler; das Aufzwingen der Demokratie zeugt von der völligen Unkenntnis der orientalischen Mentalität. Eine Chance für das Land aber wäre es gewesen, wenn man den afghanischen Ex-König wieder zum nominellen Staatsoberhaupt gemacht hätte. Das hätte der Mentalität eher entsprochen und hätte geholfen, ein nachgeordnetes Parlament zu akzeptieren. Der König hätte die verfeindeten Volksgruppen leicht wieder zusammenbringen können. Stattdessen gibt es nun eine nur auf die Hauptstadt Kabul beschränkte Demokratie islamischer Prägung, die von westlichen Truppen verteidigt werden muß, während in den andern Landesteilen regionale Clans und Milizenführer nach dem islamischem Recht der Taliban regieren.

Wenn man in einem Lande wie dem Irak eine Demokratie gründen will, dann gibt es da keine friedlichen Diskussionen der Parteien, dann gibt es Bürgerkrieg. Natürlich setzen sich dort bei freien Wahlen die islamistischen Parteien durch und führen die Scharia als Gesetz ein, während abweichende islamische Richtungen verfolgt und verboten werden.

Für die Welt besonders tragisch sind Demokratien in Ländern wie Brasilien oder armen Ländern in Afrika. Wenn ein Großteil der

Überbevölkerung hungert, ja verhungert, wie sollte da eine Demokratie die uns so wertvollen Nationalparks schützen oder den Regenwald? Wer hungert, der wählt Politiker, die die Abholzung des Regenwaldes propagieren oder die Wilderei in den Nationalparks erlauben.

Es ist inzwischen so, daß sich unsere Politiker offenbar verantwortlich für die ganze Welt sehen. Aber sie sind nur vom Deutschen Volk gewählt, damit sie sich um es kümmern, nicht um andere Völker. Die müssen lernen, ihre Probleme selbst zu lösen, und wenn westliche Konzerne ihre Bodenschätze ausbeuten, dann müssen sie das durch Gesetze verhindern. Wenn in der Zone südlich der Sahara zu viele Menschen geboren werden, die nicht ernährt werden können und daher in Richtung Europa auswandern, dann müssen wir uns damit nicht beschäftigen, denn es ist Sache der Staaten dort, Regelungen zur Geburtenkontrolle zu beschließen. Wer jetzt sagt: Dazu sind die gar nicht in der Lage, dem sage ich, daß er ein Rassist ist, daß er also den Afrikanern nicht zutraut, ihre Probleme selbst zu lösen, daß er meint, wir müßten helfend eingreifen.

Vor kurzem sammelte irgendeine Organisation Geld für ein afrikanisches Land, um den Bewohnern dort beizubringen, wie man Brunnen baut um die Felder zu bewässern und das Vieh zu tränken. Auch das ist rassistischer Chauvinismus. Bei uns hat man schon in der Jungsteinzeit mit einfachsten Mitteln Brunnen gegraben, vor 5000 Jahren. Wieso sollten die Afrikaner nicht dazu in der Lage sein, so etwas zu tun? Genau die Leute, die bei jeder Gelegenheit andern Rassismus vorwerfen, sind die größten Rassisten, weil sie den Afrikanern nicht einmal einfachen Brunnenbau zutrauen.

Natürlich kann die Lösung der Probleme dort nicht in unserer Verantwortung liegen. Wenn Migranten in Massen nach Europa wollen, ist es die Aufgabe Europas, das zu verhindern. Jeder Staat hat die Aufgabe, seine Grenzen zu sichern, ein Staatenbund natürlich auch. Obwohl Griechenland eine große Marine hat, ist es nicht in der Lage, illegale Bootsmigranten aus der Türkei abzuwehren. Man fragt sich, wozu deren Armee überhaupt da ist.

Das fragt man sich auch bei unserer Bundeswehr, die angeblich im eigenen Lande nicht tätig werden darf. Stattdessen treibt sie sich im Ausland herum, was mit der Verteidigung unseres Landes nichts zu tun hat. Als der Migrantenstrom begann (2015), hätten wir sie dringend an unseren Grenzen gebraucht.
Neben den Einsatzgebieten im Mittelmeer hält sich die Bundeswehr auch in der West-Sahara, in Mali, im Sudan und Südsudan, im Jemen, in Somalia, im Libanon, im Irak, in Afghanistan und im Kosovo auf, nur unsere deutschen Grenzen werden nicht verteidigt gegen illegale Einwanderer.

In früheren Zeiten war es ganz selbstverständlich, daß die Armee die Grenzen eines Landes sichert, also hinter den Grenzen stationiert ist. Aber heute machen Globalisten Weltpolitik, denken an ihre Handelsrouten und an die Erschließung neuer Märkte und mißbrauchen dazu die Bundeswehr. Und dort, wo Hilfe benötigt wird, fehlt sie. Wenn etwa Migranten im Mittelmeer aufgegriffen werden, dann heißt es, man könne sie nicht zurück nach Nord-Afrika bringen, das lassen die Staaten dort nicht zu (obwohl die Migranten von dort kamen). Hier müßte die Bundesmarine zur Not mit Waffengewalt die Rückkehr der Schiffe und Ausschiffung der Migranten erzwingen.

Kapitel 19

Monarchie

Ich habe mich in diesem Buche für mehr Demokratie ausgesprochen und stehe dazu. Aber könnte es nicht auch eine Monarchie sein? Natürlich eine konstitutionelle Monarche, bei der der Repräsentant, also der Kaiser nur sehr eingeschränkte Rechte hat. Eine Demokratie, wo der Kaiser das Staatsoberhaupt ist, nicht ein Präsident.

Da ist zunächst einmal die Frage, warum man das tun sollte. Der Grund ist, daß ein Kaiserhaus oder Königshaus mit seinen Vertretern eine viel bessere Identifizierung des Volkes mit seinem Repräsentanten bedeutet. Das Präsidialsystem ist unpersönlich; alle 7 Jahre kommt ein neuer Präsident, der zuvor meist Politiker war (mit dem entsprechenden negativen Politikerimage) und als solcher nur einer Partei angehörte. Auch als Präsident bleibt so eine Person „Parteisoldat". Ein Präsident sollte aber das ganze Volk repräsentieren, nicht nur diejenigen, die seiner Partei gegenüber Sympathien hegen.

Fragt man auf der Straße die Menschen, wer gerade unser Bundespräsident ist, dann wissen das höchstens die Hälfte der Befragten. Fragt man in Großbritannien hingegen, wer gerade König/Königin ist, wissen das 95 %, und auch im Ausland wissen das die meisten Menschen.

Bedenkt man, wie lange die englische Königin schon „regiert" (eigentlich repräsentiert), nämlich seit 1952 (also 2021 schon 69 Jahre), dann kann man ermessen, daß jeder im Lande sie kennt. Weder sind alle 7 Jahre Neuwahlen nötig, noch gibt es eine Reihe „Alt-Bundespräsidenten", die dem Staatshaushalt teuer zur Last fallen. Und die Königin ist keiner Partei zuzuordnen und vertritt somit alle Bürger ihres Landes und der weiteren Staaten des Common-Wealth-Bundes.

Eine Königsfamilie hat im Normalfall auch verschiedene Vertreter: Den König, die Königin, Thronfolger, weitere Verwandte; wobei alle Generationen und Geschlechter vorkommen. Junge Menschen identifizieren sich nun aber am liebsten mit jungen Prinzen und Prinzessinnen, ältere Menschen eher mit Vertretern ihrer jeweiligen Generation. Alle diese Identifizierungsbedürfnisse werden von einem Königshaus bedient. Statt von nur einem einzigen Präsidenten und dessen Ehefrau repräsentiert in Monarchien eine ganze Familie das Land und nimmt die nötigen Funktionen der Repräsentation (Eröffnungen, Einweihungen, Staatsbanketts, Konferenzen) wahr. Damit kann kein Präsidentenpaar mithalten, wo es im Idealfalle nur zwei Personen (Präsident und seine Gattin) sind. Die Bürger bekommen also viel mehr Repräsentanten für ihre Steuergelder, als es bei einem Präsidialsystem ist oder sein kann. Ein Königshaus ist auch durch seinen monarchistischen Glanz viel interessanter, selbst außerhalb des Landes.

Damit sind wir dann auch schon bei den Kosten. Das englische Königshaus erhält 52 Millionen Euro jährlich, muß allerdings damit auch seine Schlösser selbst unterhalten. Es ist heute bekannt, daß das Königshaus seinem Lande aber mehr einbringt als es kostet, denn die entsprechenden Anlässe (Hochzeiten, Geburten usw.) locken viele Touristen an, die ihr Geld dann im Lande ausgeben.

Hingegen reist wohl kein ausländischer Tourist in unser Land, nur um den Bundespräsidenten zu sehen. Dazu kommt der Verkauf von Souvenirs, was ganze Industriezweige finanziert. Die Hochzeit des britischen Kronprinzen Charles mit Lady Diana Spencer verfolgten weltweit 800 Millionen Menschen, während in Deutschland die meisten Menschen z. B. den Namen der Ehefrau des jeweiligen Präsidenten gar nicht kennen.

Das dänische Königshaus erhält eine Apanage von 14,3 Millionen Euro. Das ist recht viel für so ein kleines Land. Noch mehr erhält das niederländische Königshaus, nämlich 40 Millionen Euro, während das gleichgroße Belgien mit 11,8 Millionen Euro auskommt. Auch hier wundert es, daß so ein kleines Land wie die Niederlande ein so teures Königshaus unterhält, das zudem nur ein niederer Adel (nämlich „von Amsberg") ist.

Das ungleich größere Norwegen hingegen zahlt seinem Königshaus nur 20 Millionen Euro pro Jahr, Schweden liegt noch weiter darunter mit 13,5 Millionen, das große Spanien bekommt gar nur 7,8 Millionen; das ist genausoviel, wie die herzogliche Familie in Luxemburg bekommt.

Über Monaco und seine Finanzierung des Königshauses liegen mir keine Angaben vor; ich habe aber gehört, daß das Fürstenhaus dort seine Einwohner gar nichts kostet und nur von den Einnahmen des Spielcasinos lebt.

Vergleichen wir damit einmal, was uns Deutsche das Präsidialsystem kostet. Der aktive Bundespräsident kostet den Steuerzahler 4,6 Millionen Euro jährlich; das sind seine Bezüge, aber auch die Kosten für Personenschutz, Chauffeure, Dienstwagen, Büromieten usw. Das erscheint recht preiswert im Vergleich zu den Königshäusern, doch müssen wir natürlich auch die noch lebenden Alt-Bundespräsidenten sowie die Hinterbliebenen der weiteren, verstorbenen Alt-Bundespräsidenten hinzurechnen. Da kommen aus Ehrensolden, Mieten, Dienstwagen, Personenschutz und Renten mindestens 6 Millionen Euro zusammen. Insgesamt kostet also unser Bundespräsident – obwohl er politisch eigentlich nichts zu sagen hat – den Steuerzahler 10,6 Millionen Euro jährlich. Wenn die Bundesversammlung einberufen wird, um einen neuen Präsidenten zu wählen (im Normalfall alle 7 Jahre), bringt das zusätzliche Kosten, etwa 1 Million Euro. Nur als Vergleich: Der nicht eröffnete Flughafen Berlin Brandenburg (Schönefeld) verschlang an Unterhaltungskosten täglich 1 Million Euro.

Wir könnten für eine Apanage von 9 oder 10 Millionen Euro in Deutschland als Repräsentanten unseres Staates das Kaiserhaus wieder einsetzen. Das käme uns sogar noch preiswerter als das Präsidialsystem, würde aber auch touristische Einnahmen generieren. Wir würden damit nicht nur die Identifikation der Bürger mit den Repräsentanten des Staates verbessern und weitere Touristen anlocken, wir würden auch eine Familie haben, die den Menschen als persönliche Vorbilder dienen könnte – in einer Gesellschaft, die ihre Werte nach und nach verliert, wäre das eine gute Therapie.

Natürlich sollte so ein Kaiserhaus allein repräsentative Aufgaben haben und politisch neutral bleiben. Lediglich die Unterzeichnung der Gesetze oder die Auflösung des Parlaments in Krisenfällen wären noch politische Aufgaben. Es geht also um eine konstitutionelle Monarchie, eine Monarchie, in der die Rechte und Befugnisse des Monarchen durch eine Verfassung (Konstitution) stark eingeschränkt sind. Der Staat bliebe also wie bisher eine Demokratie.

Es wäre dabei aber darauf zu achten, daß die Ebenbürtigkeitsforderung sowie die männliche Thronfolge bestehen bleibt, denn ansonsten würde die Situation möglich werden, daß eine Kronprinzessin bürgerlich heiratet und somit eine bürgerliche Familie am Ende den König stellen würde, womit sich das Volk nur schwer identifizieren könnte. Die edle Abstammung im Mannesstamm ist es ja, von der die Königshäuser ihre besonderen Rechte ableiten; fällt sie weg, ist auch der Sinn eines Königtums verfehlt. Auch sollten die alten Rituale der Krönung oder Parlamentseröffnung wieder eingeführt werden, denn solche Feiern bewirken den Glanz der Monarchie, was kein Präsidialsystem je liefern kann.

Dem Kaiserhaus sollte ein Stab zur Verfügung stehen, der sich mit Eingaben der Bürger befaßt, ähnlich wie die heutigen Petitionsausschüsse. Der Vorteil wäre, daß auch das Amt des Bundeskanzlers entlastet würde, denn derzeit bestimmt der Bundeskanzler bzw. die Bundeskanzlerin die Richtlinien der Politik, der Bundespräsident hingegen ist völlig machtlos und auch etwas farblos. Für das Ausland repräsentiert der Bundeskanzler unser Land und seine Politik; der Bundespräsidet, der den Staat eigentlich repräsentieren soll, erscheint wie ein nebensächlicher Beamter, so daß der Bundeskanzler ungewollt auch die Repräsentation unseres Landes im Ausland übernehmen muß.
Gäbe es aber einen Kaiser mit dem bekannten Glanz eines Kaiserhauses, würde das Ausland in ihm den Staatsrepräsentanten Deutschlands sehen, und der Bundeskanzler wäre entlastet und könnte sich mit voller Kraft um seine eigentlichen politischen Aufgaben kümmern, wie es in England der Premierminister tut.

Das ist natürlich Zukunftsmusik, denn derzeit leidet unser Kaiserhaus daran, daß dem Kaiser Wilhelm II. die Alleinschuld am 1. Weltkrieg zugeschrieben wird und allgemein der Adel negativ dargestellt wird. Zunächst müßte also in der Gesellschaft ein Bewußtsein wachsen, daß dies so gar nicht stimmt, bevor an eine demokratische Monarchie als Staatsform Deutschlands gedacht werden könnte. Auch müßte man sich Gedanken über die anderen Königshäuser machen (z. B. Bayern), ob sie wie bisher ohne Funktion bleiben sollten oder ob man auch ihnen gewisse Repräsentationsaufgaben in den Bundesländern übertragen sollte. Hier wäre also noch viel von Staatsrechtlern zu regeln. Möglicherweise wäre auch die Wahl eines Kaisers aus den bestehenden Fürstenhäusern ein Weg.

Man könnte in einem ersten Schritt das Grundgesetz dahingehend ändern, daß alle Erwähnungen des Bundespräsidenten auf den Kaiser umgeschrieben werden und statt der Wahl durch die Bundesversammlung eine Wahl durch die Vertreter der Fürstenhäuser erfolgt. Oder man verzichtet auf die Wahl und legt das Haus Preußen als Kaiserhaus fest. Dazu wäre eine 2/3 Mehrheit im Bundestag nötig; besser wäre es aber, so eine Änderung per Volksentscheid annehmen oder ablehnen zu lassen. Einwände, die Bedenken gegen die Privilegierung einer Familie geltend machen und die Demokratie und Gleichheit in Gefahr sehen, kann man damit begegnen, daß ja auch in den meisten andern Staaten Europas Könige herrschen, ohne daß diese Staaten deswegen nicht demokratisch wären. Tradition muß eben zuweilen zu Ausnahmen der Regeln führen.

Juristen müßten aber zunächst prüfen, ob der letzte deutsche Kaiser Wilhelm II. tatsächlich auch wirklich abgedankt hatte. Es sind da gewisse Zweifel aufgekommen, da die mit Schreibmaschine getippte angebliche Abdankungsurkunde merkwürdigerweise in zwei Fassungen vorliegt, beide nur mit „Wilhelm" unterschrieben, wobei in der einen Fassung die Unterschrift links in das geprägte Siegel reicht, in der andern nicht. Und es fehlen die Buchstaben „I. R." (Imperator Rex), die Wilhelm ansonsten unter seine Unterschrift setzte. Aber ob echt oder falsch, eine Abdankung kann sich natürlich nur auf denjenigen beziehen, der abgedankt hatte, nicht auch auf seine legitimen Nachkommen. Diese müßten selbst für sich Abdankungserklärungen unterzeichnen, denn das Land unterstand der Familie zur Herrschaft, nicht nur einer Person. Auch in Österreich mußte der Thoronfolger Otto von Habsburg eine eigene Thronverzichtserklärung unterzeichnen. Da die Nachkommen Wilhelms II. nicht für sich abgedankt haben, ist zu prüfen, ob sie nicht juristisch betrachtet das Recht hätten, als Monarchen zu gelten. Die rechtsextremen „Reichsbürger" behaupten ja, daß das Deutsche Kaiserreich immer noch bestünde und die Gründung der Republik illegal war. Ich sage diesen Menschen, daß es zweierlei gibt: Das Recht, und die Realität. Man kann im Recht sein, aber es dennoch in der Realität nicht durchsetzen, denn neben dem Recht entscheidet auch die Macht, die Stärke, die Armee. Und die ist auf der Seite der Republik.

Zur Frage der Wiedereinführung der Monarchie in Deutschland äußerte sich kürzlich der Ururenkel des letzten deutschen Kaisers Wilhelm II., S. K. H. Prinz Philip Kiril von Preußen in der Zeit-Beilage „Christ und Welt". Er würde in der direkten Thronfolge stehen, wenn seine Mutter nicht eine Bürgerliche gewesen wäre (die Ehe der Eltern scheiterte dann auch erwartungsgemäß). Der Prinz ist Pfarrer in Zehdenick, nördlich von Berlin.

Der Ururenkel des Kaisers wies im Zusammenhang mit dem Rücktritt des Bundespräsidenten Wulff auf die Stabilität hin, die Königsfamilien vermittelten: „Sie werden nicht per Mißtrauensvotum oder durch Aufhebung der Immunität aus dem Amt gefegt. Das tut einem Land gut". Auch wäre ein Monarch gegen Bestechungsversuche gefeit: „Entweder er hätte alten Familienbesitz oder eine Apanage – und es wäre unter seiner Würde, von Freunden Geschenke anzunehmen". Eine Königsfamilie könne zudem mehr Veränderungen bewirken als ein Bundespräsident, weil sie die Herzen der Menschen erreichte. Monarche könnten durch ihr öffentliches Familienleben auch wirkungsvoller gegen die demographische Zeitbombe des Geburtenrückgangs angehen, die alle Lebensbereiche vom Fachkräftemangel und der Binnennachfrage bis zur Rente bedrohe: „Die Herzensebene hat einen viel intensiveren Einfluß als ein Appell der Familienministerin für bessere Rahmenbedingungen zur Vereinbarkeit von Familie und Beruf", sagte der Prinz.

Zur Einführung der Monarchie in Deutschland sagte Prinz Philip Kiril, die Frage rufe reflexartig irrationale Reaktionen hervor. Er habe die Hoffnung aber noch nicht aufgegeben. „Man schwingt die Wilhelmismuskeule und übernimmt die fatale, ahistorische Formulierung der Siegermächte des Zweiten Weltkriegs, Preußen sei ein Hort der Aggression und des Militarismus gewesen." Doch vielleicht ticken die Uhren allmählich anders.

Eine repräsentative Umfrage des Meinungsforschungsinstituts Emnid im Auftrag des Nachrichtenmagazins Focus vom 22. 4. 2011 ergab, daß sich neun Prozent der Deutschen „einen König oder eine Königin, ähnlich wie in Großbritannien" wünschten. In der Gruppe der 14 bis 29-Jährigen liegt der Wert sogar bei 14 Prozent. Es wurden 1003 Personen befragt.
Im Jahre 2010 führte die Zeitschrift „Stern" eine Umfrage zum Thema Monarchie unter 1000 Befragten durch. 13 % der Deutschen fänden es danach gut, wenn Deutschland ein repräsentierendes Königshaus hätte, 67 waren dagegen, 20 % hatten keine Meinung dazu. Interessant ist, daß es unter den 18-29 jährigen Befragten auch wiederum mehr Zustimmer gab, nämlich 19 % (55 % dagegen), unter den Älteren (über 45 Jahre) aber waren nur 8 % dafür und 74 % dagegen.

Scheinbar hat sich die Einstellung in den letzten Jahren zu Gunsten der Monarchie geändert. 2013 gaben bei einer repräsentativen Umfrage der Rheinischen Post durch YouGov im Auftrag von DPA 19 % an, daß sie für eine Monarchie in Deutschland sind und 69 % waren dagegen. Bei den jungen Menschen von 18 is 24 Jahren waren ganze 34 % dafür, was eine Zunahme von mehr als einem Drittel gegenüber der Umfrage von 2010 bedeutet. Rein rechnerisch müßten bei diesem Zuwachs in 12 Jahren (2025) alle Jugendlichen dafür stimmen.

In verschiedenen Internetabstimmungen, die natürlich in keiner Weise repräsentativ sind, finden sich Zahlen von 51 % dafür, 39 % dagegen oder 41 % dafür, 48 % dagegen, je nach Netzseite.

Es gibt zwei bundesweit tätige monarchistische Vereinigungen, „Tradition und Leben e. V. – Arbeitsgemeinschaft zur Förderung des monarchischen Gedankens" sowie die „Bürgervereinigung der Monarchiefreunde". Die größere, „Tradition und Leben" ist aus dem 1918 gegründeten „Bund der Aufrechten" hervorgegangen und vertritt die Position, daß an Stelle des Amtes eines Bundespräsidenten das Amt des Kaisers eingeführt werden sollte, wo der jeweilige Chef des Hauses Hohenzollern-Preußen Kaiser wird, also derzeit S. K. und K. H. Prinz Georg Friedrich von Preußen. Die Ehefrau des Kaisers wird Kaiserin. Die Aufgaben des Kaisers sollten mit denen der Königshäuser in den Niederlanden und Spanien vergleichbar sein. Die Einführung soll nach Volksentscheid und demokratisch erfolgen. Motto der Vereinigung: „Wir setzen der Demokratie die Krone auf".

Natürlich ist es eine Zukunftsmusik, eine konstitutionelle Monarchie in Deutschland wiedereinzuführen, unter geringfügiger Änderung des Grundgesetzes. Bis es einmal soweit sein wird, können wir aber bereits bei uns selbst anfangen: Warum sehen wir nicht einfach den Chef des Hauses Preußen als unseren legitimen Kaiser an und sehen in ihm den Repräsentanten unseres Staates? Niemand hindert uns daran. Und warum laden wir statt der Politiker nicht Repräsentanten des Kaiserhauses ein, wenn es irgendetwas größeres einzuweihen gilt? Und warum nehmen wir nicht die kaiserzeitliche Nationalhymne („Heil Dir im Siegerkranz") als unsere wirkliche Nationalhymne und lassen den Republikanern ihre an das Französische der Guillotinen-Mörder angelehnte („Liberté, égalité, fraternité") „Einigkeit, Recht, Freiheit"? Die kaiserliche Hymne mit gleicher Melodie wie „God save the queen" lautete (1. Strophe):

Heil dir im Siegerkranz,
Herrscher des Vaterlands! / Heil, Kaiser, dir!
Fühl in des Thrones Glanz / die hohe Wonne ganz,
Liebling des Volks zu sein! / Heil, Kaiser, dir!

Dabei haben wir natürlich auf staatliche Projekte keinen Einfluß, der Staat wird diese weiterhin von Ministern und Politikern einweihen lassen – die Gelegenheit, sich zu profillieren läßt sich kein Politiker gern entgehen. Aber private Projekte, große Gebäude, Schiffe, privat finanzierte Großprojekte könnten die Investoren von Repräsentanten des Kaiserhauses einweihen lassen. Und niemand zwingt uns, uns zum Jahreswechsel die Rede vom Bundespräsidenten oder der Bundeskanzlerin anzuhören, genausogut könnte auch das Kaiserhaus die Worte zum neuen Jahr sprechen.

Es sollte eine neue, demokratische und konservative Partei gegründet werden mit dem Namen „Kaiserpartei". Diese könnte an den Bundestagswahlen teilnehmen und als Fernziel die Einführung der Monarchie in Deutschland verfolgen.

Kapitel 20

Die Systemfrage

Hier im letzten Kapitel will ich diese Frage aufwerfen: Ist die Demokratie ein gutes System, oder ist sie schlecht, da sie es unfähigen Personen erleichtert, in die Regierung zu gelangen und weil sie sehr korruptionsanfällig ist?

Ich bin für eine totale Demokratie, wo wirklich der Wille des Volkes umgesetzt wird. Nur deswegen bin ich auch der Meinung, daß es nicht sein darf, daß angeblich verfassungsfeindliche Parteien von einer Behörde wie dem Verfassungsschutz beobachtet und damit in den Augen der Bürger kriminalisiert werden können. Alle Parteien, wie radikal rechts oder links sie auch immer sein mögen, müssen unbehelligt wirken können. Lediglich Aufrufe zu Straftaten, Beleidigungen usw. dürfen von der Staatsanwaltschaft und Polizei geahndet werden; Meinungen dürfen grundsätzlich niemals irgendwie verboten sein, sonst ist es keine Demokratie. Auch die Abwahl des Systems „Demokratie“ und das Werben für so eine Abwahl muß erlaubt sein. Denn wenn 80 % der Wähler eine Partei wählen, die klar erklärt hat, die Demokratie abzuschaffen, dann ist es demokratisch, sie das auch tun zu lassen, denn 80 % der Menschen haben das so gewollt. Würde man das verbieten, wäre das das Ignorieren einer demokratischen Mehrheitsentscheidung. Aber, wie gesagt, die Abschaffung der Demokratie ist nicht meine Ansicht, ich möchte vielmehr die heutige „Illusion einer Demokratie“ (die damit gerechtfertigt wird, daß das Volk ja unmündig sei) zu einer echten Demokratie werden lassen. Warum? Weil sonst tatsächlich die Gefahr besteht, daß das Volk diese undemokratische Demokratie irgendwann abschafft.

Der griechische Philosoph Sokrates ging von einem regelmäßigen Systemwechsel aus, wie Platon im VIII. und IX. Buch der „Politeia" (4./5. Jh. v. u. Zt.) berichtete. Danach ist laut Sokrates die Aristokratie die beste Verfassung, wobei nicht an einen Erbadel gedacht war, sondern an eine „Herrschaft der Besten". Die Aufgaben werden an Menschen verschiedener Stände verteilt. Die ethisch Gerechten bilden eine Oberschicht ohne Privateigentum, doch ihre Auswahl kann nur durch Beweis ihrer Fähigkeiten und Verdienste erfolgen, also Mut, Tapferkeit und Bildung.

Der Aristokratie folgt die Timokratie, also die „Herrschaft der Angesehenen", da es bei Vernachlässigung der strengen Regeln der Auswahl unqualifizierten Personen gelingt, in der bisherigen Aristokratie in Positionen zu kommen, was bei den Menschen zu Streit und Zwietracht führt. Diese unqualifizierte Oberschicht kämpft dafür, Eigentum besitzen zu dürfen, andere sind dagegen, und es gibt am Ende einen Kompromiß, um einen Bürgerkrieg zu verhindern. Geldgier wird zu einer treibenden Kraft, und die Unterschicht wird unterjocht.

Aus der Timokratie wird bei steigendem Einfluß des Geldes die Oligarchie („Herrschaft der Wenigen"); das Geld entscheidet nun, wer herrscht, wer Einfluß im Staat hat. Wer viel Geld hat, bekommt die höchsten Positionen. Stände werden durch Vermögensklassen ersetzt, und alle streben nach Reichtum und wirken gegeneinander. Da Geld so wichtig wurde, gibt es Wucherei, Verbrecher und Betrüger.

Da durch die Geldherrschaft der Oligarchie soziale Spannungen enstehen und immer mehr Menschen verarmen, gibt es Aufstände und einen blutigen Umsturz. Nun wird das System zur Demokratie („Herrschaft des Volkes"); die Ämter werden aber gerecht nach dem Losverfahren verteilt, Qualifikation muß nicht nachgewiesen werden, und die Bürger genießen Rede- und Meinungsfreiheit. Alles geschieht freiwillig, aber es werden auch gesetzliche Vorschriften mißachtet und verhängte Strafen nicht mehr vollstreckt. Es herrscht Übermut, Schamlosigkeit und Haltlosigkeit.

Da sich die übertriebene Freiheit der Demokratie zur Anarchie steigert, wird der Zustand untragbar. Der demokratische Bürger erkennt keine Autorität über sich an, die Herrschenden schmeicheln dem Volke. Niemand ist bereit sich unterzuordnen. Ausländer sind den Stadtbürgern gleichberechtigt, Kinder gehorchen nicht, sie respektieren weder Eltern noch Lehrer. Da es aber immer noch Arme und Reiche gibt, und der Reichtum nicht mehr irgendwie von einem System legitimiert wird, ja sogar im Gegensatz zum demokratischen Gleichheitsgrundsatz steht, begehren die Armen auf und folgen einem Agitator, der für eine Umverteilung des Reichtums eintritt. Die Herrschenden bekämpfen ihn, trachten ihn zu ermorden, so daß er sich eine Leibgarde zulegt. Nachdem die Reichen geflohen sind, wird der Agitator zum neuen Herrscher und stützt seine Macht mithilfe seiner Leibgarde. Nachdem dieser Tyrann seine Macht gefestigt und seine Gegner beseitigt hat, beginnt er, das Volk zu unterdrücken, zettelt Kriege an, um selbst zum Kriegsherr zu werden und eine mögliche Opposition gar nicht erst aufkommen zu lassen. Jeder Befähigte erscheint ihm als potentielle Gefahr, die er bekämpft. Am Ende ist das Volk in eine üble Unterdrückung und Sklaverei geraten. Aus der Demokratie ist also am Ende eine klassische Diktatur oder sogar ein Totalitarismus geworden.

Was Platon hier vor 2400 Jahren schrieb, ist relativ aktuell. Tatsächlich stellen wir in unserer „Stellvertreter-Demokratie“ eine wachsende Schere zwischen Armen und Reichen fest, die schon deswegen immer größer wird, weil Diäten- und Gehaltserhöhungen prozentual erfolgen, statt durch Festbeträge. Wenn sich Politiker Diäten um 3 % erhöhen, dann sind das bei 10.000 € Diät eben 300 € mehr, während ein 400 € Hartz-IV Bezieher nur 12 € mehr erhält. Der Abstand zwischen beiden Beträgen betrug vor der Erhöhung 9.600 €, danach aber schon 9.888 €. Gerecht wäre eine Festpreiserhöhung, daß also jeder z. B. 100 € mehr erhält, der Politiker wie auch der Hartz-IV-Bezieher. Eher müßten hohe Einkommen weniger erhalten, da ihre Höhe ja ausreichend ist, um Preissteigerungen auszuglichen. Gesteigerte Kosten sind für alle gleich hoch.

Platon schildert auch, daß in der Demokratie Gesetze nicht mehr richtig eingehalten und Gesetzesbrecher nicht richtig bestraft werden – auch das stellen wir ansatzweise bei uns fest: Verbrecher, die die Polizei noch mit Mühe fing, werden von Gerichten freigelassen oder erhalten Strafen auf Bewährung, verlassen also frei den Gerichtssaal; illegale Grenzüberschreiter oder Personen mit gefälschten oder fehlenden Ausweisen werden nicht bestraft, Ausländer dürfen wählen und der Respekt der Kinder gegenüber ihren Eltern fehlt. Die Folge so einer Entartung der Demokratie ist laut Sokrates in Platons Buch die aufkommende Tyrannei (Diktatur).

Die Weimarer Republik war auch eine Demokratie und führte zur Tyrannei des NS-Systems. Agitator war Hitler, seine Leibgarde waren die SS und SA, und wie der Umsturz gelang, ist uns ja hinreichend bekannt. Wir sollten also wachsam sein und alles tun, um unserere derzeitige Demokratie so zu verbessern, damit ein von Sokrates prophezeihter Systemwechsel zu einem unfreien System nie eintritt.

Wir sollten auch die abfällige Bezeichnung „Populismus" nicht diskreditieren. „Populus" bedeutet „Volk", und in einem System, wo das Volk herrscht, sollte es völlig normal sein, sich populistisch, also volksnah und im Sinne des Volkes zu äußern. Eher sollten volksferne und volksfeindliche Äußerungen gerügt werden.

Heute stehen wir mit unserer angeblichen Demokratie an einem Wendepunkt. Immer mehr Menschen wenden sich von ihr ab, gehen nicht mehr zu den Wahlen und erwarten von den Politikern nichts. Der Demokratie kommt quasi das Volk abhanden. Auch Kommunalpolitiker beklagen, daß vom Staat über die Kommunen hinweggeregiert wird, daß die Kommunalpolitik hauptsächlich darin besteht, Anträge an den Staat zu stellen, die meist in der ausufernden Bürokratie steckenbleiben. Einfachste Angelegenheiten können die Kommunen nicht mehr selbst entscheiden und erledigen, oft macht ihnen die Kommunalaufsicht einen Strich durch die Rechnung. Unser System benötigt also dringend eine Erneuerung. Wir haben dabei das Glück, daß viele Bürger noch nicht aufgegeben haben und sich noch an der Politik beteiligen wollen. Mancherorts richtet man nun „Bürgerräte" ein, die die Politiker beraten sollen, aber ob das reicht? Auch soll die Amtszeit des Bundeskanzlers begrenzt werden und die Zahl der Abgeordneten reduziert. Initiativen fordern zudem eine Kontrolle und Offenlegung von Nebeneinkünften der Parlamentarier. Das alles sind kleine Schritte, falls sie denn durchgesetzt werden sollten.

Weitere wichtige Maßnahmen habe ich in diesem Buch erläutert:
- Volksentscheide,
- Abschaffung von Sperrklauseln,
- keine Parteienherrschaft und Parteienzwänge,
- unabhängige Medien,
- freie Rede und Meinung ohne Repressionen,

- keine Sprach- und Wortverbote,
- Tolerierung der Meinung anderer,
- Rücksicht auf Belange des Volkes.

Wir alle beklagen eine Zunahme der Haßmails in den sozialen Netzwerken, die Haßkriminalität ist stark gestiegen. Bundesinnenminister Horst Seehofer beklagte am 4. 5. 2021: „Es gibt eine klare Verrohungstendenz in unserem Lande". Ja, stimmt. Aber woran liegt das? Das liegt daran, daß den Bürgern keine Mitsprachemöglichkeiten geboten werden, weder von der Politik, noch den Medien. In den Freitagabend-Talkshows treten immer wieder erneut dieselben Prominenten oder Halbprominenten auf, insbesondere wenn sie ihr neuestes Buch, Film oder Musik-Album promoten wollen, aber der normale Bürger von der Straße kommt nicht vor und daher auch nicht zu Wort. So bleibt ihm nur der Frust auf das „System", und diesen baut er mit Haßbotschaften ab. Und wie reagiert das „System" darauf? Mit weiteren Einschränkungen, Verboten und Zensur. Das aber macht alles nur schlimmer, steigert den Haß und spaltet die Gesellschaft weiter, statt sie zu einigen.

Wir Deutsche sind noch nicht wirklich demokratiefähig; immer noch versuchen wir, abweichende Meinungen zu unterdrücken, statt auf sie einzugehen. Als im April 2021 53 Schauspieler in kurzen Videos die Corona-Politik satirisch persiflierten, gab es in den gleichgeschalteten Medien laute Kritik; von den derart eingeschüchterten Schauspielern haben daher 19 ihre Videos wieder aus dem Internet genommen. Die Medien warfen den Schauspielern auch vor, sie hätten „Applaus von der falschen Seite" (nämlich unter anderem auch von der AfD) erhalten. In einer Demokratie aber gibt es keine „falsche" oder „richtige" Seite, so etwas gibt es nur in totalitären Staaten. Auch solche Vorwürfe durch Medien oder Politiker dürfte es nicht geben. Immer noch folgen Politiker leider zuerst ihren Parteivorgaben, als dem Volkswillen oder ihren eigenen ethischen Vorstellungen, immer noch gibt es Ausgrenzungen und Behörden, die zur Bekämpfung der Gegner eingesetzt werden. Wenn sich nicht bald etwas ändert, besteht tatsächlich die Gefahr, daß sich Mehrheiten für einen Systemwechsel finden, kein Verfassungsschutz kann das verhindern. Deswegen plädiere ich dafür, daß wir endlich „Demokratie wagen", eine Demokratie, die dieses Wort verdient und in der alle sich ohne Zwänge und Repressalien frei äußern können.

Nachwort

Wenn ich in diesem Buche Gedanken äußerte, die einer „Political Correctness" widersprechen, die für eine echte Demokratie werben und somit das herrschende System in diesem Sinne verändern wollen, dann bin ich ziemlich sicher, daß ich auch entsprechend eingeordnet werde, daß mir z. B. Populismus unterstellt wird und man mich auf jede nur erdenkliche Weise diffamieren wird. Deswegen muß ich hier im Nachwort kurz richtigstellen: Ich bin überzeugter Demokrat; mein Demokratieverständnis geht sogar noch über das der „Stellvertreter-Demokratie" hinaus. Ich lehne ein Führersystem, eine Diktatur jeder Art ab. Zwar fände ich es besser, statt alle Jahre einen Bundespräsidenten zu wählen, wenn stattdessen das Kaiserhaus unser Land repräsentieren würde, aber dies kann nach meinem Verständnis nur konstitutionell sein, d. h. so ein Kaiser dürfte nicht mehr Befugnisse haben, als ein Bundespräsident sie heute hat. Aber das ist meine persönliche Meinung, die für die Grundfrage, wie wir zu einer echten Demokratie werden könnten, nicht entscheidend ist.

Entscheidender ist die Stellung, die meine Familie während der NS-Zeit hatte. Ich selbst habe die „Gnade der späten Geburt", aber auch die Gewißheit, aus einer Familie zu stammen, die den NS weder gefördert, noch ihm angehört hatte. Meine Taufpatin und Großmutter, Thekla Margarete Buschkamp (12. 7. 1903 Thorn – 30. 12. 1980 Berlin) ist eine geborene Roskwitalski. In einem Brief vom 17. 2. 1974 schrieb sie an meinen Vater:

»Wir haben leider auch viel Schreckliches erfahren. Da im Krieg
die Nazis die polnische Intelligenz und Prominenz ausrotteten,
hat meine Familie große Opfer bringen müssen. Vier von meinen
mir sehr nahestehenden Cousins wurden ermordet.
Von einem Cousin haben wir ein Exposé über sein Leben erhalten. Es ist ein Auszug aus einem polnischen Prominentenbuch,
wir haben es ins Deutsche übersetzen lassen. Eine Abschrifft
schicke ich Dir hiermit ...«

Und auch diese Abschrift liegt mir vor und ich füge sie hier an. Es
handelt sich um das Buch „Priester vor Hitlers Tribunalen" von
Benedicta-Maria Kemper (im Brief vom 23. 12. 1973 von der Auto-
rin mitgeteilt):

»Dr. Josef Roskwitalski, Domherr und Seminarregens in Pelplin,
46 Jahre, 23 Priesterjahre, geb. 24. 4. 1893, ermordet am 20. 10.
1939.
Priester der Diözese Pelplin, geboren in Dombrowken, Gymnasium besucht in Straßburg an der Drewenz, Besuch des Seminars
in Pelplin. Am 14. 5. 1916 zum Priester geweiht. Vikar in Stargard
und Graudenz. Vom 15. 5. 1920 Katechet des klassischen Gym-
nasiums. Er war auch Leiter des Katechetenvereins der Diözese.
Dazu fand er Zeit, zwei Dissertationen zu schreiben. Die Doktor-
würde bekam er von der Theologischen Fakultät in Lemberg.
Vom 15. Juli 1935 war er Rektor des Seminars in Pelplin, dazu
auch Professor der Katechetik und Pädagogik, er war Erzieher
der Kleriker und hatte das Vertrauen aller Professoren und Kleriker. Schon bei Beginn des Krieges (September 1939) wurde seine Wohnung von den Deutschen beschlagnahmt.
An einem Morgen im Oktober 1939 ist plötzlich in Pelplin die Gestapo erschienen und hat das gesamte Domkapitel auf den
Marktplatz bestellt. Acht Domherren und zwei Prälaten. Das Kapi-

tel ist dann in die Nähe von Preuss. Stargard transportiert worden. Jeder der Geistlichen hat dann mit dem Spaten eine Grube ausheben müssen und ist daraufhin durch Genickschuß vor dem selbstgegrabenen Grab erschossen worden.«

Auch in dem Oredownik der Kulmer Diözese, Jahr 1947, S. 152 wird Prof. Dr. Josef Roskwitalski ausführlich behandelt und noch heute gibt es im Dom eine Gedenktafel.

Auch von väterlicher Seite kann ich etwas erzählen, wenngleich weniger tragisch. Mein Vater, József Férenc v. Nahodyl Neményi (3. 12. 1925 Budapest – 9. 10. 2016 Bonn) stammte väterlicherseits aus Böhmen-Mähren, seine Mutter war Donauschwäbin, also deutschstämmig. Als die Rote Armee vor Budapest stand, wurde mein Vater von der Wehrmacht gegen seinen Willen nach Deutschland verschleppt, um ihn hier gegen die Amerikaner einzusetzen. Er desertierte und blieb nun in Deutschland, weswegen ich hier zur Welt kam.
Mein Großvater Friedrich Ernst Buschkamp (13. 12. 1887 Bielefeld – 23. 1. 1964) war zwar Deutscher, hatte aber nie die NSDAP gewählt, sondern war als Grubenunternehmer immer „Deutsch-National", eine konservativ-liberale Partei. Seine Kinder wurden zwar von den Nazis bedrängt, in den BDM (Bund deutscher Mädchen) oder die HJ (Hitler-Jugend) einzutreten, konnten sich aber erfolgreich drücken: An die Familie des Unternehmers trauten sich die BDM- und HJ-Vertreter aus dem kleinen Petersdorf nicht heran.

Meine Familie hat also mit dem Nationalsozialismus nichts zu tun gehabt, hat sich weder an Verbrechen, noch Kämpfen beteiligt und war auch an der Wahl Hitlers 1933 nicht beteiligt. Das schreibe ich nur, falls jemand auf den Gedanken kommen sollte, mich wegen meiner hier geäußerten Meinungen in eine bestimmte politische

Ecke zu rücken, wie das heute sehr schnell geschieht. Ja, es ist eine verantwortungslose und gefährliche Verharmlosung des Nationalsozialismus, wenn heutige politische Anschauungen, nur weil sie der derzeitigen Regierung nicht in den Kram passen, mit dem historischen NS irgendwie zusammengebracht werden, wenn der Ruf nach wirklicher Demokratie mit Verbrechen eines Regimes vor über 75 Jahren gleichgesetzt wird. Damit werden diese Untaten in gefährlicher Weise verharmlost.

Es ist kein Unrecht, kein Faschismus und kein Rassismus, wenn man sich gegen Deutschland als Einwanderungsland ausspricht, wenn man die Zahl der Fremden im Lande begrenzen möchte. Es ist auch keine Diskriminierung, wenn man zu der eigenen Geburtstagsfeier nur seine Freunde und Verwandte einlädt, andere Hausbewohner aber nicht. Damit setzt man die nicht Eingeladenen oder die Fremden in keiner Weise herab. Leider ist es inzwischen in unserem Lande so, daß jeder, der die Politik der Regierung ablehnt und eigene Vorstellungen äußert, in irgendeine extremistische Ecke gestellt wird, oder sogar mit Bestrafung rechnen muß. Das darf aber in einer Demokratie nicht geschehen, sonst handelt es sich nicht mehr um eine Demokratie. Wir müssen lernen, die Meinungen jedes Bürgers zu akzeptieren, gerade auch dann, wenn es nicht die eigene Meinung sein sollte. Nur so ist Demokratie möglich.